# »IM ANFANG WAR DAS WORT«

## Kommentare zu den Evangelien

*Aus dem Französischen übersetzt.*
*Originaltitel:*
»AU COMMENCEMENT ÉTAIT LE VERBE«



ISBN 978-3-89515-095-1

2. Auflage

Druck 2023: Interpress, Ungarn

Omraam Mikhaël Aïvanhov

# »IM ANFANG WAR DAS WORT

## KOMMENTARE ZU DEN EVANGELIEN

*Gesamtwerke Band 9*

PROSVETA VERLAG

# INHALT

*Da Omraam Mikhaël Aïvanhov*
*seine Lehre ausschließlich mündlich überlieferte,*
*wurden seine Bücher aus den Stenomitschriften,*
*Tonband- oder Videoaufnahmen seiner frei gehaltenen*
*Vorträge zusammengestellt.*

Omraam Mikhaël Aïvanhov im Jahr 1945

Omraam Mikhaël Aïvanhov

# *Kapitel 1*

# »Im Anfang war das WORT«

Freier Vortrag

Heute werde ich euch die ersten Verse aus dem Johannese-vangelium vorlesen:

**»Im Anfang war das Wort,**
**und das Wort war bei Gott,**
**und Gott war das Wort.**
**Dasselbe war im Anfang bei Gott.**
**Alle Dinge sind durch dasselbe gemacht, und ohne dasselbe ist nichts gemacht, was gemacht ist.**
**In ihm war das Leben,**
**und das Leben war das Licht der Menschen.**
**Und das Licht scheint in der Finsternis, und die Finsternis hat's nicht ergriffen.«**

*Johannes 1, 1-5*

Oftmals wird der Begriff »Logos« in der ersten Verszeile des Evangeliums im Französischen nicht mit »Verbe«, sondern mit »Parole« übersetzt. Was ist die beste Übersetzung? Sind beide Wörter sinngleich? Nein, sie sind es nicht. Wir werden im Folgenden sehen, weshalb.

Der Anfang des Johannesevangeliums und der Anfang der Genesis weisen eine gewisse Übereinstimmung auf; ich will euch auch diese Stelle vorlesen:

»Am Anfang schuf Gott Himmel und Erde. Und die Erde war wüst und leer, und es war finster auf der Tiefe, und der Geist Gottes schwebte auf dem Wasser. Und Gott sprach: Es werde Licht! Und es ward Licht. Und Gott sah, dass das Licht gut war. Da schied Gott das Licht von der Finsternis und nannte das Licht Tag und die Finsternis Nacht. Da ward aus Abend und Morgen der erste Tag.«

Ihr werdet sagen, die Übereinstimmungen zwischen diesen beiden Stellen kämen nicht besonders deutlich heraus. Das mag sein, doch es gibt sie. Nach ein paar Erklärungen werdet ihr verstehen, dass Moses und Johannes die Schöpfung tatsächlich in gleicher Weise schilderten.

Letzte Woche erklärte ich euch, dass sich das Leben nur dank der Existenz zweier Pole – Positiv und Negativ, Männlich und Weiblich, Geist und Materie – manifestieren kann. Ich habe euch auch einige Erläuterungen den Kreis betreffend gegeben: das Zentrum und die Peripherie im Zusammenhang mit dem Geist und der Materie, dem Mann und der Frau. Diese Begriffe rufe ich euch nur kurz in Erinnerung zurück, denn was ich euch heute sagen werde, ist die Fortsetzung dessen, was ich euch im vorigen Vortrag erklärte. Der Kreis mit dem Punkt in der Mitte ist das geometrische Symbol für das vom Geist belebte Universum. Der Punkt stellt den Geist dar, und der Kreis die Materie, die ihn umhüllt und in welcher sich der Geist inkarniert ⊙.

Dem Text der Genesis zufolge war das erste Geschehnis der Schöpfung das Erscheinen des Lichtes. Gott sagte: »Es werde Licht!« Doch um welches Licht handelt es sich? In der bulgarischen Sprache gibt es zwei verschiedene Wörter für das Licht: »svetlina« und »videlina«. Das Wort »svetlina« bezeichnet das physische Licht und ist von der Wurzel des Zeitwortes abgeleitet, das »scheinen, glänzen« bedeutet. Das Wort »videlina« bezeichnet das spirituelle Licht und ist abgeleitet von der Wurzel des Zeitwortes, das »sehen« bedeutet. Videlina ist also das Licht, das einem die Möglichkeit gibt, die spirituelle, unsichtbare Welt zu sehen. Videlina hat dadurch, dass es sich materialisierte, Svetlina, das physische Licht, hervorgebracht.[1]

Diese Idee werdet ihr besser verstehen, wenn ich euch das Experiment mit der Crookes'schen Röhre in Erinnerung rufe:

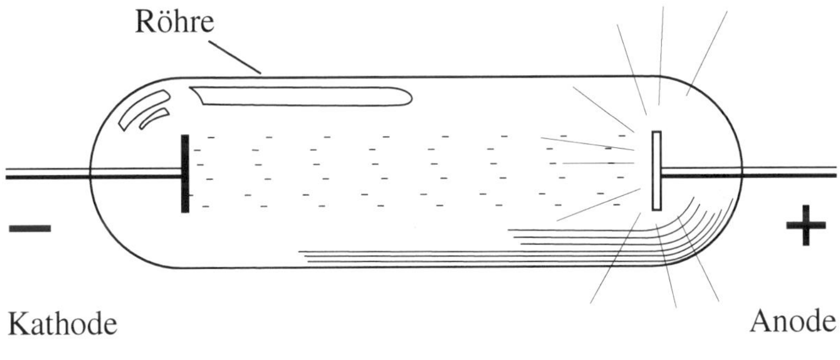


Crookes'sches Experiment

An beiden Enden in einer luftleeren Röhre befindet sich je eine Elektrode. Diese Elektroden sind an eine Stromquelle angeschlossen. Nach dem Einschalten fließen Elektronen von der Kathode zur Anode, wodurch der Bereich der Anode aufleuchtet. Die Kathode hingegen bleibt dunkel.

Das Licht, das uns die Sonne schickt, ist nicht das Licht, über welches die Heiligen Schriften berichten. Jenseits der sichtbaren Sonne gibt es eine unsichtbare, dunkle Sonne – schwarze

Sonne genannt –, die der sichtbaren Sonne unablässig neue Energien schickt. Diese sichtbare Sonne wandelt diese Energien um und strahlt sie in Form von Licht zurück. Das Licht, das wir sehen, ist nicht das Licht, das Gott am Anfang erschuf, als Er sagte: »Es werde Licht!« Die erste Sonne strömte Videlina, das Urlicht aus, das von der sichtbaren Sonne umgewandelt und als sichtbares Licht zurückgestrahlt wird. Videlina, das wahrhaftige Licht, macht die Dinge erst sichtbar, wenn es auf sie trifft. Wenn es nicht auf Widerstand stößt, bleibt es unsichtbar. Also tritt es erst durch ein Hindernis in Erscheinung.

In Wirklichkeit befindet sich alles, was wir sehen und berühren, alles, was wir in unserer Nähe glauben, schon weit weg von uns. Alles Materialisierte liegt außerhalb von uns. Einzig das, was in uns ist, ist uns nahe. Darum liegt die wahre Hellsichtigkeit in unserer tiefen inneren Empfindung, und nicht in der Wahrnehmung von etwas, das außerhalb von uns existiert.

Kommen wir aber zum Text des Johannesevangeliums zurück: »Im Anfang war das WORT.« Auch in der Genesis ist von Gott die Rede, wie Er die Welt durch das gesprochene Wort (fr. Parole)* erschafft. »Und Gott sprach: »Es werde Licht!«… Und Gott sprach: »Es werde eine Feste zwischen den Wassern, die da scheide zwischen den Wassern«… Und Gott sprach: »Es sammle sich das Wasser unter dem Himmel an besondere Orte.« Manche haben sich daher vorgestellt, Gott habe am Anfang nur ein paar Worte auszusprechen brauchen, um die Welt zu erschaffen. Eine solche Vorstellung ist selbstverständlich kindisch. Laut der Überlieferung der Einweihungslehren, welche ich euch bringe, war am Anfang Videlina. Das heißt, zuallererst manifestierte sich der Geist Gottes außerhalb Seiner

* Anmerkung des Übersetzers: Zur Verdeutlichung wird hier und im folgenden Text jeweils in Klammern die französische Entsprechung eingefügt.

selbst als ein Hervorsprudeln, ein Aufleuchten. Bevor sich Gott an die Erschaffung der Welt machte, projizierte Er um Sich herum einen Lichtkreis, Seine Aura. Durch diesen Lichtkreis legte Er das Universum mit seinen Grenzen fest.[2] Und als die Grenzen des Universums bestimmt waren, projizierte Gott in dieses Licht Seiner Aura – Videlina – Bilder, die sich materialisierten und kristallisierten. Also ist es Videlina, das die Materie für die Erschaffung der Welt lieferte.[3]

»Im Anfang war das WORT, und das WORT war bei Gott, und Gott war das WORT«... »Gott war das WORT« bedeutet also, dass nichts ohne das Mitwirken von Videlina, der Aura Gottes, erschaffen wurde. Im tiefsten Inneren jeglichen Dinges liegt die göttliche Essenz verborgen.

Diesen Schöpfungsprozess können wir auch bei den großen Eingeweihten beobachten. Auch sie besitzen eine strahlende Aura, die ihren Körper umgibt und ihn schützt. Bis heute hat man die Rolle und die Bedeutung der Aura noch nicht völlig begriffen. Wenn die Eingeweihten etwas verwirklichen oder etwas durch die Kraft ihrer Gedanken erschaffen wollen, bedienen sie sich derselben Mittel wie Gott, als Er das Universum erschuf: Sie projizieren ein Bild oder sprechen ein Wort aus, das ihre Aura durchdringen muss.[4] Diese Aura, die sie umhüllt, dient als Mittel zur Manifestation. Das Bild oder das gesprochene Wort umhüllt sich mit der Substanz der Aura. Ein Mensch, der eine Idee verwirklichen möchte, aber die feinstoffliche Substanz der Aura nicht besitzt, kann nichts erschaffen. Wer keine Aura um sich hat, kann seine Gedanken nicht verwirklichen. Ihr habt es ohne Zweifel bemerkt: An manchen Tagen sprecht ihr, ohne auf die Seelen der anderen irgendeine Wirkung ausüben zu können, während ihr an anderen Tagen mit ganz einfachen Worten große Wirkungen hervorbringt. Der

Grund liegt darin, dass euer Wort lebendig ist. Die Worte, die ihr verwendet, badeten vorher in eurer Aura, sie wurden dort belebt und mit Kraft erfüllt. Auf diese Weise in Kraft gekleidet, konnten sie sich einen Weg bahnen bis in die Seele der anderen, und sie zum Schwingen bringen. Ist eure Aura jedoch schwach, dann sind eure Worte bedeutungslos und leer; es ist nichts in ihnen enthalten; ihr sprecht, aber der Erfolg bleibt aus, eure Worte sind nicht durchtränkt von diesem in der Aura enthaltenen Element: von Videlina.

Die Macht der Eingeweihten rührt daher, dass sie sich darauf verstehen, die Worte, die sie aussprechen, mit der Substanz ihrer Aura zu erfüllen, ihrer überströmenden, starken und reinen Aura. Das Wort ist wie ein Gefäß: je stärker es von dem schöpferischen Element, von Videlina, durchdrungen ist, desto größere Wirkungen bringt es hervor. Glaubt ihr denn, dass derjenige, der nicht weiß, wie man magische Worte ausspricht, Ergebnisse erzielen und erhabene Wesen anziehen wird? Nein. Aber ein Eingeweihter, der dieselben Worte ohne zu schreien oder zu gestikulieren, nur durch die innere Kraft seiner Aura ausspricht, wird sehr viel erreichen. Nicht das gesprochene Wort (fr. Parole) hat die Welt erschaffen, sondern der Logos (fr. Verbe), das göttliche WORT. Das gesprochene Wort ist nur das Mittel, dessen sich der Logos bedient, um den Vorgang des Erschaffens durchzuführen. Das WORT (fr. Verbe) ist das erste Element, das Gott in Bewegung setzte; das gesprochene Wort (fr. Parole) ist das Mittel, das es dem göttlichen WORT (fr. Verbe), ermöglicht, sich zu manifestieren.

Das göttliche WORT ist der Gedanke, das Wort, das auf der physischen Ebene noch nicht zum Ausdruck kam. Sobald ihr denkt, sprecht ihr bereits; und dieses »Wort« (fr. parole) ist wirklich, ist mächtig und magisch. Der Apostel Johannes, der sein Evangelium in griechischer Sprache schrieb, verwendete das Wort »Logos«. Natürlich bedeutet Logos »Wort«, aber auch »Vernunft«; es bedeutet in erster Linie »Vernunft«. Der Logos ist nicht das Wort, doch das Wort als Ausdrucksform, als Manifestation eines Gedankens, einer Intelligenz, entstammt dem Logos. Der Logos, das WORT (fr. Verbe), ist die Ursache, das gesprochene Wort (fr. parole) hingegen ist ein Ergebnis, und oft ein misslungenes Ergebnis!

Als die Urkraft aus Gott hervorströmte, war sie reiner Geist; und erst als sie wieder zu Gott zurückkehrte, wurde sie Licht. Die schwarze Sonne sendet Videlina, den Geist, zur Licht ausstrahlenden Sonne; und die Licht ausstrahlende Sonne schickt das Licht zurück zur schwarzen Sonne. Auf dem Rückweg wandelt sich der Geist in Licht um. Als Gott den ersten Handlungsschritt vollzog, wurde Sein Geist, das WORT, aktiv. Als der Geist wieder zu Gott zurückkehrte, war er Licht geworden. Alles, was das Zentrum zur Peripherie hin aussendet, kehrt zum Zentrum zurück, weil der Kreis eine Grenze hat; es entsteht also ein ununterbrochener Kreislauf vom Zentrum zur Peripherie und von der Peripherie zum Zentrum. Wenn der Kraftstrom zum Zentrum zurückfließt, besitzt er neue Qualitäten und ruft auf seinem ganzen Rückweg neue Reaktionen hervor. Dieser Strom ist auf dem Hin- und Rückweg von unterschiedlicher Beschaffenheit.

Am Anfang war das WORT (fr. Verbe), der erste Handlungsschritt des göttlichen Geistes, der den Kreis, das Universum, erschuf. Gott sprach dann die Worte aus, die Seine Aura durchquerten und sich materialisierten. Die Einweihungswissenschaft lehrt uns, dass der Körper aller Wesen, die auf die Erde herunter gekommen sind, ihre Gliedmaßen, ihre Organe usw., nichts weiter sind als die Kristallisierung ihrer Aura. Vor dieser Kristallisierung lebten alle Wesen in einem feinstofflichen

Zustand, sie waren nur Bilder. Unsere Organe sind nichts anderes als eine Materialisierung unserer Aura; die ersten Menschen, die im Paradies lebten, besaßen nur die Aura ihrer physischen Organe. Aus diesem Grunde sagt man, sie seien nackt gewesen, weil ihr Körper noch nicht materialisiert war. Erst nach dem Sündenfall erfolgte die Materialisierung und Ausbildung des physischen Körpers. Wenn man von Sündenfall spricht, so eben deshalb, weil der Mensch in diesem Moment in die dichte Materie hinabgestiegen ist. Wenn der Mensch nun bestimmte Gedanken und Gefühle in seine Aura projiziert, dann wird er in der Zukunft auch andere Organe, andere Gliedmaßen des physischen Körpers formen.

Die Eingeweihten sind fähig, die Aura eines Menschen an seinem physischen Körper zu erkennen, denn dieser ist ein Ergebnis des Zustandes seiner Aura. Um unser Schicksal ändern zu können, müssen wir folglich unsere Aura verändern. Solange wir nicht an diesem Lichtkreis, der uns umhüllt, arbeiten, werden sich weiterhin die Krankheiten und die Leiden, über die wir uns beklagen, auf unserer eigenen Erde, unserem physischen Körper, manifestieren. Die Aura des Menschen stellt das WORT, den Logos, die Ursache aller Dinge dar. Der Mensch vermag weder an der Materie zu arbeiten noch deren Formen zu verändern, solange er nicht an deren Ursprung seine Arbeit aufnimmt, das heißt, solange er seine Aura nicht umwandelt.

Manche wissen, dass ein Magier einen Lichtkreis um sich aufbauen muss, bevor er eine magische Zeremonie vornehmen will.[5] Dieser sehr alte Brauch entspringt einem außergewöhnlichen Wissen über die menschliche Aura. Wenn gesagt wird, der Magier solle in den von ihm gezogenen Kreis eintreten, handelt es sich nicht nur um einen sichtbaren Kreis, den er um sich ziehen soll, sondern auch um den lebendigen Kreis seiner Aura, in dessen Mitte er sich stellen soll. Das heißt, dass sein

Geist aktiv und wachsam sein muss, sonst läuft er Gefahr, zum Opfer unsichtbarer Geister zu werden. Gibt sich der Magier aber mit einem materiellen Kreis um sich zufrieden, ohne zuvor an seiner Aura gearbeitet zu haben, um diese rein, strahlend und stark zu machen, dann wird es ihm vielleicht gelingen, das Erwünschte zu erlangen. Sind aber seine Wünsche, seine Neigungen und Gedanken nicht ganz »koscher«, dann werden ihn beim Verlassen des magischen Kreises alle Wesen verfolgen, die ihm gehorchten, als er noch im Kreise stand; denn die unsichtbaren Wesen respektieren sowohl dieses Symbol als auch die magischen Worte, die gesprochen werden.

Solche Missgeschicke passieren allen Magiern, die diese von mir eben erklärten Gesetze ignorieren. Die unsichtbaren Geister, die sehen, dass ihre Aura weder rein noch strahlend ist, rächen sich am Ende dafür, dass sie von diesen Menschen, die es nicht verdienten, zum Gehorsam gezwungen wurden. Solche Magier wissen nicht, dass am Anfang das WORT war, das heißt, dass man zuerst eine Aura, einen wahren magischen Lichtkreis um sich herum aufbauen muss, bevor man sich auf die Verwirklichung umfangreicher Unternehmungen einlässt. Dieser Lichtkreis entsteht nicht von selbst, mit Kreide oder irgendetwas anderem, sondern er muss durch Liebe, Reinheit und Selbstlosigkeit hergestellt werden. Warum erzielen diejenigen, die sich in magische Praktiken stürzen, keine Ergebnisse, sondern ziehen eher noch Unheil auf sich? Weil ihre Aura noch nicht ausreichend stark, strahlend und rein ist. Wenn sie dann ihre Gedanken projizieren wollen, entsteht nichts, das diese bekleiden und stark machen könnte. Damit der Gedanke davonfliegen kann, muss man ihm Flügel verleihen. Diese Flügel befinden sich in der Aura. Meine lieben Brüder und Schwestern, wahre Magie hat mit Taschenspielerkunst nichts zu tun, das solltet ihr ein für alle Mal begreifen. Die wirklichen Magier brauchen nur einige Worte auszusprechen und die Natur gehorcht ihnen; die Engel steigen herab und hören ihre Gebete, weil ihre Worte mit Videlina erfüllt sind.

»Im Anfang war das WORT, und das WORT war bei Gott, und Gott war das WORT«... Als Gott diesen großen Lichtkreis schuf, durchdrang Er ihn mit Seinen Strahlen. Alle Bäume, Pflanzen, Tiere und Menschen waren sozusagen Bilder, die in der Aura Gottes schwebten... Alles, was existiert, befindet sich in der Aura Gottes, in der wir so leben, wie Paulus sagt: »Denn in Gott leben wir, bewegen wir uns, in Ihm haben wir unser Sein.« Wir sind also alle in die Aura Gottes eingehüllt; sie durchdringt und durchströmt uns.

Seht euch diese Figur an: All diese Kreise zusammen, stellen eine sechsblätterige Rose dar, in deren Mitte ein siebenter Kreis läuft, der vom Zentrum aus durch die Mittelpunkte aller anderen Kreise verläuft und das Herz bildet. Das ist die mystische Rose, ein Symbol für die sechs Schöpfungstage. Übrigens interpretierten manche Esoteriker das erste Wort der Genesis »Berechit«, das »am Anfang« bedeutet, wie das Zeitwort »bara«, erschaffen, und »chit«, sechs. Ihr werdet sagen, es gab 7 Schöpfungstage. Nein, es waren nur 6, die eigentlich auch keine richtigen »Tage« waren; den siebten Tag kann man nicht mit den anderen vergleichen. Legt man 7 Birnen und einen Apfel zusammen, dann macht das weder 7 Birnen noch 7 Äpfel. Es waren 6 Tage plus einen, was also nicht 7 Tage ergibt. Genau wie in der mystischen Rose, in welcher zu den 6 Kreisen noch ein siebenter gezeichnet ist, der mit den anderen nicht vergleichbar ist, weil er sie vereint. So unterscheidet sich auch der siebente Tag von den 6 anderen. Es steht geschrieben, dass Gott am siebten Tage ruhte. Tatsächlich war dieses Ausruhen Gottes eine sehr viel höhere Arbeit als die Arbeit der 6 ersten Tage, die nur eine Art Vorbereitungszeit darstellte.

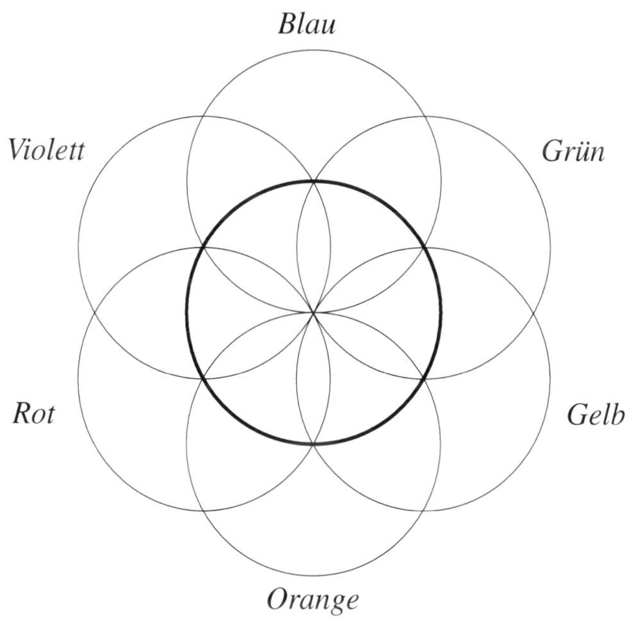


Die mystische Rose ist das Symbol der Erschaffung der Welt. Legt in jeden Kreis eine der 6 Farben: violett, blau, grün, gelb, orange und rot, und meditiert über sie... Selbst wenn ihr die Tiefe dieses Symbols nicht gleich versteht, werdet ihr wenigstens bei der Betrachtung einer so vollkommenen Figur eine Verbindung zwischen euch und ihr herstellen können. Diese Figur ist von einer solchen Harmonie, dass ihr euch bei ihrer Betrachtung von tiefstem Frieden durchdrungen fühlt. Die Rose ist ein uraltes Symbol, das schon lange verwendet wurde, bevor Christian Rosenkreuz die Bruderschaft der Rosenkreuzer gründete.

Ich habe euch vorhin gesagt, Gott habe Grenzen um das Universum gezogen, und dass die Kräfte, die vom Zentrum hinausgeschickt werden, in Form von Licht zu diesem Zentrum zurückkehren. Vielleicht seid ihr erstaunt über diese Erklärungen... Doch denkt an die Wärme, die ihr von der Sonne empfangt, es handelt sich um eine umgewandelte Energie. Die Sonne schickt uns tatsächlich eine sehr feinstoffliche Energie; diese Energie, die die Atmosphäre durchdringt, erreicht die Erde, und die Erde wandelt sie um in Wärme. Genau dasselbe geschieht mit den Energien, welche die unsichtbare Sonne der sichtbaren Sonne sendet; die sichtbare Sonne verwandelt diese Energie in Licht. Je höher man in der Atmosphäre hinaufsteigt, desto mehr kann man feststellen, dass die Temperatur sinkt, was sehr gut beweist, dass die Wärme keine Energie ist, welche direkt von der Sonne kommt.

Ich mache euch nur darauf aufmerksam, damit ihr über die Tatsache nachdenkt, dass bestimmte Zentren die Aufgabe haben, Energien umzuwandeln, die von anderen Zentren zu ihnen strömen, um sie dann in einer neuen Form zurückzusenden. Gott schickt Seine Kraft zu allen Engelshierarchien, welche sie wiederum zu den großen Meistern schicken; die Meister senden sie den Menschen, die Menschen den Tieren, die Tiere den Pflanzen und die Pflanzen den Steinen. Schließlich kehrt diese Kraft auf demselben Weg zu Gott zurück.[6] Man weiß nicht, was Elektrizität eigentlich ist; man weiß jedoch, dass sie zu Licht wird, wenn man sie durch eine Lampe schickt; wenn sie durch einen Motor fließt, dann läuft er oder durch eine Heizplatte, dann wir diese heiß. Das sind also verschiedene Umwandlungen von Energie. Die wahre Wissenschaft besteht also darin, die Umwandlungen der Ursprungskraft durch alle Zentren hindurch zu erforschen. Wenn das Kind zu essen beginnt, lernt es genau das: wie eine Energie in eine andere umgewandelt wird. Und das lernt man nicht aus Büchern, sondern indem man es selbst lebt.

Um unser Dasein zu verwandeln, um die menschlichen Seelen durchdringen und anregen zu können, müssen die Worte, die wir aussprechen, von der Substanz unserer Aura durchdrungen sein. Lassen wir noch Zweifel in unserer Aura treiben, werden wir die anderen nie überzeugen können. Manche beklagen sich bei mir, ihre Arbeit bleibe seit Jahren erfolglos; es gelinge ihnen nicht, die anderen von der Notwendigkeit zu überzeugen, gut, großzügig, ehrlich, gerecht und rein zu sein... Ich antworte ihnen dann, dass das nur deshalb so ist, weil sie selbst von der Richtigkeit ihrer Auffassung nicht überzeugt sind. Ist ein Mensch von etwas wirklich überzeugt, dann reißt er früher oder später die anderen mit; er überträgt auf alle seine Überzeugung; sie wirkt ansteckend. Wie kann man aber eine überzeugende Wirkung ausüben, wenn die persönliche Lebens- und Handlungsweise der eigenen Vorstellung widerspricht? Man denkt wie Gott, aber man lebt wie die Tiere. In unserer Lehre lernt man von Anfang an, dass kein Ergebnis zu erwarten ist, solange man nicht lebt, was man denkt.

Solange eure Aura schwach ist, können euch die Geister der Natur verwirren und euch schaden. Wenn ihr geschützt sein wollt, formt einen Lichtkreis um euch herum und stellt euch vor, dass ihr in diesen Kreis eine Licht strahlende, unaufhörlich sprudelnde Quelle gestellt habt, und dass sich dieses Licht sogar über eure Freunde und über euch selbst ausbreitet. Dann werdet ihr feststellen, dass euer Leben sich wandelt. Es wurde euch gesagt: »Betet!«, das heißt, sendet lichtvolle Ströme in den Weltenraum. Bekommt ihr keine Antwort, dann heißt das, dass ihr kein Licht ausgesandt habt. Die unsichtbare Welt befasst sich nicht gern mit dem, was erloschen ist. Wollt ihr, dass sie euch antwortet, dann müsst ihr alle eure Lampen anzünden.

Ihr wollt die Liebe eines Menschen anziehen? Dazu sind alle Mittel verboten, außer einem, nämlich diesem Menschen Licht zu schicken. Die Liebe oder die Freundschaft von Menschen darf man weder durch Geld noch durch Verführung oder Lächeln zu gewinnen versuchen. Ich weiß, dass die ganze Welt von solchen Methoden Gebrauch macht, aber sie bringen am wenigsten von allen. Das einzig Erlaubte – und auch das Mächtigste – besteht darin, Menschen, denen man dienen möchte und von denen man geliebt werden möchte, Lichtgeschenke zu senden. Ihre Seele wird es spüren und sie werden sich dann öfters mit euch befassen. Ebenso gibt es kein anderes Mittel als das Licht, will man einen Eingeweihten für sich gewinnen.

Wenn ihr wollt, dass eure Familie glücklich ist, dann stellt euch vor, euer Haus wäre in Licht eingehüllt. Wenn ihr eure Freunde besucht, sammelt euch, bevor ihr zu ihnen hineingeht, und stellt euch euch selbst und das Haus, das ihr betretet, von Licht umgeben vor. Oft sucht man seine Freunde in düsterem, gereiztem und unruhigem Zustand auf, und auf diese Weise verliert man sie. Jemand fährt euch zum Beispiel heftig an und ihr wollt euch vor seinen Reaktionen schützen: Hüllt euch und ebenso ihn in Licht ein, es wird ihn beruhigen... Oder ihr wünscht euch vom Himmel eine Antwort auf alle Fragen, die euch quälen. Sendet zusammen mit euren Fragen Lichtsignale nach oben und der Himmel wird euch antworten. Verhaltet ihr euch jedoch anders, werdet ihr keine Antwort bekommen... Oder ihr wollt jemanden heilen. Hüllt mit eurem Denken den kranken Teil seines Körpers in Licht; legt eure Hand darauf und schickt ihm mithilfe eurer Finger rote, violette und blaue Strahlen.

Das Licht, obgleich schon seit Anbeginn mannigfachen Wandlungen unterworfen, das ist das WORT, Gott selbst. Seit ihrem Hervortreten aus der Quelle hat die göttliche Kraft unreine Regionen durchquert; und auch wir selbst sind keine so perfekten Übermittler, als dass das Licht durch uns hindurchfließen könnte, ohne durch unsere Leidenschaften verschmutzt zu werden. Sobald aber einmal alle Menschen anfangen, innerlich mit dem Licht zu arbeiten, wird sich alles ändern. Jesus sagte, die Kinder dieser Welt seien klüger als die Kinder des Lichtes. Damit meinte er, dass die ersteren höchst aktiv sind, um ihre selbstsüchtigen, materiellen Begierden in die Tat umzusetzen. Sie studieren, arbeiten und wissen sich zu helfen... Während die Spiritualisten faul sind, und oft in Unbestimmtheit und im Nebel verharren. Sie tun nichts, um ihrem spirituellen Ideal zu dienen. Die Materialisten hingegen tun wenigstens etwas für ihr materielles Ideal.

In der Einweihungslehre wurde damals den Schülern gelehrt, wie sie sich der Worte bedienen konnten, wie sie sie aussprechen mussten, um die Kräfte der Natur auszulösen. Worte sind mächtig, doch wissen wir uns weder bereits ihrer zu bedienen noch sie korrekt auszusprechen. Wenn ihr friert, wenn ihr euch verlassen fühlt und den Eindruck habt, dass euch niemand liebt, sprecht das Wort »Liebe« einmal, zweimal, zehnmal aus, und auf unterschiedliche Weise: So werdet ihr die kosmischen Mächte der Liebe auslösen, in deren Mitte ihr euch nicht mehr einsam und verlassen fühlen könnt... Wenn es euch vorkommt, als befändet ihr euch im Dunkeln, als wärt ihr in einen Abgrund gestürzt, sprecht die Wörter »Weisheit« und »Licht« aus, bis sie in allen Zellen eures Körpers vibrieren und singen. Dann wird alles wieder hell werden. Fühlt ihr euch einmal gequält, begrenzt und verwirrt, sprecht das Wort »Freiheit« aus. Ihr könnt auch die Worte »Schönheit«, »Wahrheit«, »Kraft« aussprechen – diese Übungen sollte man täglich machen –, um zu begreifen, was Johannes damit meinte, als er sagte: »Im Anfang war das Wort.«

Das göttliche WORT (fr. Verbe) ist die Liebe, und das gesprochene Wort (fr. Parole) ist die Weisheit. Das WORT, das ist der Mittelpunkt des Kreises, die Quelle, die in alle Richtungen hervorsprudelt. Wenn die Wellen die von Gott gezogene Grenze erreichen, kehren sie zu ihrem Ausgangspunkt zurück, genauso wie die Wellenkreise eines Steines, den man ins Wasser wirft, sich bis zum Ufer ausbreiten: Es entsteht ein Kreislauf vom Zentrum zur Peripherie, und von der Peripherie zum Zentrum. Das göttliche WORT (fr. Verbe) ist das Zentrum, das gesprochene Wort (fr. Parole) ist der gesamte Raum, der sich zwischen dem Zentrum und der Peripherie ausdehnt. Deshalb bedient sich das göttliche WORT (fr. Verbe) des gesprochenen Wortes (fr. parole), um die Welt zu erschaffen. Das göttliche WORT bedient sich also des gesprochenen Wortes, um den Kreis des Universums zu formen. Dieses Universum ist begrenzt; außerhalb dieses Kreises existiert nichts.

Wir sollten meditieren über Videlina, das spirituelle Licht, das WORT, das Grundelement jeder Schöpfung. Um dieses lebendige Licht in uns zu verstärken, müssen wir morgens vor dem Sonnenaufgang aufstehen, um aus der Luft das feinstoffliche Element, das den Weltenraum durchquert und das die Hindus Prana nennen, in uns aufzunehmen. Jeden Morgen sollten wir unsere Gefäße im Inneren aufstellen, damit sie sich mit diesem Prana füllen. Was ist ein Gefäß? Ein Kreis. Ist dieses Gefäß leer, ist es ein Kreis ohne Zentrum. Ein volles Gefäß ist ein Kreis mit einem Zentrum. Besitzt man kein Gefäß, kann man nichts aufsammeln. Um eine Flüssigkeit oder sonst irgendetwas aufzunehmen, sind Grenzen notwendig. Deshalb hat Gott für uns ein Gefäß vorbereitet, eine Form, welche die Aufgabe hat, die Kräfte zu sammeln: Das ist unser physischer Körper. Eine Leiche stellt einen seines Zentrums beraubten Kreis dar, und die Geister, die noch nicht inkarniert sind, sind Zentren, die noch keinen Kreis gefunden haben. Der Kreis, das ist ein Gefäß, das jeden Tag zum Schöpfer gebracht werden muss mit den Worten: »Herr, fülle es!« Ihr könnt sicher sein, dass der Herr – der überall hingeht – euch aufsuchen und euer Gefäß füllen wird. Nur wenige haben die Gewohnheit, Gott jeden Morgen ihr Gefäß entgegenzustrecken. Deshalb sind alle so schwach.

Da, wo der Kreis keinen Mittelpunkt besitzt, ist alles tot.[7] Fehlt der Punkt, im Leben der Völker und der Gesellschaften ebenso wie auch im persönlichen Leben, dann ist alles von vornherein verloren. Bei der bloßen Feststellung, ob ein Kreis ein Zentrum besitzt oder nicht, kann ich Vorhersagen machen, die merkwürdig erscheinen. Ich weiß tatsächlich im Vorhinein, was geschehen wird, aufgrund der Tatsache, ob ein Zentrum vorhanden ist oder nicht. Zuallererst muss man das Zentrum in den Kreis setzen, das heißt, das Zentrum seiner eigenen Existenz finden: Gott, und um Ihn herum kreisen. Ihr solltet weder verlangen, das Zentrum des Universums zu sein noch euch einbilden, Gott werde eines Tages um euch herum kreisen. Seht euch eure Augen im Spiegel an und versucht herauszufinden, warum sie wie Kreise sind, mit einem Mittelpunkt, der sich ausdehnt und zusammenzieht. Die Augen sind deshalb im Gesicht, damit wir wenigstens einmal in unserem Leben darüber nachdenken; sie sind da, um uns daran zu erinnern, dass wir den Kreis ziehen und den Punkt in die Mitte setzen sollten, dass wir um uns den schützenden Kreis der Aura ziehen sollten.

Also, meine lieben Brüder und Schwestern, ihr seht, um diese ersten Worte des Johannesevangeliums »Im Anfang war das Wort« zu verstehen, müsst ihr über den Kreis meditieren, über das Zentrum und die Peripherie, aber auch über das Licht, das physische Licht, und über das spirituelle Licht, die Aura. So viele Geheimnisse sind in diesen wenigen Worten verborgen, gerade für die Gestaltung eures eigenen Lebens! Vergesst niemals, dass ihr nur mächtig, stark und glücklich sein könnt, wenn ihr eurem Kreis ein Zentrum gebt, und wenn ihr an dem einzig wahren Schutz arbeitet, der dem Menschen gegeben ist: dem lichtvollen Kreis seiner Aura.

Licht und Friede seien mit euch!

Sévres, den 28. Mai 1941

Anmerkungen

1. Siehe Band 228 der Reihe Izvor »Einblick in die unsichtbare Welt«, Kapitel 8: »Sichtbares und unsichtbares Licht: Svetlina und Videlina«.
2. Siehe Band 236 der Reihe Izvor »Weisheit aus der Kabbala – Der lebendige Strom zwischen Gott und Mensch«, Kapitel 8: » Als der Ewige den Kreis zog über den Fluten der Tiefe...«.
3. Siehe Band 212 der Reihe Izvor »Das Licht, lebendiger Geist«, Kapitel 1: »Das Licht, Essenz der Schöpfung«.
4. Siehe Band 309 der Reihe Broschüren »Die Aura – Unsere geistige Haut«.
5. Siehe Band 226 der Reihe Izvor »Das Buch der göttlichen Magie«, Kapitel 2: »Der magische Kreis: die Aura«.
6. Siehe Band 1 der Reihe Gesamtwerke »Das geistige Erwachen«, Kapitel 8: »Die lebendige Kette der Universellen Weißen Bruderschaft«.
7. Siehe Band 218 der Reihe Izvor » ie geometrischen Figuren und ihre Sprache«, Kapitel 2: »Der Kreis«.

*Kapitel 2*

# »Man füllt keinen neuen Wein in alte Schläuche«

## Freier Vortrag

Das Kapitel 9 aus dem Matthäusevangelium ist sehr lang. Deshalb werde ich euch nur die Stelle vorlesen, über die ich heute sprechen möchte:

»Niemand flickt ein altes Kleid mit einem Lappen von neuem Tuch; denn der Lappen reißt doch wieder vom Kleid ab, und der Riss wird ärger. Man füllt auch nicht neuen Wein in alte Schläuche; sonst zerreißen die Schläuche und der Wein wird verschüttet, und die Schläuche verderben; sondern man füllt neuen Wein in neue Schläuche, so bleiben beide miteinander erhalten.«

*Matthäus, 9 : 16-17*

Diese Worte sind sicherlich nicht neu für euch, denn es wird oft darauf angespielt. Dennoch denke ich, dass sie Wahrheiten enthalten, die ihr noch nicht kennt, aber doch kennen solltet. Alte und neue Schläuche, neuer Wein – was ist mit diesen Worten gemeint? Jeder weiß, was Wein ist, besonders in Frankreich, wo viel davon getrunken wird. Die herrlichen dort hergestellten Weine werden in die ganze Welt verkauft. Doch was bedeuten diese Verse? Welcher geheime Sinn steckt in diesen Worten »Schläuche« und »Wein«? Ihr wisst, dass Jesus sich einer bilderreichen Sprache bediente. Die großen Eingeweihten und Meister der Menschheit haben stets Bilder verwendet, um das, was sie offenbaren wollten, auszudrücken. Aber man darf diese Bilder nicht einfach so belassen, wie sie sie uns übermittelt haben; sie müssen anschließend erklärt und erläutert werden. Deshalb sollte der Schüler den Schlüssel kennen, der ihm die Möglichkeit gibt, den Bereich der Gedanken und Gefühle zu erschließen, denn jedes Bild hat seine Entsprechung zu einer Manifestation des inneren Lebens.

Manche sagten als Scherz, Galilei habe die Rotation der Erde an einem Tag entdeckt, an dem er ein wenig zu viel Wein getrunken hatte. Der Wein hat starke Auswirkungen auf den Organismus, das ist ganz sicher. Es gibt Astrologen, die sogar sagen, der Wein, der auf eine besondere Weise unter dem bestimmten Einfluss eines Planeten hergestellt sei, erzeuge bestimmte außergewöhnliche Manifestationen bei denen, die ihn trinken.

Diejenigen, die einen unter dem Einfluss des Mondes hergestellten Wein trinken, haben Visionen und werden hellsichtig. Manchmal fühlen sie die Gegenwart anderer Wesen, ohne sie zu sehen, und niemand vermag sie zu überzeugen, dass es sich nur um eine Illusion handelt.

Diejenigen, die einen unter dem Einfluss von Merkur hergestellten Wein trinken, entwickeln eine besondere Liebe zu »wissenschaftlichen« Entdeckungen; deshalb kann es passieren, dass sie aus Versehen die Taschen oder das Haus ihrer Nachbarn erforschen... oder es passiert ihnen, dass sie stundenlang unaufhörlich reden. Ihr könnt dann versuchen, sie zu unterbrechen, aber umsonst... Sie palavern weiter über Wissenschaft, Politik und Gesellschaft.

Der Wein, der unter dem Einfluss von Venus hergestellt wird, ruft in den Menschen eine derartige Zärtlichkeit hervor, dass sie umgehend jedem x-Beliebigen ihre Liebe zeigen. Sie denken nur noch daran, die anderen mit ihrer Liebe zu erwärmen.

Der Einfluss von Marswein macht selbst die schüchternsten Menschen kühn und sie sind plötzlich kampfbereit. Sie wollen alle schützen und stürmen herbei, um alle niederzustrecken, die sie für Henker oder Tyrannen halten.

Diejenigen, die den Wein von Jupiter getrunken haben, werden so gütig und großzügig, dass sie ihre Geldbörse jedem Erstbesten öffnen, alles, was sie besitzen, verteilen und ihre Freunde zum Schmaus einladen. Sie scheuen sich auch nicht, prominente Persönlichkeiten in aller Öffentlichkeit anzusprechen, die sie gar nicht kennen.

Was aber diejenigen betrifft, die den Wein von Saturn getrunken haben, die verstecken sich irgendwo und fangen an, leise vor sich hin zu weinen. Sie halten sich für die am ärgsten verstoßenen, unglücklichsten und missverstandensten Menschen auf der Welt und wollen lieber allein bleiben. Fragt man sie nach der Ursache ihrer Tränen, dann kennen sie sie nicht einmal.

Und schließlich fangen diejenigen, die den Wein der Sonne getrunken haben an zu singen, ohne sich um den Ort, an dem sie sich befinden, zu kümmern. Sie werden ungewollt zu Musikern.

Das alles wisst ihr schon; doch vielleicht wisst ihr noch nicht, wie ihr die Weine entsprechend ihrer Auswirkungen erkennen könnt, die sie bei denen hervorrufen, die sie getrunken haben. Das ist aber nicht das Thema, das uns heute Abend beschäftigen soll.

Heute Abend will ich über die Schläuche und den neuen Wein sprechen. Heutzutage wird der Wein in Fässer gefüllt. Früher hingegen verwendete man Schläuche. Doch man konnte den neuen Wein nicht in alten Schläuchen aufbewahren, denn im neuen Wein entsteht Gärung und es treten Gase aus, welche die alten Schläuche zerstört hätten, und der Wein wäre verschüttet worden. Man füllte den neuen Wein also in neue, haltbarere Schläuche, die starkem Druck widerstehen konnten. Deshalb sagte Jesus: »Man füllt nicht neuen Wein in alte Schläuche.« Das ist eine sehr interessante und äußerst wichtige Frage. Ihr werdet gleich verstehen, dass wir oft vergessen, dieses Gesetz in Betracht zu ziehen, was für uns schwerwiegende Folgen hat. Sogar große Okkultisten vernachlässigen es und fragen sich dann, warum ihnen unerwartet Schlimmes widerfährt.

Als Jesus sagte: »Neuer Wein wird in neue Schläuche gefüllt«, wollte er damit sagen, dass man seine Lehre nur starken, widerstandsfähigen Menschen nahebringen sollte, solchen, die imstande waren, alle Veränderungen zu ertragen, die solch eine Lehre zwangsläufig nach einer gewissen Zeit in ihnen bewirken würde. Denn so wie der Wein ist auch eine Einweihungslehre nichts Totes, im Gegenteil, sie lebt, und ihr Leben zieht alle möglichen Folgen nach sich. Ihr seht also, Jesus sprach nicht von gewöhnlichen Schläuchen, sondern von Schläuchen im symbolischen Sinne. Der Schlauch versinnbildlicht den Menschen, und in diesem Schlauch findet man noch eine Menge anderer Schläuche. Auch der Kopf, die Lunge, der Magen usw. sind Schläuche, und passt man nicht auf, was man dort hineingibt, kommt es zu bedauerlichen Folgen. Herz und Seele stellen ebenfalls Schläuche dar. Was den Wein anbelangt, er ist ein Symbol von tiefgründiger Bedeutung, das in der Antike sehr oft verwendet wurde. Er stellt eine Lehre, eine Philosophie, eine Tradition dar.

Einige beklagen sich manchmal bei mir und sagen: »Vorher ging es mir viel besser! Ich konnte beliebig trinken und essen, allerlei Dummheiten begehen, mich amüsieren... und ich fühlte mich wohl dabei. Aber seitdem ich der Lehre der Universellen Weißen Bruderschaft folge, fühle ich mich unwohl, so als finge in mir etwas an zu gären. Diese Lehre bekommt mir wirklich nicht.« Sie begreifen nicht, was in ihrem Inneren vorgeht, und anstatt sich ganz normal weiterzuentwickeln, jammern sie, verlieren den Mut und schrecken zurück. Was bedeutet das? Dass sie alte Schläuche sind und der Augenblick, neuen Wein hineinzufüllen, noch nicht gekommen ist! Vielleicht schließt ihr beim Zuhören daraus, es sei doch sehr gefährlich, auf unsere Lehre einzugehen. Nein, sie ist wahrhaft rein und göttlich, und man läuft keine Gefahr, wenn man sie akzeptiert. Doch eines sollte man vorher wissen: Man muss eine feste Form in sich vorbereiten, die fähig ist, eine neue Philosophie, eine neue Idee, eine neue Lehre in sich aufzunehmen und sie zu ertragen.[1] Denn man kann keine neue Philosophie aufnehmen, wenn man nicht zuvor seinen ganzen physischen Körper mit ihr in Einklang gebracht und Magen, Kopf und Lunge und den ganzen Organismus gestärkt und darauf vorbereitet hat, am Ende der Spannung standhalten zu können, welche die neuen Strömungen bewirken werden. Glaubt nicht, es sei leicht, die Strömungen von Liebe und Licht zu ertragen, im Gegenteil. Ich versichere euch, wir sind sehr viel besser auf Leid, Kummer und Enttäuschung vorbereitet als auf Freude, Inspiration und erhabene Strömungen.

Menschen können jahrelang Leid ertragen, ohne daran zu sterben; man könnte gar glauben, sie hätten eine Vorliebe dafür. Und wenn ihnen eines Tages eine sehr lichtvolle Eingebung zuteil wird, scheint es, als setzten sie alles daran, sich wieder davon zu befreien. Sie gehen in ein Café oder ins Kino und mischen sich unter die Menge, um diese Eingebung zu verjagen. Ich habe eine Menge Menschen gesehen, die sich auf diese Weise der göttlichen Strömungen, die ihnen die unsichtbare Welt jeden Tag zukommen lässt, entledigen. Ich fragte sie: »Warum tun Sie das? Es ist etwas so Seltenes und Kostbares, wenn man solche Strömungen empfängt! Wissen Sie, welche positiven Wandlungen sich durch ihren Einfluss vollziehen, sowohl auf physiologischer als auch auf chemischer und psychologischer Ebene?« Und genau das jagen Sie wieder davon. Wo finden Sie später neue Möglichkeiten sich umzuwandeln? Eines Tages werden Sie es bereuen, so gehandelt zu haben und sagen: »Das ist richtig, wie oft habe ich das Licht davongejagt, weil ich mich vor dem Geist in mir fürchtete!«

Wie ich oft bemerkt habe, hat man keine Angst vor der Hölle und den Teufeln, vor Leid und Chaos und vor allem Niederen, doch vor erhabenen Bewusstseinszuständen und dem Geist fürchtet man sich! Einerseits nicht ganz zu Unrecht, denn im tiefsten Inneren seines Wesens spürt man genau, dass man kein neuer Schlauch ist. Man hat noch das Bedürfnis, im niederen Leben zu leben, und ganz instinktiv hat man Angst davor, dieses neue Leben, diese Erweiterung des Bewusstseins noch nicht ertragen zu können. Man spürt, dass man noch nicht bereit ist für das neue Leben, und da man auf seine alten Gewohnheiten nicht verzichten will, fühlt man sich beunruhigt. Wer sich vor dem Geist fürchtet, weiß nicht recht warum, doch er spürt instinktiv, dass es hier etwas zu fürchten gibt. In Wirklichkeit gibt es nichts Schöneres, als die geistigen Strömungen in sich aufnehmen zu können, dieses Licht, diese Kraft, diese Freude, die uns Tag für Tag zuströmen; diese Liebe, die alle Seelen in jedem Augenblick durchflutet... Verhindern wir aber diese Strömungen durch unsere negativen Gefühle und Gedanken, so zeigt das, dass unsere Schläuche noch nicht bereit sind, den neuen Wein zu empfangen. Es sind alte Schläuche, und wir müssen sie ersetzen.

Die Wissenschaft hat erkannt, dass die Zellen unseres physischen Körpers sich ständig erneuern. Ihr werdet sagen: »Dann ist unser ganzes Wesen schon umgewandelt!« Nein, ganz und gar nicht! Die alten, abgenutzten Zellen werden durch neue ersetzt, doch man muss wissen, dass jede von ihnen ein

Gedächtnis besitzt und bestimmte Gewohnheiten, die Abdrücke hinterlassen. Auf diesen Abdrücken bewegen sich Gedanken, Gefühle und Handlungen wie auf gut gebahnten Wegen, und die neuen Partikelchen nehmen den Platz der alten ein, erben deren Gedächtnis und befinden sich dann in den gleichen niederen Zuständen. Eure Zellen haben sich erneuert; doch das genügt nicht, um euer ganzes Wesen von Grund auf zu regenerieren. Ihr bleibt den gleichen Gewohnheiten treu, wiederholt dieselben Dummheiten, pflegt weiterhin die gleichen Gedanken. Euer Körper hat sich zwar verwandelt, aber die Gewohnheiten bleiben die gleichen, weil die neuen Partikel die alten Einprägungen übernehmen oder sagen wir das Gedächtnis. Wie soll man also vorgehen, um sich zu verwandeln? Das Gedächtnis der Zellen muss ersetzt werden. In dem Maße wie die neuen Zellen die alten ersetzen, muss man sie auch mit neuen Gedanken und neuen Gefühlen durchdringen.[2]

So sollte man, während man nach und nach den neuen Wein hineingießt, das heißt eine neue spirituelle Lehre, die alten Schläuche durch neue ersetzen. Tut man das nicht und lebt man weiter in denselben chaotischen Zuständen und mit denselben gefährlichen Gewohnheiten, dann wird es Explosionen, Krankheiten und Ungleichgewicht in den Schläuchen geben. Deshalb müssen wir gleichzeitig zwei Dinge verwirklichen: die geistige Lehre aufnehmen und das Zellengedächtnis verwandeln, indem wir daran arbeiten, neue Elemente aufzunehmen, mithilfe der physischen Nahrung, der Luft, die wir einatmen und all dessen, was wir aufnehmen an Sichtbarem und Unsichtbarem. Erst dann sind wir fähig, ohne Furcht eine neue Philosophie und neue geistige Strömungen in uns aufzunehmen.

Beobachtet euch selbst und die anderen, und ihr werdet Folgendes feststellen: Schließen sich die Menschen einer Lehre an – so göttlich diese auch sein mag –, dann werden sie nach einem Monat, sechs Monaten oder einem Jahr (das hängt von der Person ab) in die ärgsten Widersprüche gestürzt. Sie werden reizbar und lehnen sich auf. Anstatt durch ihre Arbeit das Positive in ihrem Wesen zu verstärken, fördern sie sogar das Negative, weil jeder neue Gedanke, jedes neue Gefühl, eine innere Gärung hervorruft. Vom wissenschaftlichen Standpunkt aus gesehen ist die Gärung ein natürlicher Zersetzungsvorgang organischer Materie. Es gibt unterschiedliche Arten von Gärung. Die Alchimisten haben einige davon erforscht und daraus die notwendigen Elemente zur Herstellung des Steines der Weisen entnommen. Im Menschen können ebenfalls allerlei Gärungen stattfinden, nicht nur in seinen physischen Organen, sondern auch in seinem Herzen und in seinem Kopf, das heißt, in seinen Gefühlen und Gedanken.

Da wir nun über die Schläuche gesprochen haben, sagen wir noch ein paar Worte über den Wein. Ihr trinkt fast alle Wein, und das ist nichts Schlechtes. Manche sagen sogar, er inspiriere sie. Ihr wisst aber auch, dass es gepanschte Weine gibt, die sehr gefährlich sind und die man besser nicht trinken sollte, weil man sie mit allerlei schädlichen Zutaten zubereitet, die ich hier nicht aufzählen werde. Was ich euch aber sagen wollte, ist Folgendes: Im geistigen Bereich entstehen die gleichen Phänomene wie im materiellen Bereich. Ihr werdet Lehren, Theorien und Überlieferungen finden, die stark gepanschten Weinen gleichen. Sie bestehen aus vielen verschiedenartigen Elementen, die überhaupt nichts Lebendiges oder Nährendes mehr beinhalten. Trinkt man von diesen Weinen, so fühlt man sich verwirrt und unglücklich. Das ist das, was passiert, wenn man sich bei Unbekannten Wein holt. Das Geheimnis besteht darin, den Wein, den man trinken will, selbst zuzubereiten, das heißt also, seine eigenen Gedanken, Gefühle und Handlungen zuzubereiten. Ihr werdet sagen: »Sie sind eben dabei, Wein in unsere Schläuche zu füllen... Ist dieser Wein vielleicht auch gepanscht?« Denkt was ihr wollt! Ich rate euch nur, einen Weinstock in eurer Seele anzubauen und ihn zu pflegen, die Trauben zu lesen und zu keltern und diesen Saft zu trinken. Von diesem Wein, den man selbst auf diese Weise zubereitet, darf man nach Belieben trinken, man kann sich sogar betrinken, wenn man will.

Neuen Wein in neue Schläuche füllen, das bedeutet die Vereinigung von Geist und Körper zu verwirklichen. Man darf sich nicht damit zufriedengeben, eine Lehre in seinen Kopf zu stopfen, jeden Tag etwas Neues zu hören und zu lernen, ohne dabei gleichzeitig seinen physischen Körper durch ein reineres Leben zu erneuern. Wenn ihr euch ausschließlich auf das Lernen beschränkt, dann werden die aufgeblähten Schläuche bald platzen, denn deren Formen und die neu in sie hineinströmenden Kräfte haben keinerlei Übereinstimmung mehr. Der physische Körper muss sich erneuern, um neuen Spannungen standhalten zu können. Die Umwandlung der Gedanken und die des Körpers muss gleichzeitig geschehen. Wenn ihr keine Atem- oder Gymnastikübungen macht, nicht betet und meditiert, euch nicht nach den Regeln der neuen Lehre ernährt und danach lebt, dann treten in euch alle Arten von Anomalien auf. Wenn die Gärung beginnt, fühlt man sich so verwirrt und reizbar, dass man sich über jeden aufregt. Ich habe sogar hier in der Bruderschaft gesehen, dass man Frau und Kindern gegenüber übermäßig nervös war. Grundsätzlich darf eine geistige Lehre solche Auswirkungen nicht hervorrufen. Die Ursachen dafür sind die Gärungen, die in den alten und verbrauchten Schläuchen stattfinden. Warum hat Jesus seine Lehre nicht in alte Schläuche, das heißt in den Kopf der Sadduzäer und Pharisäer gefüllt?

Warum hat er sich andere Köpfe mit neuen intellektuellen und geistigen Fähigkeiten ausgesucht, die großen Spannungen und schweren Prüfungen gewachsen waren? Denn glaubt nicht – bloß weil ihr zu Spiritualisten werdet –, dass euch die anderen unterstützen und willkommen heißen, im Gegenteil. Und damit in euch keine Gärung entsteht, solltet ihr euch auf Regen, Stürme und Orkane, Verachtung, Spott und Anklagen vorbereiten. Man darf nie sagen: »Seitdem ich dieser wunderbaren Lehre folge, trifft mich ein Missgeschick nach dem anderen«, denn in Wirklichkeit stimmt das nicht. Man hatte nur vergessen, dass eine Veränderung der Ansichten zwangsläufig Gärungen hervorruft.

Ich spüre, dass einige unter euch jetzt denken: »Also gut! Wir haben verstanden, dass es eine wunderbare Lehre gibt. Wir müssen weiterkommen, wir haben etwas Bestimmtes zu tun, das ist uns klar; wir wissen aber nicht, wie wir das bewerkstelligen sollen. Geben Sie uns Methoden, denn eben diese fehlen uns.« Was ihr da sagt, ist zugleich richtig und falsch. Ich habe euch in den früheren Vorträgen schon viele Methoden aufgezeigt, aber anscheinend schätzt ihr sie nicht so sehr, weil sie euch unbedeutend vorkommen. Ihr wartet immer darauf, dass ich euch sensationelle Mittel offenbare, die euch auf der Stelle verwandeln. Das ist schade, denn solche Mittel gibt es nicht. Ihr werdet niemals einen wahrhaft Eingeweihten finden, der euch Rezepte geben könnte, um euch mit einem Schlag weise, stark und frei zu machen.

Eine Umwandlung des Menschen ist nur durch tagtägliche Arbeit möglich. Wenn euch jemand sagt: »Nehmt jene Zauberformel, wendet diese Talismane oder jenes magische Verfahren an, und ihr werdet sofort gerettet«, dann sind das Lügen von jemandem, der ein Interesse daran hat, euch zu täuschen. Ein Meister der Universellen Weißen Bruderschaft hingegen wird sagen: »Meine Kinder, alles ist möglich, aber nur, wenn ihr euch bemüht. Nur dann wird das Erworbene so beständig in euch verankert sein, dass es euch niemand mehr nehmen kann.« Denn ihr müsst ebenso wissen, dass alles, was man durch sofort wirksame magische Vorgehensweisen erlangt, nicht von Dauer sein kann. Nach kurzer Zeit verliert man alles, was man zu besitzen glaubte. Denn es kam nicht von innen heraus aufgrund eigenen, persönlichen Bemühens. Ich weiß von Meistern, die fähig wären, in euch auf der Stelle alle möglichen Tugenden entstehen zu lassen, doch sie tun es nicht, weil das nicht von Dauer wäre. Immer erwartet man Liebe, Erkenntnis und Kraft von außen her, so, als handelte es sich um Wein, der sich in eine Flasche füllen lässt. Nein, es ist unsere Aufgabe, Tag um Tag an der Verwandlung unserer Schläuche zu arbeiten. Leider bleibt niemand lange in Schulen, in denen man solche Anstrengungen verlangt. Dort hingegen, wo man verspricht, man könne die höchsten Segnungen erlangen, ohne dabei den kleinen Finger zu rühren, dort will man bleiben. Darin liegt die Ursache, warum sich so wenige einer wirklich wahren Lehre anschließen. Die Menschen haben es nicht gerne, wenn man von Anstrengungen spricht; sie gehen lieber dorthin, wo man ihnen Talismane mit ihrem astrologischen Zeichen oder mit kabbalistischen Figuren verkauft: »Sie sind im Januar geboren? Das ist im Zeichen Wassermann.« Und sie stecken es ihnen mit der Nadel an. Das ist reiner Aberglaube! Und dann bilden sie sich auch ein, sie könnten sich das Elixier des ewigen Lebens in Flaschen verschaffen!

Es gibt nur eine einzige, wahrhaftige Philosophie: die der bewussten, persönlichen und gemeinsamen Arbeit. Ich weiß jedoch, dass ihr nicht wiederkommt, wenn ich so mit euch spreche. Ihr seid hierhergekommen, um verblüffende, sensationelle

Offenbarungen zu hören, und ich meinerseits höre nicht auf, die Notwendigkeit des Bemühens zu betonen.[3] Ich kann nicht anders, ich kann euch nur die Wahrheit sagen.

Die unsichtbare Welt ist dabei, Strömungen auf die Erde zu senden, die neuem Wein gleichen. Die Schläuche, die diesen Wein nicht aushalten können, werden umkommen, denn die unsichtbare Welt will alle Schläuche füllen – alte ebenso wie neue. Das bedeutet, dass die Epoche der Offenbarung der großen Mysterien herannaht. Die Menschheit besteht aus alten und neuen Schläuchen. Ob sie nun neu oder verbraucht sind, spielt keine Rolle, sie werden alle gefüllt werden. Das entspricht der neuen kommenden Epoche. Früher verbargen sich diejenigen, die darüber Bescheid wussten; sie schlossen sich in kleinen Gruppen zusammen und die anderen blieben unwissend. Heutzutage verwendet die Universelle Weiße Bruderschaft andere Methoden; die Mysterien werden allen offenbart, Pech für die alten Schläuche. Alle – ob neu oder verbraucht – werden auf dieselbe Weise behandelt. Wenn der Wein herbeigebracht wird, werden die Gefäße nicht ausgesucht; die neuen werden erhalten bleiben, und die alten eben platzen. Ich kann euch nicht erklären, warum es so sein wird; ich werde euch nur sagen, dass Saint-Yves d'Alvèdre in seinem Buch »La mission de l'Inde« erzählt, dass die großen Eingeweihten von Agartha eines Tages sahen, wie die Lichtpyramide – die schon seit Ewigkeiten existiert – sich teilte; sie wussten nicht, was das bedeutete und fragten die Höchste Intelligenz. Man antwortete ihnen, es nahe die Epoche, in der die Mysterien der Masse enthüllt werden sollen. Ja, die Mysterien werden enthüllt; man wird sich dann nicht um diejenigen kümmern, die sich weigern, sie anzuerkennen oder sich mit den neuen Strömungen in Harmonie zu bringen.

Die Universelle Weiße Bruderschaft wird den Menschen alle Methoden und Hilfsmittel zur Verfügung stellen. Aber wie viele von ihnen werden sie annehmen, sie schätzen und vor allem sie richtig anwenden können? Vielleicht sagt ihr nun: »Warum enthüllen Sie uns nicht gleich alle diese Methoden?« Wenn ich sie euch ohne ein paar einleitende Worte enthüllte, würdet ihr sie nicht schätzen oder aber sie nicht richtig anwenden; das hätte alle möglichen misslichen Auswirkungen für euch zur Folge. Für den Anfang gebe ich euch nur sehr einfache Übungen. Zum Beispiel streichelt mit der rechten Handfläche zärtlich – fast ohne ihn zu berühren – den Rücken der linken Hand oder streichelt mit der Spitze der drei ersten Finger der rechten Hand nacheinander alle Finger der linken Hand und beginnt dabei mit dem Daumen. Was haltet ihr von solchen Übungen? Wie fasst ihr sie auf? Ihr Sinn liegt im Bewusstsein desjenigen, der sie praktiziert.

Das Bewusstsein muss zuerst erweitert und erhellt werden, damit man sich der ganz kleinen Dinge bedient, um zu großen Ergebnissen zu gelangen. Vielleicht meint ihr, ich würde von euch verlangen, dass ihr euch mit schrecklich rollenden Augen konzentriert oder dass ihr Atemübungen macht, die all eure Funktionen aus dem Gleichgewicht bringen, wie es schon mit so vielen passiert ist... Nun, dann empfehle ich euch, hier nicht länger zu warten. Wenn ich euch zu bestimmten, mir bekannten Konzentrationsübungen riete, dann würdet ihr zu keinem Ergebnis kommen und mir außerdem noch vorwerfen, dass ihr euch noch böser und nervöser werden fühlt, seit ihr diese Übungen praktiziert. Ihr würdet mir viele negative Gedanken senden, und ich würde mehr Zeit dafür verwenden müssen, sie wieder umzuwandeln. Übrigens, wäre ich ein alter Schlauch, dann hätte ich schon hundert Mal platzen müssen, aufgrund der vielen Gedanken, die man mir schickt. Aus diesem Grunde arbeite ich nach einem bestimmten System, nach einer bestimmten Methode; und mit den bedeutsamen Offenbarungen warte ich das Auftauchen von Menschen ab, die der wahren Lehre, der Lehre Christi, folgen und sie praktizieren wollen, anstatt sich blindlings in alle möglichen riskanten Experimente zu stürzen.

Zu denen, die seine Schüler werden möchten, und alles in sich aufnehmen, ohne es zu überprüfen, unter dem Vorwand, sie wollten zeigen, wie sehr sie mit der Wahrheit verbunden seien, sagt ein Meister: »Ich brauche keine Leichtgläubigen, die alles akzeptieren, ohne den geringsten Versuch, es zu überprüfen; denn auf sie kann ich nicht zählen. Heute sind sie noch bei mir, aber wo werden sie morgen sein?« Die Eingeweihten freuen sich nicht darüber, solche Schüler um sich zu haben. Sie bevorzugen diejenigen, welche ein wenig zweifeln und Kritik üben, die jedoch das, was sie gelehrt wird, anwenden, damit sie es nachprüfen und ausprobieren können. Denn die Eingeweihten wissen, dass sich nur mit solchen Menschen das Reich Gottes begründen lässt. Die Eingeweihten mögen niemanden, der immer nur »ja, ja« sagt und nichts tut, denn solche Menschen sind mit dem Staub vergleichbar, der aufwirbelt und verschwindet. Auch ich mag diejenigen nicht besonders, die »ja« sagen und dabei nichts tun. Ich freue mich aber über den, der sagt: »Ich bin nicht ganz Ihrer Meinung, doch ich werde das nachprüfen, was Sie mir sagen und Folgerungen daraus ziehen.« Ich weiß, dass man auf solch einen Menschen zählen kann; denn während er es nachprüft, wird er auf die Wahrheit stoßen, und ihr nicht widerstehen können. Glaubt nicht, dass ich mich über diejenigen freue, die sehr von mir begeistert scheinen. Ich bevorzuge alle, die sich etwas misstrauisch zeigen, aber nachprüfen. Was aber diejenigen anbelangt, die misstrauisch sind und nichts überprüfen wollen, sie sind wirklich unerträglich.

Das ist das, was ich euch hinsichtlich der Methoden sagen wollte. Ich habe euch schon so viele Methoden gegeben, ihr solltet sie nicht vernachlässigen. Ich weiß sehr wohl, dass einige von euch nichts Besonderes daran finden. Ja, dem Anschein nach, doch wenn ihr sie bewusst anwendet, werdet ihr doch ihre Auswirkungen feststellen. Bestimmte Methoden, die in der Vergangenheit erfolgreich waren, sind heutzutage unwirksam, sogar schädlich geworden, weil sich nicht nur die Menschen, sondern auch die Lebensverhältnisse, und besonders der Lebensrhythmus geändert haben. Aber das ist ein sehr weitreichendes Thema, das wir ein anderes Mal behandeln werden. Für heute bewahrt nur den Gedanken, dass wir die Schläuche ersetzen müssen, dass wir an uns, an all unseren Organen und an all deren Zellen arbeiten müssen, damit wir die Strömungen, welche die unsichtbare Welt über uns ergießt, und den neuen Wein aufnehmen können. Der neue Wein, das ist die neue Lehre, die heute auf die Erde kommt. Sie ist neu wie die Sonne, die uns Tag für Tag neue Strahlen sendet, neu wie die Flüsse, die uns neues Wasser bringen... Alles, was in der Natur existiert, Blumen, Bäume und Steine enthalten jeden Tag etwas Neues, das am Tag zuvor noch nicht vorhanden war. Die Erde nimmt nicht zweimal denselben Weg, sie betritt ständig unterschiedliche Regionen, wo sie neue Einflüsse aufnimmt.

Zurzeit trifft die Erde mit sehr starken Strömungen zusammen, die sich auf die ganze Menschheit auswirken. Und weil wir uns inmitten dieser Strömungen befinden, erleben Völker und Nationen außergewöhnliche Umwälzungen. Die Menschheit steht an der Schwelle zu einer neuen Epoche. Wie wird sie diese Epoche durchlaufen? Das hängt von ihrem Bewusstseinszustand ab. Eines aber ist sicher: Eine neue erstaunenswerte Ära liegt vor uns. Sie ist verbunden mit Aspekten, die in der Vergangenheit noch nie beobachtet wurden. Vor Jahrhunderten haben große Eingeweihte an verschiedenen Orten der Erde Samen in den Boden gelegt; bis jetzt hatten diese Samen noch keine guten Wachstumsbedingungen; sie sind aber noch vorhanden und warten das Herannahen bestimmter Zyklen und Ausstrahlungen ab... Die kommenden Einflüsse werden die Pflanzen zum Wachsen, die Früchte zum Reifen, die Blumen zum Aufblühen bringen, sowohl auf der physischen als auch auf der psychischen Ebene. In der Vergangenheit haben große Eingeweihte auch in unsere Seelen Samen hineingelegt, die aber nicht aufgehen konnten, weil sie absolut keine günstigen Bedingungen hatten. Jetzt aber werden sie aufgehen und wachsen. Alles zu seiner Zeit.

Die herannahenden Strömungen sind sehr mächtig. Für die einen wirken sie sich günstig, und für die anderen schädlich aus, das hängt von den Schläuchen ab, welche sie aufnehmen müssen. Jeder Einzelne wird fühlen, wie bisher unbekannte Gedanken und Gefühle in ihm entstehen, wenn er diese unbekannten Strömungen empfängt. Niemand sollte sich aber davor fürchten, denn alles ist genau auf diese Epoche abgestimmt. Ihr braucht nur ein tieferes Vertrauen in die Welt und in die Weiße Bruderschaft zu setzen und mit deren Lehre eng verbunden zu bleiben, um allen diesen Veränderungen, Gärungs- und Keimungsprozessen, das heißt, allen Umwälzungen, die auf der Welt stattfinden werden, standhalten zu können.* Diejenigen, die nicht verstehen, werden zutiefst erschüttert sein, sobald sie neue Strömungen in sich einfließen spüren und sagen: »Mein Gott, ich begreife überhaupt nichts von dem, was mit mir geschieht. Ich fühle mich so beunruhigt und verwirrt...« Nein, ihr

* Anm. des Verlegers: Dieser Vortrag wurde 1939 vor dem Weltkrieg gehalten. Im Gegensatz zu den Prognosen vieler Astrologen hat Omraam Mikhaël Aïvanhov ausführlich über den bevorstehenden Krieg gesprochen.

solltet nicht in Verwirrung geraten, sondern euch von den Eingeweihten führen lassen, und nur von ihnen. Diejenigen, die sich mit tastenden Versuchen und Experimenten auf dem Pfad vorwärtsbewegen, sind gefährliche Führer.

Wie oft habe ich festgestellt, dass die Menschen sich überhaupt nicht darum kümmern, ob derjenige, der sie führt, eine bestimmte Zielrichtung eingeschlagen hat oder nicht. Sie akzeptieren das Herumsuchen und Herumtappen mit ihm auf dem Weg. Sie machen mit ihm gemeinsam den Versuch, ob es geht oder nicht, und wenn es nicht geht, wenden sie sich in eine andere Richtung. Wenn sie dann wiederum merken, dass das auch nicht besser ist, dann gehen sie wieder irgendwo anders hin. Auf diese Weise lässt man sich auf immer neue beklagenswerte, schmerzhafte Experimente ein. Wir dürfen nur diejenigen als Führer akzeptieren, die wissen, wie und wohin man gehen soll, diejenigen, die alle Wege kennen; denn sie können uns sagen: »Nein, nicht dahin, sondern dorthin.« Auf solche Weise umgehen wir Sümpfe, Hindernisse und Abgründe. Ich will niemanden kritisieren, ich mag alle gern; ich stelle nur fest, wie intelligente Menschen sich von dem Erstbesten führen lassen; sie machen dabei mit, wenn alle gemeinsam in die Irre gehen. In unserer Lehre würde sich niemand so etwas gefallen lassen.

Glaubt mir, der Augenblick ist gekommen, sich für den neuen Wein, das heißt die wahre Lehre zu entscheiden, und auch der Moment, die Schläuche zu ersetzen. Manchmal stelle ich fest, dass einige noch an dem, was sie schon nachgeprüft haben, weiterhin zweifeln. Es ist normal, etwas, das man noch nicht überprüft hat, zu bezweifeln; aber an einem Brot zu zweifeln, das einem tage- und jahrelang beim Essen eine unbeschreibliche Empfindung von Wohlbefinden, Gesundheit und Kraft vermittelt hat, das ist wirklich ein Jammer.[4] Noch trauriger ist es, diejenigen zu beobachten, die, nachdem sie gegessen haben, sagen: »Ich weiß nicht«, und wieder damit anfangen, verschimmeltes Brot zu essen und gepanschten Wein zu trinken. Ich beschreibe euch die Wahrheit eurer Meinung nach vielleicht in einer etwas kindlichen Form, aber zutiefst aufrichtig, und es ist traurig, wenn ihr diese Wahrheit nicht zu schätzen wisst. Ich schenke euch die Perlen, die ich von meinem Meister, von Peter Danov habe; und es ist eine Freude für mich, sie euch zu geben, besonders in dieser Stunde, in welcher wir unsere Gedanken und unsere Gefühle in der Atmosphäre der Lehre austauschen können. Das, was ich euch sage, enthält noch Lücken, das ist richtig; es ist aber unmöglich, alles zu sagen. Das einzig Mögliche für mich ist zu versuchen, euch alle spirituellen Wahrheiten erahnen zu lassen. Es wird mir nie gelingen, alle Themen in ihrer Ganzheit zu behandeln, das kann übrigens keiner. Man kann nichts anderes tun, als die neuen Ideen erahnen zu lassen.

Erwartet vor allem nicht, dass jemand kommen und eure Probleme lösen wird; das ist zwecklos, niemand wird kommen. Die Lösung eurer Probleme hängt von niemandem ab, sie befindet sich in eurem eigenen Inneren. Nur schrittweise werdet ihr sie im Laufe eures Lebens auffinden, indem ihr danach forscht, überlegt, meditiert, betet und euch dabei auf angemessene Weise verhaltet. Das Einzige, was ich von meiner Seite tun kann, ist, euch diese Lehre zu übermitteln, die aus Bulgarien kommt, aus dem Zentrum, aus dem vor Jahrhunderten das große Licht aufleuchtete, das ganz Europa überflutete: die Lehre der Bogomilen. Zu jener Zeit entstand eine große Anzahl spiritueller Gemeinschaften, wie die Templer, die Albigenser, die Katharer usw. Zum zweiten Male sendet dasselbe Zentrum dieselbe Lehre auf die Erde, jedoch in neue Gewänder gehüllt, das heißt, auf das heutige Leben abgestimmt. Um die neuen

Methoden dieser Lehre zu übermitteln, bin ich gekommen. Diejenigen, die umwerfende Wunder von mir erwarten, muss ich also warnen, damit sie sich nicht einbilden, ich sei gekommen, um ihnen Reichtum, hübsche Frauen oder hochrangige Stellungen in der Gesellschaft zu verschaffen, denn sie würden enttäuscht werden. Das wird vielleicht alles kommen, ebenso wie viele andere größere und schönere Dinge auch, ein wahrer Eingeweihter wird so etwas jedoch niemals versprechen.

Euer Erfolg hängt weder von mir noch von Christus oder von der Bruderschaft ab, sondern nur von euch selbst. Ihr seid aller Wunder fähig, wenn ihr es euch aufrichtig wünscht. Akzeptiert ihr die Lehre der Liebe, der Aufopferung und des Lichtes, dann werden die Eingeweihten euch die Methoden zur Verfügung stellen, mit denen ihr euren Körper gefahrlos verlassen, im Weltenraum reisen und mit den hohen Wesen, den Genien der Planeten usw. sprechen könnt.

Solange man sich aber nicht für die wahre Lehre entschieden hat, ist es besser, von solchen Möglichkeiten nichts zu wissen, und sich nicht darauf zu stürzen, um sie zu erlangen. Solange man sich nicht zuallererst geläutert hat, ist es nicht ratsam, hellsichtig werden zu wollen, denn das wäre sehr gefährlich.[5] Wenn ihr es dennoch tut, kann euch anschließend niemand vor dem Besuch von oftmals schädlichen Wesen bewahren.

Haltet also unbeirrt an euren Bemühungen fest, betet, meditiert und singt!

Möge Gott euch segnen und euch die Größe der göttlichen Liebe und der göttlichen Weisheit offenbaren. Das wünsche ich mir jeden Tag für euch. Manchmal bleibe ich allein in meinem Zimmer und erzähle euch in der Stille von vielen Dingen. Vielleicht hört ihr diese Worte, dank der lebendigen Wellen, welche sie davontragen.

Mögen sich Liebe, Weisheit und Wahrheit in uns niederlassen, und uns für das neue Leben vorbereiten!

Im Park von Saint-Cloud, den 12. Mai 1939

Anmerkungen

1. Siehe Band 11 der Reihe Gesamtwerke »Der Schlüssel zur Lösung der Lebensprobleme«, Kapitel 6: »Man kann die Natur der Personalität nicht ändern – Der Sinn der Gärung aus einweihungswissenschaftlicher Sicht«.
2. Siehe Band 5 der Reihe Gesamtwerke »Die Kräfte des Lebens«, Kapitel 2: »Charakter und Temperament« und Band 10 der Reihe Gesamtwerke »Sonnen Yoga – Surya-Yoga – Die Herrlichkeit von Tiphereth«, Kapitel 13: »Der neue Himmel und die neue Erde«.
3. Siehe Band 238 der Reihe Izvor »Der Glaube versetzt Berge«, Kapitel 13: »Rabota, vreme, vera: Arbeit, Zeit, Glaube«.
4. Siehe Band 239 der Reihe Izvor »Die Liebe ist größer als der Glaube«, Kapitel 2: »Der zerstörerische Zweifel: Einheit und Polarisation«.
5. Siehe Band 228 der Reihe Izvor »Einblick in die unsichtbare Welt«, Kapitel 3: »Der Zugang zur unsichtbaren Welt: von Jesod nach Tiphereth«.

# *Kapitel 3*

# »Vaterunser«

Freier Vortrag

Frage: »Meister, Sie haben uns einmal versprochen, über die ersten drei Verse des »Vaterunser« zu sprechen.

**»Geheiligt werde Dein Name,**
**Dein Reich komme,**
**Dein Wille geschehe,**
**Wie im Himmel so auf Erden.«**

Ja, das ist ein sehr wichtiges Thema. Alle katholischen, protestantischen und orthodoxen Christen usw. sprechen dieses Gebet, obwohl sie seinen Sinn nicht immer richtig verstanden haben. Dieses kurze Gebet ist uns von Christus gegeben worden; und manche haben sich gefragt, warum es nicht etwas länger ist und noch andere Bitten enthält. Ja, es ist etwas bescheiden... Jesus hat weder von Öl noch von Butter oder Käse gesprochen, sondern nur vom täglichen Brot. Und auch Geld wird nicht erwähnt, das nötige Geld, um sich ein Haus, ein Auto oder eine Frau zu kaufen. »Gib uns eine Frau, gib uns Vergnügungen...« Nein, nur Brot! Manche Christen finden dieses Gebet weder besonders ausdrucksstark noch gehaltvoll und auch nicht akademisch, während sie selbst welche fabriziert haben, die wirklich vollständig und endlos lange sind und mit denen sie sehr zufrieden sind, weil diese wenigstens hochtrabende Verse enthalten. Doch was enthalten sie tatsächlich, diese Gebete? Natürlich nichts Besonderes.

Nun werde ich versuchen, euch die Bedeutung dieser ersten drei Verse des »Vaterunser« aufzuzeigen; das ist jedoch so umfangreich, dass ich euch nicht alles darüber sagen kann. Ihr werdet es gleich sehen. Jesus hat ein sehr altes, von der Tradition überliefertes Wissen dort hinein gelegt, das schon lange vor ihm existierte. Doch er hat es so kurz zusammengefasst und verdichtet, dass es nur die Eingeweihten begreifen können. Diese gehen wie die Natur zu Werke. Seht euch einen riesigen Baum an, mit seinen Wurzeln, seinem Stamm, seinen Ästen, Blättern, Blüten und Früchten. Die Natur versteht sich darauf, ihn auf meisterhafte, großartige Weise in einem kleinen Kern, einem kleinen Samen zu komprimieren. Der Baum, dieses Wunderwerk, mit seiner Fähigkeit, Früchte zu tragen, lange zu leben, Unwettern zu widerstehen und so fort, das alles ist in einem winzigen Samen verborgen. Nun, Christus hat genau dasselbe getan. Er wollte sein ganzes Wissen im »Vaterunser« zusammenfassen, in der Hoffnung, dass die Menschen, die es sprechen und darüber meditieren, es als Samen in ihre Seele einpflanzen, ihn begießen, beschützen und pflegen würden, und auf diese Weise entdecken, was für einen Baum des Wissens er uns hinterlassen hat. Leider aber wird dieses Gebet meistens mechanisch und geistesabwesend gesprochen.

***»Vater unser, der Du bist im Himmel, geheiligt werde Dein Name, Dein Reich komme, Dein Wille geschehe wie im Himmel so auf Erden...«*** Mit diesen drei Bitten beginnt bereits die spirituelle, die Einweihungsarbeit, die magische Arbeit par excellence. Ihr werdet sagen: »Sie sehen wirklich überall nichts als Magie!« Ja, alles ist Magie, und wenn ihr nicht die magische Bedeutung aller Dinge seht, dann habt ihr überhaupt nichts gesehen, denn das ist der wichtigste Aspekt.

***»Vater unser, der Du bist im Himmel«***, das bedeutet, dass es einen Himmlischen Vater gibt, der alles erschaffen hat, von dem alles abhängt, welcher der Herr über das ganze Universum ist; es bedeutet aber auch, dass es im Himmel mehrere Regionen gibt, mit verschiedenen Bewohnern und einer außergewöhnlichen Organisation, und der Himmlische Vater bewohnt jede einzelne Region.

***»Geheiligt werde Dein Name«***, das bedeutet, dass der Himmlische Vater einen Namen hat, den man kennen und heiligen muss. Und was bedeutet das, den Namen Gottes heiligen? Dabei geht es um einen wichtigen Teil eines uralten Wissens. Die Eingeweihten lehren uns, dass alles, was wir tun, rein, lichtvoll und heilig sein muss, damit der Name Gottes in unserem ganzen Leben, in der geringsten unserer Taten geheiligt werde. Da hat uns Christus also ein ganzes Programm vorgezeichnet, obgleich er es nicht bis in alle Einzelheiten ausgeführt hat, doch ihr werdet sehen, dass dieses Programm die logische Folge der Erklärungen ist, die ich euch gleich geben werde.

***»Dein Reich komme«***, das bedeutet, dass es ein Reich Gottes gibt mit seinen Gesetzen, seiner Ordnung, seiner Harmonie und allen Eigenschaften eines vollkommenen, idealen Reiches, also Eigenschaften, wovon wir uns noch keine Vorstellung machen können, wovon wir aber manchmal, in den herrlichsten und spirituellsten Augenblicken unseres Lebens eine flüchtige Vision haben. Denn nur in diesen herrlichen

Zuständen beginnt man zu begreifen, was das Reich Gottes wirklich ist. Wenn man es sich nur nach dem Vorbild irdischer Reiche vorstellen müsste…! Die irdischen Reiche sind von der Vollkommenheit weit entfernt. Dort gibt es ständig nur Streitereien, Geschrei und Aufruhr, Revolutionen und allerlei Irrsinn. So aber sieht das Reich Gottes bestimmt nicht aus. Dennoch kann dieses Reich auf der Erde verwirklicht werden. Dafür gibt es eine umfangreiche Lehre und verschiedene Methoden. Bitten allein genügt nicht. Darum bitten, das ja, seit Tausenden von Jahren bittet man darum, doch es ist immer noch nicht gekommen, weil man darum bittet, ohne irgendetwas dafür zu tun, dass es auch wirklich kommt.

***»Dein Wille geschehe wie im Himmel so auf Erden«***, das bedeutet, dass man Gottes Willen auf der physischen Ebene, im physischen Körper erfüllen muss, so wie es schon oben im Himmel der Fall ist.

Der Mensch ist nach dem Bilde Gottes erschaffen; das bedeutet, dass er, so wie Gott, auch eine Dreifaltigkeit ist: Intellekt, Herz und Wille. Die ersten drei Sätze des »Vaterunser« entsprechen dieser Dreifaltigkeit. Greifen wir nun jede dieser Bitten vertieft auf.

***»Geheiligt werde Dein Name«***. Was bedeutet heiligen? Die Menschen haben gewöhnlich keinerlei klare Vorstellung von den Worten »säubern«, »waschen«, »reinigen« und »heiligen«, weil sie es nicht gewohnt sind, mit den vier Elementen Erde, Wasser, Luft und Feuer zu arbeiten, mit deren Hilfe alles erschaffen wurde. Sie wissen nicht, dass ihr Körper, ihr Herz, ihr Intellekt, ihre Seele und ihr Geist mit den Kräften und Eigenschaften dieser vier Elemente in Verbindung stehen. Ein

Eingeweihter jedoch hat dieses Wissen; er weiß, dass jedem Element ein Engel vorsteht. Deshalb bittet ein Eingeweihter, wenn er sich reinigen will, die Engel der vier Elemente um Hilfe. Er bittet den Engel der Erde, seinen physischen Körper zu säubern, den Engel des Wassers, sein Herz und seine Gefühle zu waschen, den Engel der Luft seinen Intellekt und seine Gedanken zu reinigen, und den Engel des Feuers, seine Seele und seinen Geist zu heiligen.

Die Heiligung ist mit der Welt des Denkens verbunden. In unseren Gedanken müssen wir zuallererst den Namen Gottes heiligen. Der Name entspricht der Wesenheit, die ihn trägt; er fasst sie zusammen, er enthält sie. Wenn wir den Namen Gottes aussprechen, rufen wir Ihn herbei, geben wir Ihm die Möglichkeit, in uns einzuziehen. Er ist dann wirklich in uns anwesend. Der kabbalistischen Tradition zufolge ist der Name Gottes vielfältig; er setzt sich aus 72 Namen zusammen; dieses Wissen kann man sich nur durch langwieriges und schwieriges Studium aneignen. Wer diese 72 Namen kennt, ist von der Heiligkeit und dem Licht Gottes so durchdrungen, dass er schon allein durch das Aussprechen dieser Namen fähig ist, Ihn anzuziehen, Ihn in jedes Ding herab zu rufen, alle Gegenstände, alle Geschöpfe, alles Existierende zu heiligen. Die Eingeweihten geben sich mit der Bitte »Geheiligt werde Dein Name« nicht zufrieden; sie heiligen ihn wirklich in ihrem eigenen Inneren.

Was bedeuten nun die Worte »heilig« und »heiligen«? Auf Bulgarisch heißt heilig »svetia«; dieses Wort hat die gleiche Wurzel wie »svetlina«, das Licht. Der »svetia« ist also ein Mensch, dem es gelungen ist, in das göttliche Licht einzutauchen. Alles in ihm leuchtet, sein strahlender Glanz erhellt die Welt. Übrigens heißt die Welt im Bulgarischen »svet«; auch das ist sehr aufschlussreich, denn das Licht war es, das dadurch, dass es sich verdichtete, die Welt erschuf. Die Welt ist also nichts anderes als eine Ausformung des Lichtes. Gott hat zuallererst das Licht als erste Kraft erschaffen; durch diese Kraft wurde die Welt erschaffen. Im Französischen und im Deutschen haben die Wörter Welt, Licht und heilig keine Beziehung zueinander. In der bulgarischen Sprache hingegen ist es eindeutig, dass sich alles aus dem Licht ableitet. Das Licht erschafft den Heiligen, und das Licht erschafft die Welt.

***»Geheiligt werde Dein Name«***. Doch man kann nichts heiligen, wenn man selbst nicht heilig ist. Genau wie man auch nichts reinigen kann, wenn man nicht selbst rein ist. Also kann nur das Licht heiligen, weil es selbst Heiligkeit ist. Das Licht im Menschen befindet sich auf der Mentalebene, in seinem Kopf, in seinen Gedanken. Er heiligt also zuerst dort den Namen Gottes. Dazu muss er aber wissen, dass das Licht nicht in den Kopf desjenigen einziehen kann, der die Vorhänge nicht aufgezogen hat. Der Mensch möchte, dass Licht hereinkommt, doch er lässt die Vorhänge zugezogen und das Licht kann nicht herein. Denn diese Macht hat es nicht. Es ist so allmächtig, dass es Welten in Bewegung setzen kann, das stimmt; doch einen Vorhang kann es nicht aufziehen; das müssen wir tun. Sind die Vorhänge dann aufgezogen, durchflutet plötzlich das Licht unser Zimmer, das heißt, unseren Kopf und unseren Intellekt, und alles wird hell und klar. Danach – wenn man begreift und wenn man weiß, dass ein lichtvoller Gedanke imstande ist, alle Gegenstände, alle Geschöpfe zu heiligen – sollte man sich in diese Arbeit stürzen und von morgens bis abends in der unbeschreiblichen Freude leben, endlich alles heiligen zu können, was man berührt, alles, was man isst, alles, was man ansieht.

Ja, die größte Freude auf der Welt, meine lieben Brüder und Schwestern, ist, den Wert dieser täglichen Übung zu verstehen, und überall wo man hingeht, zu segnen, Licht zu bringen und zu heiligen. Erst dann erfüllt man das Gebot Christi. Doch immer nur zu wiederholen »Geheiligt werde Dein Name«, ohne irgendetwas dafür zu tun, ihn bis hinein in die eigenen Handlungen zu heiligen, das zeigt, dass man nichts verstanden hat. Doch genau das geschieht: Die großartigste aller Tätigkeiten wurde noch nicht begonnen auf der Welt. Lediglich einige Priester, einige Eingeweihte und Yogis denken daran, alles zu reinigen, alles zu heiligen, das reicht jedoch nicht aus, denn unterdessen zerstören, beschmutzen und entheiligen die anderen alles mit ihrer Unwissenheit und Grobheit. Leider sind die Christen die Letzten, die begreifen, was man von ihnen erwartet, wirklich die Letzten!

Ich habe euch gesagt, dass der Name Gottes sich aus 72 Namen oder Kräften zusammensetzt. Doch damit ihr es besser versteht, möchte ich noch ein paar Worte über die Darstellungsweise der Kabbala hinzufügen. Im Hebräischen besteht der Name Gottes aus vier Buchstaben: יהוה, das ist euch bekannt. Gemäß der kabbalistischen Lehre entspricht jeder Buchstabe einer Zahl: י= 10, ה= 5, ו= 6, ה= 5. Die Summe daraus ergibt 26. Nun, woher kommt dann die 72? Wenn die Kabbalisten den Namen Gottes in ein Dreieck schreiben, tun sie es so:

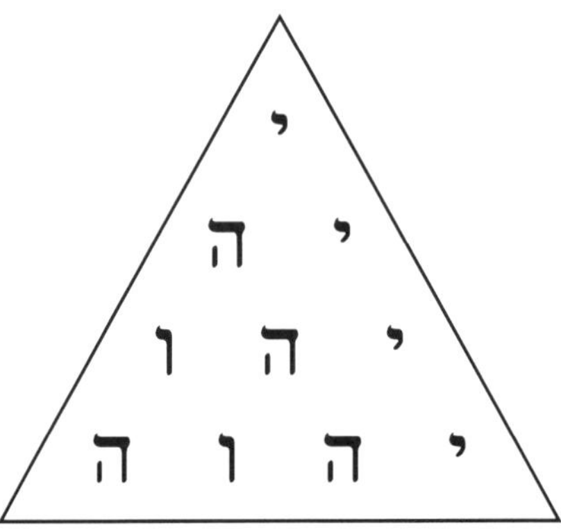


Zählt man alle diese Buchstaben zusammen, ergibt das 72. Oder auf folgende Weise:

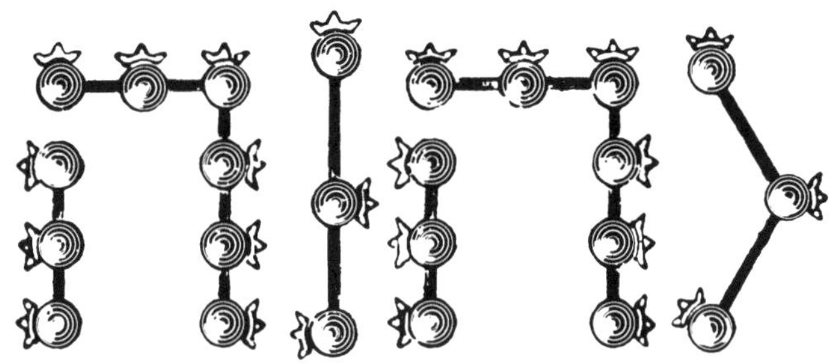

Der auf diese Art geschriebene Name enthält 24 Knoten, welche die 24 Ältesten aus der Apokalypse darstellen. Von jedem Knoten gehen drei Abzweigungen aus. Auch das ergibt 72.

Diese wenigen Worte reichen natürlich nicht aus, um euch die Reichhaltigkeit und die Tiefe dieses Themas aufzuzeigen. Ich erwähne es nur, um diejenigen anzuspornen, die sich eingehender damit beschäftigen möchten. Schon wenn der Mensch den Namen Gottes ausspricht oder ihn schreibt, verbindet er sich mit Ihm und mit den göttlichen Kräften, die er dann bis auf die physische Ebene herunterholen kann. Doch diese Arbeit beginnt in seinem Kopf. »Geheiligt werde Dein Name« betrifft das Denken und bedeutet, dass der Mensch diese göttliche Welt des Denkens nie entheiligen darf, sondern sie erhellen, sie rein, lichtvoll und vollkommen machen sollte.

Um noch genauer zu sein, sollte ich außerdem erwähnen, dass die wahre Heiligung jenseits der Welt des Denkens und des Verstandes stattfindet, jenseits der Welt, die noch zum Bereich der Reinigung gehört. Die Heiligung betrifft Seele und Geist. Es ist die Welt des Überbewusstseins, die Welt der Verzückung, aller Offenbarungen und aller Glückseligkeit. Wer Gottes Namen ständig heilig hält, vermag sich bis zur Ekstase hinaufzuschwingen.

Mit der zweiten Bitte: »Dein Reich komme!« steigen wir in die spirituelle Welt des Herzens hinab. Der Name Gottes soll in unserem Verstand geheiligt, Sein Reich aber in unserem Herzen errichtet werden, denn das Reich Gottes ist ein Reich der Liebe, der Güte, der Großzügigkeit, der Barmherzigkeit und der Harmonie zwischen allen Geschöpfen; es ist das Reich der Freude, des Glückes und des Friedens, das sich im Herzen aller Menschen niederlassen soll. Dieses Reich ist kein Ort, sondern ein innerer Zustand, in welchem sich alles Gute, Großmütige und Selbstlose widerspiegelt. Vor zweitausend Jahren sagte Jesus von diesem Reich: »Es ist nahe.«, doch gekommen ist es noch nicht; und es wird auch nicht in zwanzigtausend Jahren kommen, wenn man sich weiterhin damit begnügt, es äußerlich zu erwarten, ohne innerlich etwas dafür zu tun. In Wirklichkeit ist dieses Himmelreich für manche schon gekommen; für andere kommt es, und für wieder andere wird es wer weiß wann kommen! Für die Meister und die Eingeweihten ist es schon lange gekommen, für die Schüler ist es am Kommen und für die Masse wird es erst kommen, keiner weiß wann…!

Nun wenden wir uns der dritten Bitte zu, die am allerwenigsten verstanden wird, obgleich sie doch die großartigste und die wichtigste ist. Sie ist eine Zusammenfassung der ganzen Einweihungslehre: »Dein Wille geschehe wie im Himmel so auf Erden.« In der göttlichen Welt, im Himmel, wird der Wille Gottes stets ohne Widerspruch, ohne Auflehnung ausgeführt. Die Geschöpfe dort oben erfüllen den Willen Gottes, sie handeln in vollkommenem Einklang und völliger Harmonie mit diesem Willen. Die Bitte »Dein Wille geschehe wie im Himmel so auf Erden« beinhaltet etwas Magisches. Die Einweihungswissenschaft erklärt, dass sich die Geschöpfe im Universum durch den Grad ihrer Ergebenheit dem göttlichen Willen gegenüber unterscheiden. Auf der Erde jedoch spielen sich die Dinge nicht wie im Himmel ab; Christus hat diese Bitte auf diese Weise formuliert, damit wir uns an die Arbeit machen, und unseren Willen mit dem Willen Gottes in Einklang bringen. Diesen Gedanken kann man mit den verschiedensten Bildern veranschaulichen, zum Beispiel mit einem Spiegel, der einen Gegenstand widerspiegelt; oder auch mit irgendeinem Gerät, das wir verwenden. Jedes Gerät besteht aus einem Sender und einem Empfänger, das heißt, aus einem männlichen und einem weiblichen Prinzip; mit seinen Vibrationsmöglichkeiten, seiner Eigenschwingung, seiner Frequenz muss das empfangende Prinzip mit dem aussendenden in Einklang stehen, sich anpassen und angleichen. Der Sender, das ist der Himmel; und die Erde, das heißt die physische Ebene, muss sich nach den Strömungen des Himmels ausrichten, sich den Tugenden und Eigenschaften des Himmels anpassen und sich danach formen, um die ganze Herrlichkeit der Welt dort oben verwirklichen zu können.

»Vater unser, der Du bist im Himmel, geheiligt werde Dein Name, Dein Wille geschehe wie im Himmel so auf Erden...« Alle diese Bitten enthalten einen verborgenen Sinn, den nur ein Mensch mit dem richtigen Verständnis für die Dinge zu entdecken vermag. Wenn Archäologen sehr alte Manuskripte, Gegenstände oder Denkmäler erforschen wollen, versuchen sie mithilfe der hinterlassenen Texte und Figuren oder der Standorte der Gebäude die Mentalität eines Volkes oder einer Epoche zu entschlüsseln; mithilfe dieser Indizien fühlen sie sich in die Absichten dieser Menschen ein und erkennen, was diese damit meinten. Auch wir können jeden Gegenstand als eine Spur, als eine Botschaft betrachten; dieses Gebet, das uns Jesus hinterlassen hat, ist auch eine Art Denkmal, eine Art Zeugnis – wie in der Archäologie und der Paläontologie –, das wir erforschen müssen; dann werden wir in diesen wenigen Sätzen, die ich eben auszulegen versuchte, eine ganze Lehre, die darin verborgen liegt, entdecken.

Was Jesus meinte, ist Folgendes: »Was immer man euch erzählen mag, was immer man in der Vergangenheit, in Indien oder irgendwo anders gelehrt hat, zum Beispiel die Erde sei ein schrecklicher Ort, den man so schnell wie möglich verlassen sollte und so weiter, ihr müsst von nun an eine andere Philosophie annehmen. Ihr seid mit einer Aufgabe auf die Erde geschickt worden; ihr seid gekommen, um hier auf der Erde den Willen Gottes auszuführen, und nicht um die Erde zu verlassen und im Nirvana zu leben, wie es so viele getan haben.« Eure Aufgabe ist es, an der Erde zu arbeiten, um sie in einen Garten voller Blumen und Früchte umzuwandeln. Ihr dürft nicht entfliehen. Die Tatsache, dass ihr hinabgestiegen seid, sagt aus, dass man euch dort oben nicht braucht, sonst hätte man euch nicht hinuntergeschickt, ihr hättet einfach oben in Glückseligkeit weitergelebt. Genau das liegt hinter diesen Worten verborgen. Doch nur sehr wenige Menschen haben gemerkt, dass dieses Gebet ein ganzes Programm enthält, das alle Kinder Gottes verpflichtet, die Erde nicht zu verlassen.[1] Manche wollen sterben, weil sie sich, aus Angst oder Schwäche, den Schwierigkeiten des Lebens nicht stellen möchten; sie wollen einfach davonlaufen. Jesus meinte aber im Gegenteil: »Vorwärts, haltet stand und fürchtet nichts. Eure Aufgabe ist es, die Erde zu verschönern, damit sich Gott dort niederlässt, damit der Himmel samt den Engeln, Erzengeln und Meistern herabsteigt. Was macht ihr, um die Erde zu verbessern?«

Vielleicht wird jemand einwenden: »Ach, wissen Sie, die Erde, sie bedeutet mir nichts mehr.« Dann ist das der Beweis, dass ihr die Lehre Jesu nicht verstanden habt. Und dennoch, es ist wirklich ganz klar, wenn er sagt: »Dein Wille geschehe wie im Himmel so auf Erden.« Im Himmel ist schon alles vollkommen, aber hier unten ist es nicht wirklich großartig. Man muss also hinuntersteigen, bewusst und kühn in die Materie hinabsteigen, um sie zu beherrschen, sie zu beleben und zu vergeistigen, denn das Leben des Geistes soll sich auf der Erde ebenso vollkommen verwirklichen wie oben im Himmel.

Es ist also an uns, den Arbeitern, den Christen, mit aller Kraft diese Arbeit in Angriff zu nehmen, da es nun einmal von uns verlangt wird. Es reicht nicht aus, das Gebet zu sprechen, wenn man anschließend mit seiner Lebensführung dessen Verwirklichung verhindert. Man macht es oft genauso wie derjenige, der zu jemandem sagt: »Kommen Sie nur herein!« und ihm dann die Tür vor der Nase zuschlägt! Man betet, murmelt etwas vor sich hin und zack – schlägt man die Tür zu. Es ist unglaublich, wie unbewusst man sein kann! Und dann brüstet man sich damit, ein Christ zu sein! Ihr werdet sagen: »Was Sie uns da erzählen, steht aber nicht im »Vaterunser«.« Nein, das weiß ich; man sollte sich aber in das Denken von Jesu versetzen. Alles, was Jesus sagen wollte, hat er zusammengefasst. Jetzt liegt es an uns, seine Worte zu analysieren und in sein Denken einzutauchen und den Rest herauszufinden.

Im »Vaterunser« hat Jesus alle Schlüssel zur weißen Magie gegeben. Es gibt den Himmel, und es gibt die Erde, das heißt uns selber. Diese Erde schwingt aber nicht in Einklang mit dem Himmel, deshalb kann sie weder Freude noch Frieden noch Glück besitzen, denn das sind Eigenschaften des Himmels; diese Erde ist dem Himmel gegenüber verschlossen oder aber offen für die unterirdischen Regionen, für die Hölle. Es gibt zwei Welten, tatsächlich sind es drei, aber die dritte ist eine Zwischenwelt, durchzogen von Energien, die zwischen der oberen und der unteren Welt kreisen. Hier, auf der Erde, haben wir nicht nur die Möglichkeit, mit dieser schon vollkommenen Welt des Himmels im Einklang zu schwingen und uns mit ihr zu harmonisieren, sondern alles, was wir hier tun, tun wir auch zugleich oben. Jesus sagte: »Alles, was du auf Erden binden wirst, soll auch im Himmel gebunden sein, und alles, was du auf Erden lösen wirst, soll auch im Himmel gelöst sein«. Er erwähnte also magische Gesetze. Hermes Trismegistos sagt auf der Smaragdtafel: »Was unten ist, ist wie das, was oben ist; und was oben ist, ist wie das, was unten ist.« Beruft man sich also auf das, was in der physischen Welt vor sich geht, dann kann man das entdecken, was in der göttlichen Welt geschieht, weil die physische Welt eine Widerspiegelung der göttlichen Welt ist. Deshalb müssen auch wir etwas hier unten auf dieser physischen Welt, in unserem Körper tun, damit ebenso oben im Himmel etwas geschieht. Diese beiden Welten stehen in ständiger Verbindung. Der Himmel sendet Schwingungen aus, die bis zu uns herunter kommen, und wir empfangen ununterbrochen Energien und Botschaften aus dem Universum. Da unser Empfänger jedoch nicht richtig eingestellt ist, sind die

Verbindungen, d. h. die empfangenen Bilder und Botschaften undeutlich und verzerrt. Aus diesem Grund müsst ihr von nun an die Wichtigkeit dieser Verbindung begreifen und euch mit eurer ganzen Liebe mit dem Himmel in Harmonie bringen; erst dann wird es auf Erden wie im Himmel sein.

In dem Satz: »Dein Wille geschehe wie im Himmel so auf Erden« hat Jesus die Grundlagen für die weiße Magie gelegt. Um mit der göttlichen Welt eine Verbindung herzustellen, bedienten sich die Magier verschiedener Talismane, Pentakel und symbolischer Gegenstände aller Art, die eine bestimmte Region, Kraft oder Wesenheit darstellten. Genauso wie ein Priester Brot, Wein, Kelche, eine bestimmte Kleidung oder bestimmte Bücher verwendet, um die Energien und alle Wesenheiten der göttlichen Welt anzuziehen. Denn um den Himmel anzuziehen, muss man auf der Erde die Harmonie des Himmels verwirklichen. Im Himmel herrscht Reinheit, also muss auch auf der Erde alles rein sein. Da die Schönheit dort waltet, sollte hier auch alles schön sein. Dort strahlt das Licht, also sollte auch hier alles lichtvoll und strahlend sein. Durch diese Analogie zeigt uns die Einweihungslehre die Möglichkeit einer Verbindung zwischen Himmel und Erde auf.

In eurem Handeln, in euren Gesten und Worten, in eurem gesamten Verhalten müsst ihr euch mit der göttlichen Welt in Einklang bringen, damit ihr den Himmel widerspiegeln könnt. Erst dann werdet ihr das Ideal, das uns die großen Meister hinterlassen haben, in die Tat umsetzen können: zu Leitern, Medien, Vermittlern, Instrumenten des Himmels werden. Ihr seht also, das ist eine wunderbare, grandiose, gigantische Arbeit. Jeder Christ sollte von nun an von diesem Ideal durchdrungen sein, ständig an es denken, Tag und Nacht, jahrelang, sein ganzes Leben lang und sich sagen: »Ich möchte, dass der Himmel sich durch mich widerspiegelt. Mögen alle lichtvollen Wesen, die göttliche Weisheit, die himmlischen Mächte, die Göttliche Mutter, Christus, der Heilige Geist[2], die 24 Ältesten[3], Melchisedek und alle Meister sich durch mich manifestieren, in meinen Gedanken, meinen Gefühlen und meinem Tun.« Es gibt keine glorreichere Arbeit als diese. Doch man lässt sie beiseite, man beschäftigt sich mit weniger glorreichen Dingen und behauptet hinterher noch, ein Christ zu sein! Nein, ein wahrer Christ denkt nur an diese Arbeit; selbstverständlich wird er seinen Beruf ausüben, studieren und den anderen helfen; das aber hindert ihn nicht daran, diese Idee in sich zu tragen, und bei allem, was er tut, nur daran zu denken, ein Vertreter des Himmels zu werden, den Himmel auf der Erde widerzuspiegeln. Meine lieben Brüder und Schwestern, eine entscheidende Phase kommt auf uns zu, eine neue Phase, in der wir dieses Ideal verwirklichen müssen.

Ich greife diesen Gedanken immer wieder auf und wiederhole: In den Mittelpunkt unserer Handlungen und Entdeckungen stellen wir immer die Befriedigung unserer Selbstsucht, unserer Personalität. Alles soll zu unseren Diensten stehen: Gott, die himmlischen Kräfte, die Engel, alles muss sich um uns drehen, weil wir kein anderes Zentrum wollen als uns selbst. Doch es kommt eine neue Epoche mit außergewöhnlichem Verstehen, in welcher wir endlich diese auf uns selbst bezogene Sichtweise aufgeben werden. Anstatt den Himmel unterwerfen zu wollen (er wird es sich übrigens nicht gefallen lassen), werden wir ihm zu Diensten stehen; das ist die einzig mögliche Weise, ihm zu zeigen, dass wir klug sind, viel Liebe in unserem Herzen tragen, und auch viel guten Willen haben, zu seinen Dienern zu werden. Man muss aus sich selbst heraustreten und endlich damit aufhören, so wie die anderen zu denken, die nur darauf aus sind, die Kräfte der Natur zu ihren Gunsten zu unterwerfen, und damit auch nicht glücklicher sind. Selbst wenn ihnen das gelingt, selbst wenn sie alles haben, Komfort, Bequemlichkeit,

Reichtum und Fülle..., so werden sie doch nicht glücklicher, im Gegenteil; Furcht, Bangigkeit, Qualen und Leid sind immer da, und ihr Zustand verschlechtert sich zusehends. Man ist nicht daran gewöhnt, für die anderen zu arbeiten. Wenn ein Mann heiraten will, sucht er eine Frau für sich, das bedeutet, eine, die ihm Kinder schenkt, die für ihn kocht und seine Wäsche macht... Wo findet ihr einen Mann, der heiraten will, um mit seiner Frau zusammen der ganzen Welt zu helfen? Und eine Frau, die mit ihrem Mann zusammen der ganzen Welt helfen will? Das kommt sehr selten vor. Im Allgemeinen macht man alles für sich selbst, um die eigenen Wünsche zu befriedigen. Genauso sieht es mit der Religion aus. Man bittet um eine Menge materieller Dinge; doch den Namen Gottes heiligen und Sein Reich auf Erden verwirklichen, das sollen immer die anderen tun. Man wiederholt: »Dein Wille geschehe!«, ohne sich zu rühren, ohne die geringste Geste zu machen. Eine wirklich merkwürdige Mentalität! Ich bin immer wieder erstaunt zu sehen, wie die Menschen nur immer alles auf sich selbst ausrichten, anstatt sich selbst etwas Höherem zuzuwenden. Es ist nicht verwunderlich, wenn sie nichts erreichen. Das, was sie sich wünschen, kann nicht in Erfüllung gehen.

Allein kann kein Individuum das Reich Gottes verwirklichen; die Gemeinschaft muss es wollen, die Gemeinschaft muss die Bestimmungen erfüllen, dann ja, dann wird das Reich Gottes kommen. Ihr seht, es gab Heilige, es gab Propheten, Märtyrer, große Patriarchen, Apostel – und die Welt ist weiterhin dieselbe geblieben, weil die anderen sie nicht nachahmen wollten. Von nun an sollten alle verstehen, dass sich die Gemeinschaft bessern muss und dass es nicht ausreicht, wenn es hie und da ein paar lichtvolle, reine und heilige Wesen gibt. Es mag sein, dass sie eines Tages zur Rechten Gottes sitzen, doch die Welt wird genauso miserabel bleiben wie zuvor.

»Dein Wille geschehe wie im Himmel so auf Erden.« In diesem Satz ist die ganze theurgische Magie enthalten. Wenn der Schüler die tiefgründige Bedeutung dieser Bitte Jesu begreift und wenn es ihm einmal gelingt, sie zu verwirklichen, dann wird er eines Tages zum Vermittler, zu einem Spiegel des Himmels; er wird selbst zu einem Himmel. So steht es geschrieben, und das wird von uns erwartet.

Die erste Bitte: »Geheiligt werde Dein Name«, betrifft unser Denken. Damit man den Namen Gottes heiligt, muss man lernen, meditieren und das Bewusstsein erweitern und erleuchten. Die zweite Bitte: »Dein Reich komme!« bezieht sich auf unser Herz, denn nur in Herzen, die mit Liebe erfüllt sind, kann das Reich Gottes kommen. Die dritte Bitte betrifft unseren Willen: »Dein Wille geschehe wie im Himmel so auf Erden«. Das setzt Arbeit, Kampf, Widerstandskraft und Sieg voraus; und dazu braucht man Kraft und Ausdauer. Genau deshalb stellt uns die Lehre Übungen und Arbeitsmethoden vor, die uns helfen, mit dem Himmel in Harmonie zu kommen und mit ihm im Einklang zu schwingen. Vor allem die Übungen mit der Sonne. Warum betrachten wir morgens die Sonne? Um ihr gleich zu werden, damit die Erde, unser physischer Körper, dem Himmel gleich wird. Wenn der Mensch die Sonne mit Liebe betrachtet, mit ihr im Einklang schwingt, wird er genau wie sie: strahlend, warmherzig und belebend. Ihr seht, es handelt sich dabei also um eine Methode, die Anweisung »Dein Wille geschehe wie im Himmel so auf Erden« zu verwirklichen; doch es gibt noch viele andere.

Ja, meine lieben Brüder und Schwestern, ihr müsst den Entschluss fassen, euch endlich an die göttliche Welt anzupassen, mit ihr im Einklang zu schwingen. Wie viel Zeit das in Anspruch nehmen wird, das ist nicht eure Sache, macht euch darum keine Sorgen. Es kann lange dauern, es kann schneller gehen, doch das ist nicht von Bedeutung. Was aber wichtig ist, das ist eben diese Idee – und keine andere. Dann kann man nach Belieben ein gesellschaftliches Leben führen, heiraten, Kinder zur Welt bringen und einen Beruf haben; in seiner Seele, seinem Herzen und seinem Intellekt sollte man jedoch den Himmel widerspiegeln, selbst zu einem Leiter der göttlichen Energien werden; es gibt nichts Wichtigeres. Es würde mich sehr glücklich machen, wenn es mir gelänge, euch heute die Bedeutsamkeit dieser Worte fühlen zu lassen. Das Bewusstsein wird von den alltäglichen Beschäftigungen derart überlastet und gedämpft, dass einem das Verstehen schwerfällt; doch alle sollten es verstehen, die Jungen wie die Alten, die Männer wie die Frauen. Diese Arbeit betrifft alle. Niemand kann sich mit den Worten rechtfertigen: »Ich bin aber noch jung, ich habe andere Pläne in meinem Kopf.« Nein, sonst werdet ihr weder Frieden noch Ruhe noch Glück finden. Macht was ihr wollt, doch denkt Tag und Nacht nur an Folgendes: wie den Namen Gottes heiligen, wie Sein Reich in euer Herz einführen, wie jeden Tag euren Willen schulen, damit die Erde, d. h. eure Aktivität, euer Verhalten den Himmel widerspiegeln und damit alle, die sich euch nähern, beginnen, die himmlischen Strömungen wahrzunehmen.

Für den, der die wahre Einweihungsphilosophie studiert hat, sind die ersten drei Verse des »Vaterunser« ganz klar. Die Eingeweihten tauschten ihre Kenntnisse mithilfe ganz kurzer Formeln aus, und verstanden sich. Auf der Smaragdtafel zum Beispiel hat Hermes Trismegistos alle Vorgehensweisen zur Herstellung des Steins der Weisen angegeben. Ja, alles steht dort geschrieben, aber auf eine so verdichtete, so symbolische Weise, dass der Erstbeste nichts damit anfangen kann. Es ist eine Sondersprache, und auch Jesus bediente sich dieser Sprache. Wenn ich mich zum Beispiel nur mit dem Begriff »Vaterunser« beschäftige, würdet ihr feststellen, dass allein in diesen beiden Wörtern eine ganze Philosophie enthalten ist. Gott wird nicht mehr – wie im alten Testament – als ein verzehrendes Feuer dargestellt, als erschreckender Tyrann, den niemand lieben konnte, und vor welchem man sogar zittern musste, denn »Die Furcht des Herrn ist der Weisheit Anfang.« Jesus hat Angst durch Liebe ersetzt; von nun an ist die Liebe Gottes der Anfang und das Ende aller Weisheit. Statt vor Gott zu zittern, sollte man Ihn lieben. Wir sind Seine Kinder. Das ist das Neue, das Jesus gebracht hat, diese Zuneigung, diese Liebe zum Herrn, wie zu einem Vater. »Vater unser, der Du bist im Himmel.«... Wenn Er im Himmel ist, bedeutet es ebenfalls, dass auch wir dort sein können; denn dort, wo der Vater ist, wird auch der Sohn eines Tages sein. In diesen Worten liegt die ganze Hoffnung, die Hoffnung einer gloriosen Zukunft verborgen. Gott hat uns nach Seinem Bilde erschaffen. Er ist unser Vater, wir sind Seine Erben; Er wird uns Reiche anvertrauen, Er wird uns die Organisation von Planeten überlassen; alles wird Er uns geben.

Ihr seht also: Die ersten drei Bitten des »Vaterunser« entsprechen den drei Welten, die im Menschen vorhanden sind. Zuerst die Welt des Bewusstseins, des Denkens, das mit Licht erfüllt sein muss, damit es alles heiligt und erleuchtet. Dann die Welt des Herzens, das Zentrum aller Energien, in dem das Reich Gottes, das heißt das Reich des Friedens und der Güte allen Geschöpfen gegenüber, errichtet werden soll. Schließlich die Welt des Willens, mit anderen Worten die physische Ebene, auf der wir durch unsere Handlungen alles ausdrücken und wiedergeben sollen, was im Himmel ist. Das ist wunderbar! Für mich ist diese Arbeit mit keiner anderen vergleichbar. Ist sie einmal getan, dann wird sich Gott um uns kümmern, um alles, was Er uns noch geben will. Nun, was könnte Er uns noch geben? Er hat uns schon alles gegeben. Wenn man begreift, was in diesen drei Bitten enthalten ist, besitzt man bereits alles: das Licht, weil man alles versteht; das Glück, weil man lieben kann; Gesundheit und Kraft, weil man arbeitet und etwas verwirklicht. Also, was wollt ihr noch mehr?

Ich werde nun noch ein paar Worte für diejenigen hinzufügen, die sich für dieses Gebet interessieren, und es noch weiter vertiefen möchten. Wir haben heute nicht die Zeit, um uns mit allen interessanten Stellen darin zu befassen; ich werde also nur über den letzten Vers sprechen: »Denn Dein ist das Reich, und die Kraft und die Herrlichkeit in Ewigkeit.«

Was entspricht den Wörtern Reich, Kraft und Herrlichkeit? Ihr kennt den Baum des Lebens, über welchen die Kabbala berichtet. Dieser Baum besteht aus zehn Sephiroth: Kether, Chokmah, Binah, Chesed, Geburah, Tiphereth, Netzach, Hod, Jesod und Malkuth. Der Name jeder Sephira drückt eine Eigenschaft, ein Attribut Gottes aus: Kether die Krone, Chokmah die Weisheit, Binah die Intelligenz, Chesed die Barmherzigkeit, Geburah die Kraft, Tiphereth die Schönheit, Netzach den Sieg, Hod die Herrlichkeit, Jesod das Fundament, Malkuth das Reich. Auf diesem Baum ist also Malkuth das Reich Gottes – die zehnte Sephira –, die alle anderen Sephiroth widerspiegelt und in sich vereint.

Jesus sagte: »Das Reich Gottes gleicht einem Senfkorn.« Ein Same, ein Korn stellt immer einen Beginn dar, den Beginn einer Pflanze, eines Baumes usw. Doch man muss Folgendes begreifen: Wenn auf der physischen Ebene der Beginn unten ist, ist auf der spirituellen Ebene, wo die Prozesse anders herum ablaufen als auf der physischen Ebene, der Beginn oben. Deshalb verläuft auf der physischen Ebene das Wachstum von unten nach oben, und auf der spirituellen Ebene von oben nach unten. Der Keim, der gesät wurde, ist also die erste Sephira, Kether. Der keimende Same teilt sich zunächst in zwei Keimblätter und wird dann zu Stamm, Ästen, Blättern, Knospen, Blüten und Früchten; und die Frucht ihrerseits trägt Keime in sich. Der gesäte Keim, Kether, wächst zum Baum heran, während er nacheinander alle anderen Sephiroth bis hinunter zu Malkuth durchläuft. Die Leben spendende reife Frucht, das Fruchtfleisch das man isst, das ist Jesod; sie enthält den Keim, den Samen. Ihr seht also, am Ende des Wachstumsprozesses wird der gesäte Keim zum Keim in der Frucht; Malkuth, der Keim unten, ist identisch mit Kether, dem Keim oben. In Wirklichkeit sind der Anfang und das Ende der Dinge immer identisch. Jeder Beginn ist nichts anderes als das Ergebnis einer vorangegangenen Entwicklung, und jedes Ende ist der Beginn einer anderen Entwicklung. Alles hat einen Anfang und ein Ende; einen wirklichen Anfang jedoch gibt es nicht. Jede Ursache bringt eine Auswirkung hervor; diese Auswirkung ist aber die Ursache einer neuen Auswirkung. So verschmelzen Vergangenheit, Gegenwart und Zukunft miteinander.

Ich wollte euch aber Folgendes erklären. In dem Satz: »Denn Dein ist das Reich und die Kraft und die Herrlichkeit« entsprechen das Reich, die Kraft und die Herrlichkeit den letzten drei Sephiroth: Malkuth, Jesod und Hod.

Das Reich ist also Malkuth, das Reich Gottes, die Verwirklichung. Wie ihr wisst, ist jede Sephira eine Manifestation Gottes und in Malkuth ist Sein Name »Adonai-Melek«; dort regiert auch der Erzengel Sandalfon über die »Ischim« oder »die Vollendeten Seelen«.

Die Kraft, das ist Jesod, was Fundament bedeutet, Grundlage; denn diese Sephira steht dem »reinen« Leben vor, der Grundlage aller Dinge. Auch die Sexualkraft ist mit Jesod

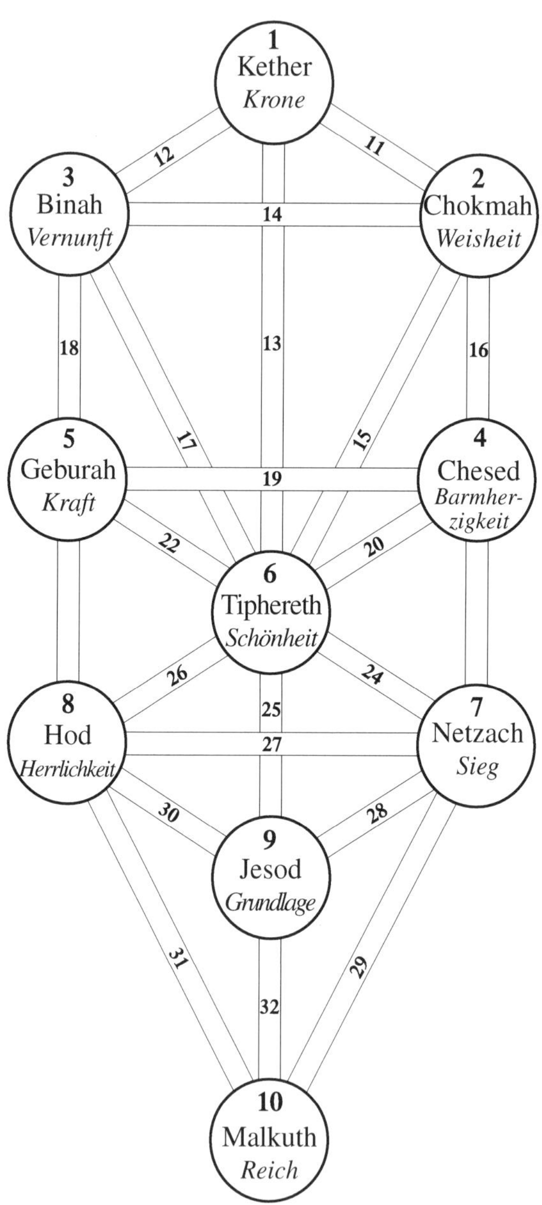


Der Sephirothbaum (Baum des Lebens)

verbunden, denn die ätherische Sexualkraft ist die wahre Kraft. In dieser Sephira offenbart sich Gott unter dem Namen Schaddai El Chai. Der Erzengel Gabriel regiert die Engelshierarchie der Cherubim.

Die Herrlichkeit ist Hod, das Licht, das im Glanz aller Wissenschaften, aller Erkenntnisse erstrahlt. In der Sephira Hod offenbart Er sich als Elohim Zebaoth, und der Erzengel Raphaël herrscht über den Engelsorden der Bnei Elohim.

Der letzte Satz des »Vaterunser« bedeutet folglich: »Dein sind die drei Bereiche, die am Ende des Wachstumsprozesses von Kether bis Malkuth stehen, das heißt, am Ende der Bereiche, welche die Verwirklichung repräsentieren. Das Reich, die Kraft und die Herrlichkeit bilden ein Dreieck, das eine Wiederholung des Dreiecks des Ausgangspunktes darstellt: »Geheiligt werde Dein Name, Dein Reich komme, Dein Wille geschehe«. Der Name, das Reich und der Wille, das sind die Sephiroth Kether, Chokmah und Binah. Also dem oberen Dreieck – Kether, Chokmah und Binah –, das die Schöpfung in der unsichtbaren, spirituellen Welt darstellt, entspricht das untere Dreieck – Malkuth, Jesod und Hod –, das die Konkretisierung, die Gestaltung, die Verwirklichung auf der physischen Ebene darstellt.

Das sind also – kurz zusammengefasst – ein paar Worte über das »Vaterunser«. Ihr könnt lange darüber meditieren und werdet viele Schätze und wunderbare Dinge darin entdecken.

Licht und Friede seien mit euch!

Les Monts-de-Corsier (Schweiz), den 7. Mai 1961

Anmerkungen

1. Siehe Band 15 der Reihe Gesamtwerke »Liebe und Sexualität«, Kapitel 8: »Materialismus, Idealismus, Sexualität«.
2. Siehe Band 230 der Reihe Izvor »Die Himmlische Stadt – Kommentare zur Apokalypse«, Kapitel 7: »Die Vierundzwanzig Ältesten und die vier Heiligen Tiere« und Band 236 der Reihe Izvor »Weisheit aus der Kabbala – Der lebendige Strom zwischen Gott und Mensch«, Kapitel 15: »Binah«.
3. Siehe Band 230 der Reihe Izvor »Die Himmlische Stadt – Kommentare zur Apokalypse«, Kapitel 3: »Melchisedek und die Lehre von den beiden Prinzipien« und Band 240 der Reihe Izvor »Söhne und Töchter Gottes«, Kapitel 6: »Jesus, Hohepriester nach der Ordnung Melchisedeks«.

*Kapitel 4*

# »Suchet zunächst nach dem Reich Gottes und Seiner Gerechtigkeit«

# Teil 1

## Freier Vortrag

Ja, meine lieben Brüder und Schwestern, man sucht Arbeiter zur Verbreitung der neuen Philosophie. Worin besteht diese neue Philosophie? Vor allem stellt sie den Menschen als lebendiges, mächtiges Geschöpf, als Gottheit dar, während die alte Philosophie aus ihm etwas Totes machte, ihn als Maschine, als Staub betrachtete. Ihr werdet sagen: »Also nur das?« Ja, darin ist alles enthalten. Alle Fortschritte, alle Verbesserungen liegen in dieser Veränderung der Sichtweise. Man sollte den Menschen als eine Gottheit, in aller Herrlichkeit, in aller Ewigkeit und Unendlichkeit darstellen; das ist es, was alles umwandelt. Die materialistische Philosophie hat die Menschheit zerstört. Natürlich hat sie weitere Aussichten eröffnet: technische und mechanische, materielle und industrielle Fortschritte, was haben aber diese Fortschritte dem Menschen wirklich gebracht, besonders auf der spirituellen Ebene?

Die neue Philosophie wird zu allererst darauf hinweisen, was der Mensch eigentlich ist, und wie er an der Errichtung einer neuen sozialen, kollektiven und universellen Ordnung arbeiten sollte, die man als das Reich Gottes und Seine Gerechtigkeit bezeichnet. Jetzt öffne ich euch damit eine Tür. Lasst eure kleinen Kränkungen und Verletzungen beiseite. Dass man euch die verdiente Wertschätzung nicht entgegenbrachte, euch etwas übervorteilt oder betrogen hat, das ist kein Grund, euch zu verschließen, ewig zu grollen und nicht an das Reich Gottes zu denken, das sich doch unter den Menschen niederlassen soll. Ihr müsst vergessen, wie sich die Menschen euch gegenüber verhalten oder nicht verhalten haben. Ja, heute muss man noch einmal von vorne anfangen, wie am ersten Tag der Schöpfung, am ersten Tag der Liebe, und lächeln, sich öffnen und seinen Duft ausströmen. Denn glaubt mir, wenn ihr euch beleidigt fühlt, dann ist das die Personalität in euch, die beleidigt ist, nicht euer Geist. Euer Geist gibt keinen Groschen dafür, wie euch der eine oder andere einschätzt, euch beurteilt oder euch behandelt. Denkt an etwas anderes, an eine glorreiche Arbeit, sonst liegt ihr schnell am Boden. Wenn ihr übrigens wirklich so arbeitet, wie es sein sollte, werden sogar die Störrischsten früher oder später anerkennen müssen, dass ihr etwas in euch habt, das beständig lebendig ist, und das man Liebe und Wärme nennt.

Alle sagen, dass die Welt in eine Sackgasse geraten ist; sie alle reden und schreiben darüber und verlangen nach Veränderungen, aber keiner bietet wirklich Lösungen an. Es gibt zu viele Worte, zu viele Bücher; was fehlt, ist der Zement, der die Menschen untereinander verbinden kann: die Liebe. Die Jugendlichen versuchen, überall Bewegungen und Vereinigungen zu gründen. Sie stehen begeistert und entflammt da, das ist herrlich! Da sie aber schlecht beraten sind, wissen sie nicht, wie sie es anstellen sollen, und stürzen sich in diese Unternehmungen, ohne zu wissen, wie kompliziert und schwierig die menschliche Natur ist. Nach einiger Zeit stoßen sie auf Schwierigkeiten und fangen an mit Diskussionen. Sie geraten in heftigen Streit und gehen dann auseinander. Dabei merken sie, dass sie es nicht besser gemacht haben als die Erwachsenen, welche sie so sehr kritisiert haben. Es ist wunderbar, die Welt völlig umkrempeln zu wollen; doch dazu muss man im Einweihungswissen bewandert sein, sonst bleiben alle Versuche unfruchtbar.

Entschließt ihr euch nun, euch zusammenzutun mit demselben Ideal, etwas Wunderbares für die ganze Welt machen zu wollen, und das ohne irgendwelche Ergebnisse zu erwarten, dann ja, dann werdet ihr etwas Großartiges zustande bringen. Auch wenn es zu keinen Ergebnissen kommen sollte, auch wenn das Reich Gottes nicht zustande kommt – obwohl ich weiß, dass es sich doch verwirklichen wird –, muss man dafür arbeiten, denn schon allein der Gedanke, der Wunsch, für das Reich Gottes zu arbeiten, ist vom magischen Standpunkt aus sehr, sehr wichtig. Wie Jesus sagte: »Suchet zunächst nach dem Reich Gottes und nach Seiner Gerechtigkeit, so wird euch alles andere zufallen.«

Ich habe mehrmals über die Struktur des Menschen und seine Beziehungen zum Kosmos gesprochen und euch erklärt, wie alle Kräfte, die der Mensch in der göttlichen Welt auszulösen vermag, einen Widerhall im ganzen Universum auslösen, wie sie zu ihm zurückkehren und er zuallererst selbst davon profitiert. Auch wenn sich das Reich Gottes also nicht verwirklicht, seid ihr selbst davon erfüllt: Noch unbekannte Empfindungen erwachen in euch, ihr entdeckt außergewöhnliche Dinge. Natürlich, wenn das Reich Gottes sich verwirklicht, umso besser; doch selbst wenn das nicht der Fall sein sollte, ist es doch der Mühe wert, dafür zu arbeiten. Aber das wissen die Menschen alles nicht. Auch wenn im Äußeren keine Veränderungen eintreten, so geschehen doch in eurem Inneren Umwandlungen, denn ihr kommt mit Regionen, Wesenheiten und Strömungen höherer Ordnung in Kontakt, und ihr werdet intelligent, schön und stark. Ihr könnt unmöglich weiterhin derselbe bleiben.

Arbeitet also für das Reich Gottes und ihr werdet von eurer Arbeit profitieren. Natürlich muss man an Wohnen, Essen und Kleidung denken... Sich jedoch ausschließlich mit diesen Dingen zu befassen, macht die Menschen unglücklich und krank und deprimiert sie, das sage ich euch. Ja, sie leiden an Depressionen, weil die Gedanken, die sie Tag und Nacht hin- und herwälzen, nicht die erhabenen Kräfte des Himmels auslösen. Eines Tages wird man die Folgen jeder Handlung in Laboratorien untersuchen und wird entdecken, dass der Zustand der Menschen abhängig ist von den Gedanken, die sie in ihrem Kopf bewegen, von dem Bereich oder dem Gedankenkreis, der sie gefangen hält. Die Wissenschaft wird all das eines Tages beweisen; ich aber möchte ihr Urteil nicht abwarten, um daran zu glauben, und mich zu entschließen, bestimmte Arbeiten auszuführen.

Da ihr nun diese Wahrheit kennt, könnt ihr sie also anwenden, das heißt, ihr könnt eure Sichtweise, eure Einstellung und eure Methoden ändern. Dann werdet ihr merken, dass dort, wo alle anderen unglücklich sind und fast ertrinken, ihr oben schwimmt, fliegt und strahlt und die Lösung aller Probleme findet; denn ihr lebt in einer anderen Ordnung der Dinge, die genauso real, sogar noch realer ist als alles andere. Diese Wahrheit aber wollten die Menschen nie begreifen, und darin liegt der Ursprung all ihres Missgeschicks.

Ich habe es euch schon gesagt, meine lieben Brüder und Schwestern, das Wichtigste ist, wie man die Energien, die einem zur Verfügung stehen, verwendet. Wie man sie verwendet und zu welchem Zweck. Wenn ihr euch traurig und unglücklich fühlt, dann bedeutet das, ihr bewegt euch in einem zu stark begrenzten Kreis. Verlagert ihr aber das Zentrum oder bewegt ihr euch ein wenig in eine andere Richtung, dann zieht ihr

Kräfte und Wesenheiten aus dem Universum an, die euch Licht bringen und euch helfen werden. Ich gebe euch also ein Mittel, eine Methode: Erweitert den Kreis eurer mentalen Aktivitäten. Wenn ihr bisher euer Interesse nur auf euch selbst oder auf eure Familie konzentriert habt... oder selbst wenn ihr Bürgermeister eines kleinen Dorfes oder sogar Bundespräsident seid, erweitert auch dann euren Aktionsradius, ja, bis ins Unendliche. Umfasst das Sonnensystem, den ganzen Kosmos, bis zum Schöpfer hinauf, und ihr werdet euch nicht mehr so klein, so armselig, verlassen oder einsam fühlen, weil ihr zu einem Segen spendenden Faktor für die Menschheit, zu einem Schöpfer werdet; und die erhabenen Intelligenzen des Himmels werden nichts unternehmen, ohne euch an ihren Ratssitzungen teilnehmen zu lassen, bei denen sie über das Schicksal der Länder und Kontinente entscheiden. Ihr glaubt mir das nicht? – Doch, so ist es. Die höheren Wesenheiten haben eine außerordentliche Wertschätzung gegenüber den Menschen, die von ganzem Herzen und ganzer Seele für das Gute auf der Welt arbeiten. Hier unten mögt ihr vielleicht unbekannt sein und von niemanden geachtet oder gehört werden; aber während ihr schlaft, laden euch die Gottheiten ein, an ihren Entscheidungen teilzunehmen.

Auch hier wieder etwas, von dem die Schulwissenschaft nichts weiß. Denn sie kennt noch lange nicht die Geheimnisse des menschlichen Wesens und ahnt nicht, was eine Seele, was ein Geist ist und wie weit sich ihre Handlungsbereiche ausdehnen.

Also, meine lieben Brüder und Schwestern, versucht mich zu verstehen; kommt heraus aus euren kleinen Sorgen. Als gäbe es außer eurer Frau (oder eurem Mann), euren Kindern, eurem Beruf und eurem Haus nichts anderes! Ihr seht nicht darüber hinaus, das Übrige existiert nicht für euch. Warum sollte eure Frau zum Beispiel euch nicht helfen, alle Frauen der Erde zu lieben, und die universelle Mutter oben wahrzunehmen? Weshalb sollte auch euer Mann euch nicht helfen, alle Männer zu lieben, und in ihnen den Himmlischen Vater oder Christus[1] zu sehen? Ich bin nicht gegen die Familie, nein, aber ich bin für die Erweiterung des Bewusstseins bis ins Unendliche; die meisten Menschen sind jedoch derart verkümmert, dass, wenn sie einmal »meine Frau..., mein Sohn...« gesagt haben, es in ihrem Kopf keinen Platz mehr gibt für irgendetwas anderes. Aber warum müssen sie sich so weit begrenzen, dass sie die ganze Welt und sogar Gott, und alles Übrige dafür aufgeben? Ihr werdet sagen, dass ich die Familie zerstöre. Ganz und gar nicht. Ich bin immer für die Familie, die Ehemänner, die Ehefrauen und die Kinder, ich habe sie niemals getrennt, sondern nur gesagt, dass man nicht bei einer derart begrenzten Auffassung stehenbleiben soll.

Setzt jetzt an erste Stelle den Gedanken, an dieser Arbeit teilzunehmen, die Millionen und Abermillionen von Wesenheiten überall auf der Welt verrichten. An dem Tag, an dem ihr ernsthaft begriffen habt, dass euer Leben nutzlos ist, solange ihr nicht bewusst mit allen euch zur Verfügung stehenden Mitteln für diese Idee – das Reich Gottes – arbeitet, wird sich euer Schicksal ändern. Jetzt kommt eine neue Epoche, in der sich alle mit dem Reich Gottes befassen werden, weil sie begreifen, dass sie nie glücklich werden können, solange sich die Gemeinschaft insgesamt nicht bessert. Einige bilden sich ein, sie würden glücklich, wenn sie im Trüben fischen können. Eben nicht! Erst wenn die Situation der gesamten Gemeinschaft besser geworden ist, können die Einzelnen glücklich sein, denn aus dieser Gemeinschaft schöpfen sie ihre Kräfte. Man sollte ein ganz anderes System einführen und verstehen, dass die Arbeit für die Gemeinschaft die beste Art und Weise ist, auch für sich selber zu arbeiten.

Denkt über diese Frage nach. Was geht euch verloren, wenn ihr das Ideal, das Ziel eures Daseins ändert? Auch wenn ihr schwach, unvorbereitet und unwissend seid, das ist belanglos: Alle finden einen Platz bei dieser Arbeit. Auch wenn ihr nur einen einzigen Stein mitbringen könnt, nehmt ihr doch an dieser Arbeit teil, und bekommt denselben Lohn wie diejenigen, die als Erste kamen. Es steht in den Evangelien, dass diejenigen, die zuletzt gekommen sind, denselben Lohn bekamen wie die Ersten.* Bei dieser Arbeit zählt allein das Mitmachen, die Qualität der Mitwirkung, und nicht die Anzahl der Arbeitsstunden. Manche kommen etwas später, aber machen sich dann umso eifriger an die Arbeit! Und genau dieser Eifer wird in der göttlichen Welt als das Wichtigste betrachtet. Ja, die Intensität des Gefühls. Der Mensch wird nach der Intensität seiner Liebe und seines Denkens belohnt. Ihr mögt vielleicht der Erste gewesen sein; habt ihr aber langsam, ohne Liebe, ohne Überzeugung gearbeitet, dann wird die Belohnung kleiner ausfallen. Intensität und Zeitdauer sind umgekehrt proportional zueinander. Das ist ein physikalisches Gesetz. Wenn ihr die Zeit verkürzt, müsst ihr die Geschwindigkeit oder die Intensität erhöhen.

Bonfin, den 15. Juli 1969 (am Morgen)

Anmerkung

1. Siehe Band 15 der Reihe Gesamtwerke »Liebe und Sexualität«, Kapitel 21: »Eine erweiterte Auffassung der Ehe«.

* Vergleiche Kapitel 5: »Die Ersten werden die Letzten sein«.

# Teil 2

## Freier Vortrag

Das, was ich euch eben über die Arbeit für das Reich Gottes sagte, war nur kurz angedeutet, vielleicht ist euch dabei einiges noch nicht so ganz klar geworden. Deswegen werde ich noch ein paar Worte hinzufügen.

Wenn ihr für die Verwirklichung des Reiches Gottes arbeitet, merkt ihr natürlich, dass es sich nicht so schnell und so leicht verwirklichen lässt; und wenn euch das Wissen der Einweihungslehre fehlt, seid ihr sehr enttäuscht und unglücklich, weil ihr den Eindruck habt, dass euer Beten und all eure Anstrengungen nichts bringen. Wenn ihr jedoch die Gesetze kennt, werdet ihr euch das Reich Gottes herbeiwünschen und dafür arbeiten, selbst wenn ihr aufgrund all der unwissenden, egoistischen, groben und böswilligen Menschen auf der Erde daran zweifelt, dass das Reich Gottes Wirklichkeit wird. Und warum? Weil ihr gelernt habt, was die anderen noch nicht wissen, ihr kennt die Struktur des menschlichen Wesens und die des Universums, und die zwischen ihnen bestehenden Beziehungen. Ihr wisst also, dass die Antwort, die ihr erhaltet, von den Wünschen, Gedanken und Worten abhängt, die ihr in den Weltraum hinaus projiziert. Durch seine Gedanken, Gefühle und Handlungen löst der Mensch bestimmte Kräfte in der unsichtbaren Welt aus; und diese Kräfte kehren wieder zu ihm zurück, denn sie gehorchen dem Gesetz des Echos.

Warum solltet ihr also für das Reich Gottes und Seine Gerechtigkeit arbeiten, wenn ihr es nicht verwirklichen könnt? Weil ihr es zumindest in euch selber verwirklicht, auch wenn es euch nicht gelingt, es auf der ganzen Welt zu verwirklichen. Ja, ihr selber profitiert davon. Weil diese Idee so selbstlos, lichtvoll und erhaben ist, dass sie tief im Menschen unbeschreibliche Kräfte auslöst. Um das Reich Gottes auf der Welt zu verwirklichen, muss sich eine ganze Gemeinschaft, ja Millionen von Menschen, an die Arbeit machen. Wie sollte man es sonst anstellen, wo es doch mehr als sechs Milliarden Menschen auf der Erde gibt, die unaufgeklärt sind und stets von ihren Begierden und Instinkten angetrieben werden und sich seiner Verwirklichung widersetzen? Übrigens werden alle hochintelligenten und gelehrten Leute sagen: »Wozu soll das gut sein? Es macht keinen Sinn, eine Arbeit zu verrichten, von der man im Voraus weiß, dass sie kein Ergebnis erzielen wird?« Solche überklugen Leute wissen eben nicht, dass sie selbst dabei von ihrer Arbeit profitieren, denn das Reich Gottes lässt sich in dem nieder, der es ersehnt, es liebt und sucht. Das sind physikalische, chemische und mechanische Gesetzmäßigkeiten. Dieses Reich Gottes ist ein Zustand von Harmonie, Ausgeglichenheit, Gesundheit, Freude, Glück, Inspiration und Poesie; diesen Zustand kann man zumindest innerlich verwirklichen, wenn man ihn schon nicht auf andere übertragen kann, solange sie dafür noch nicht besonders empfänglich sind.[1] Das Glück, das ihr für andere ersehnt, macht euch selbst glücklich; das Licht, das ihr für andere ersehnt, erhellt euch selbst; die Reinheit, die ihr für andere ersehnt, reinigt euch selbst.

Die meisten Menschen sind weit von solch glorreichem Handeln entfernt und beschäftigen sich nur mit Kleinigkeiten, die leicht zu verwirklichen sind. Wer jedoch die Gesetze kennt, der wird sich nicht so leicht damit zufriedengeben, der sagt sich: »Meine Wünsche sind gar nicht so schwer zu erfüllen, ich muss mir nur zu helfen wissen... Ja, aber so werde ich weder Weisheit noch Glück noch Fülle finden. Denn nach dem Gesetz der Affinität weiß ich, dass eine durchschnittliche Saat eine durchschnittliche Ernte bringt.« Jeder, der von diesen Dingen nichts weiß, engagiert sich in einfachen, leicht zu realisierenden Unternehmungen. Nun, das ist nicht sehr weise. Am klügsten ist es, sich auf ein weit entferntes, unmögliches, unerreichbares Vorhaben einzulassen, denn wenn es sich nicht äußerlich verwirklichen lässt, so realisiert es sich doch in eurem Inneren.

Die meisten Menschen glauben, sie wären glücklich, wenn sie eine bestimmte Summe Geld oder ein bestimmtes Diplom hätten, eine Reise gemacht oder die eine oder andere Frau geheiratet hätten. Nein, das stimmt nicht, denn äußerliche Errungenschaften und Glück sind zwei sehr unterschiedliche Dinge. Die Menschen verwirklichen die Dinge im Äußeren, und innerlich haben sie nichts. Während derjenige glücklich ist, der alles innerlich verwirklicht hat, auch wenn er äußerlich nichts besitzt. Genau das wird man wohl den Menschen in der Zukunft beibringen müssen.

Ich sage es euch ganz offen: Das, was ich gewählt habe, ist das Allerschwerste oder überhaupt nicht zu realisieren. Ich weiß, dass ich es äußerlich nie verwirklichen kann, aber in meinem Inneren verwirklicht es sich trotzdem. Und warum versucht ihr jetzt nicht, mich zu verstehen? Aber nein, ihr denkt immer noch so wie vorher: »Das ist aber komisch, das ist doch absurd! So etwas hat man uns noch nie erzählt! Man hat uns im Gegenteil immer geraten, uns ein erreichbares Ziel zu setzen und uns nur die Dinge zu wünschen, die in Reichweite liegen.« Ja, das weiß ich. Aber seht euch einmal die Menschen an, wenn sie das Gewünschte erreicht haben! Sind sie wirklich zufrieden und glücklich? Nein, überhaupt nicht. Während andere, die ihr Wunschziel nie erreicht haben, sich immer glücklich fühlen, gerade aufgrund der noch unerfüllten Wünsche. Wie ist das zu erklären? Dies ist so, weil der Mensch in Wirklichkeit in seinen Gedanken und Wünschen über unendliche Möglichkeiten verfügt. In der Welt der Seele und des Geistes gibt es für ihn keine Grenzen. Wenn er Grenzen fühlt, dann hat er sich selbst begrenzt. Leider gibt es nur sehr wenige, die fähig sind, unrealisierbare Träume zu nähren und dabei zu wissen, dass ihre Wünsche und Gedanken dank ihrer inneren Arbeit so rein und lichtvoll werden können, dass sie in die erhabenen Sphären aufsteigen und mit Wesen und Elementen in Berührung kommen, die ihrer eigenen Wesensart entsprechen, und die sie dann anziehen.

Ich weiß, dass manche Menschen kurzzeitig unbewusst zu herrlichen Schöpfungen angespornt werden, aber das ist nicht von langer Dauer; nach einiger Zeit äußern sie – genauso unbewusst – chaotische Gedanken und Begierden, die den vorherigen den Krieg erklären und sie zerstören. Auf solche Weise kommt man zu keinen nennenswerten Ergebnissen. Wie vielen Menschen bin ich begegnet, die zur Träumerei neigen oder künstlerische und mystische Neigungen aufweisen! Von Zeit zu Zeit leben sie in der Welt der Poesie, der Musik, der Farben, wo sie sich glücklich, bereichert, sogar berauscht fühlen; es hält aber nicht lange an, weil sie auf diesem Gebiet keinerlei Kenntnisse der Einweihungswissenschaft besitzen; sie erleben bloß einige unkontrollierte, unzusammenhängende Höhenflüge, wissen aber nicht wie und in welche Richtung sie mit der

Phantasie arbeiten sollen. Sie haben auch keine Ahnung, dass diese Arbeit mit der Phantasie Willen, Selbstbeherrschung und ganz besonders Ausdauer erfordert; sie sind leicht zu beeindruckende, launenhafte Menschen, die den geringsten Impulsen gehorchen. Man muss lernen, wie man mit dem Willen auf die Phantasie einwirken kann. Dann ja, dann kann man Großes verwirklichen, aber zuerst im Inneren. Da jede Verwirklichung im Inneren eines Tages auch im Äußeren erscheinen muss – denn das entspricht dem Gesetz –, so wird es auch nach einiger Zeit zu einer Verwirklichung im Äußeren kommen. So müssen wir unser Hauptaugenmerk darauf richten, unsere Gedanken und Wünsche in unserem Inneren, also in unserem Geist, in unserer Seele zu verwirklichen, damit sie sich auf der Kausalebene fest verwurzeln. So gehen die Eingeweihten vor. Diejenigen aber, die dieses Gesetz nicht kennen, stürzen sich auf Verwirklichungen im Äußeren, die bald in sich zusammenfallen.

Wie viele Menschen wollten mir Ratschläge geben, um die Bruderschaft nach herkömmlichen Methoden aufzubauen! Ihnen sagte ich immer wieder: »Nein, das ist genau das Gegenteil. Um einem Gebäude festen Halt zu geben, muss man mit dem Dach beginnen![2] Sie sahen mich dann an, als wäre ich völlig verrückt geworden. Auf der spirituellen Ebene muss man sich zuerst mit dem Dach befassen, dann mit dem Mauerwerk, und schließlich mit dem Fundament.« Das ist leicht verständlich: Ist etwas in eurem Kopf fest verankert, dann kann es niemand zerstören; denn dieses Etwas habt ihr auf der Kausalebene, in himmlischer Materie erbaut; dort ist es außer Reichweite, ist es unzerstörbar. Ich habe selbst jahrelang gearbeitet, um bestimmte Dinge in der unsichtbaren Welt zu schaffen; jetzt kommen sie nach und nach von selbst auf der physischen Ebene zustande.

Dazu wäre viel zu sagen, ich werde aber bei diesem so ungewöhnlichen und – wenn ihr so wollt – absurden Gedanken verweilen: Auch wenn man das Reich Gottes nicht zu verwirklichen vermag, lohnt es sich dennoch, dafür zu arbeiten, danach zu streben, es zu ersehnen, denn auf diese Weise wird es immerhin in unserem Inneren errichtet. Gibt es einmal eine große Anzahl von Menschen, die diesen vollkommenen Zustand von Frieden und Harmonie, also das Reich Gottes in sich selbst wieder hergestellt haben, dann wird zwangsläufig dieses Reich auch auf der physischen Ebene verwirklicht werden. Wenn die Menschen ihre eigene Struktur und die Struktur des Universums kennen würden und sie wüssten, was sie brauchen, würden sie sagen: »Es ist mir ganz egal, ob das Reich Gottes sich verwirklicht oder nicht, denn eines ist sicher: Wenn ich daran denke, lebe ich nicht länger in Ungewissheit, Angstzuständen und innerer Zerrissenheit. Wenn ich also an das Reich Gottes denke, arbeite ich für mich selbst. Ich sende lichtvolle Gedanken aus, und wenn die anderen sie nicht aufnehmen wollen, kommen sie jedenfalls wieder zu mir zurück! Seht ihr, meine lieben Brüder und Schwestern, das ist wahre Erkenntnis, wahres Wissen.

Als ich euch früher sagte: »Los, beeilt euch, arbeitet für das Reich Gottes und Seine Gerechtigkeit, und ihr werdet sehen, wie sich euer Schicksal dann ändert«, habt ihr mich nicht verstanden und meine Worte für eine Utopie gehalten, weil es bis jetzt niemandem gelang, das Reich Gottes zu verwirklichen. Ja, ich weiß, selbst Jesus hat es nicht geschafft. Rama ist der einzige, dem es für 6000 Jahre – aber nicht länger – gelang; aber damals herrschten außergewöhnliche Verhältnisse, ich habe euch das bereits erklärt. Ich sage euch ganz offen, auch wenn ich wüsste, dass das Reich Gottes sich nicht verwirklichen ließe, würde ich es mir weiterhin wünschen, denn ich habe begriffen, dass ich selbst dabei gewinne, weil sich das Reich Gottes dann in meinem Herzen, in meiner Seele und in meinem Denken verwirklichen wird. Wenn also auch ihr dieses Gesetz verstehen lernt, wird sich euer Leben ab sofort ändern. Denn ihr löst euch von euren alltäglichen begrenzten Sorgen und erhebt euch durch edle, erhabene und großmütige Gedanken und Wünsche, die euch nicht mehr im alten Bewusstseinszustand belassen, sondern euch emporheben und euch mit anderen Sphären, anderen Strömungen und anderen Wesenheiten in Berührung bringen. Ihr werdet noch höher hinaufsteigen, noch edelmütiger werden und höheres Verständnis erlangen. Ihr werdet in Bereiche eintreten, in denen andere, viel schönere und weiter entwickelte Wesenheiten wohnen, die euch alles geben, was sie besitzen. Ihr steigt also hinauf und hinauf, ihr werdet aufblühen und stärker werden.

Ihr müsst diesen Mechanismus verstehen. Jeder Gedanke, jedes Gefühl, jeder Wunsch, jede Geste steht in Wechselwirkung mit Wesenheiten und Elementen anderer Regionen und zieht diese an. Das habe ich euch in anderen Vorträgen schon erklärt. Ihr seht also, meine lieben Brüder und Schwestern, warum ich so nachdrücklich betone, dass es nebensächlich ist und es nicht so sehr eure Sorge sein soll, ob sich das Reich Gottes auf der Erde verwirklicht oder nicht. Es kommt nur darauf an, dass es sich in euch selbst verwirklicht.

Die Verwirklichung des Reiches Gottes hängt nicht von uns ab. Das bestimmt allein Gott Selbst. Die Verwirklichung hängt vom Herrn ab, doch die Bemühungen hängen von uns ab. Diese Philosophie zeigt uns also, dass man immer weiterarbeiten muss, selbst wenn man daran zweifelt, selbst wenn man nicht glaubt, dass das Reich Gottes Wirklichkeit werden kann. Ob ihr nun daran zweifelt oder nicht daran glaubt, ist völlig ohne Bedeutung. Ihr habt das Recht, nicht daran zu glauben. Aber ihr habt nicht das Recht, die Arbeit einzustellen. Also, zweifelt so viel wie ihr wollt, aber setzt eure Arbeit fort, und das Reich Gottes wird nach und nach in euch Eingang finden. Das genügt. Wenn viele Menschen auf der Erde das Reich Gottes als Bewusstseinszustand verwirklicht haben, wird dies ansteckend wirken. Jeder wird dem Beispiel folgen wollen, und dann wird in absehbarer Zeit das Reich Gottes zu einer Tatsache, zur Realität werden.

Die Frage, um die es im Augenblick geht, das sind wir selbst. Wir selbst müssen arbeiten. Wir selbst müssen uns anstrengen, dann werden die kosmischen Gesetze die Verwirklichung und die Konkretisierung übernehmen. Denn seit langem arbeiten Tausende und Abertausende von Wesen für das Reich Gottes, wir sind nicht die ersten. Und alle drängen darauf, dass sich ihre Wünsche, Gebete und Ideen verwirklichen. Sie drängen darauf und ersehnen es, können jetzt aber nichts mehr machen. Das können nur die Lebenden. Die Jenseitigen können zwar die Gedanken, Gefühle und das Bewusstsein der Lebenden beeinflussen, aber auf materieller Ebene haben sie keine Macht. Die Lebenden hingegen verfügen über außergewöhnliche Macht, weil sie mit der physischen Welt in Berührung stehen. Deshalb braucht der Himmel Arbeiter, hoch entwickelte Menschen, die an diesem grandiosen Werk, der Verwirklichung des Reiches Gottes auf der Erde, teilnehmen.

Licht und Friede seien mit euch!

Bonfin, den 15. Juli 1969 (abends)

Anmerkungen

1. Siehe Band 235 der Reihe Izvor »Im Geist und in der Wahrheit – Wie finde ich zu Gott?«, Kapitel 1, Teil 3: »Das Gerüst des Universums«.
2. Siehe Band 6 der Reihe Gesamtwerke »Die Harmonie«, Kapitel 5: »Was uns das Haus lehrt«.

# *Kapitel 5*

# »Die Ersten werden die Letzten sein«

Freier Vortrag

Heute werde ich euch eine Stelle aus dem Matthäusevangelium vorlesen.

***»Es werden die Letzten die Ersten und die Ersten die Letzten sein...***

Denn das Himmelreich gleicht einem Hausherrn, der früh am Morgen ausging, um Arbeiter für seinen Weinberg einzustellen. Und als er mit den Arbeitern einig wurde um einen Silbergroschen als Tagelohn, sandte er sie in seinen Weinberg. Und er ging aus um die dritte Stunde und sah andere müßig auf dem Markt stehen und sprach zu ihnen: Gehet ihr auch hin in den Weinberg; ich will euch geben, was recht ist. Und sie gingen hin. Abermals ging er aus um die sechste und um die neunte Stunde und tat dasselbe. Um die elfte Stunde aber ging er aus und fand andere und sprach zu ihnen: Was steht ihr den ganzen Tag müßig da? Sie sprachen zu ihm: Es hat uns niemand eingestellt. Er sprach zu ihnen: Geht ihr auch hin in den Weinberg. Als es nun Abend wurde, sprach der Herr des Weinbergs zu seinem Verwalter: Ruf die Arbeiter und gib ihnen den Lohn und fang an bei den Letzten bis zu den Ersten. Da kamen, die um die elfte Stunde eingestellt waren, und jeder empfing seinen Silbergroschen. Als aber die Ersten kamen, meinten sie, sie würden mehr empfangen; und auch sie empfingen jeder seinen

Silbergroschen. Und als sie den empfingen, murrten sie gegen den Hausherrn und sprachen: Diese Letzten haben nur eine Stunde gearbeitet, doch du hast sie uns gleichgestellt, die wir des Tages Last und Hitze getragen haben. Er antwortete aber und sagte zu einem von ihnen: Mein Freund, ich tu' dir nicht unrecht. Bist du nicht mit mir einig geworden über einen Silbergroschen? Nimm, was dein ist, und geh! Ich will aber diesem Letzten dasselbe geben wie dir. Oder habe ich nicht Macht zu tun, was ich will, mit dem, was mein ist? Siehst du scheel drein, weil ich so gütig bin? So werden die Letzten die Ersten und die Ersten die Letzten sein.«

*Matthäus 19 : 30 – 20 : 1-16*

In diesem Bericht mag das Verhalten des Hausherrn den Arbeitern gegenüber unlogisch, ungerecht und unvernünftig anmuten. Am schwersten zu verstehen sind die Worte: »Habe ich nicht Macht zu tun, was ich will mit dem, was mein ist?« Vor allem, wenn man bedenkt, dass mit dem Hausherrn Gott gemeint ist, wird man daraus schließen, dass Gott willkürliche Entscheidungen trifft und nur macht, was Er will, ohne jemandem Rechenschaft abzulegen, und Er außerdem nicht gerecht handelt. Warum werden diejenigen, die den ganzen Tag arbeiteten, nicht besser bezahlt als jene, die nur eine Stunde lang arbeiteten? Und wie kommt es, dass die Letzten die Ersten sein werden und die Ersten die Letzten? Sollte man daraus schließen, dass in anderen Bereichen die Verrücktesten zu den Weisesten, die Gelehrtesten zu den Ungebildetsten und alle Reichen arm werden und die Bettler sich in Millionäre verwandeln? Welche Freude für die einen und welch traurige Aussicht für die anderen!... Nein, vor dem Volk sprach Jesus in Gleichnissen. Seinen Jüngern aber enthüllte er in Wirklichkeit unzählige Wahrheiten, die sich auf das menschliche Leben und die kosmischen Phänomene beziehen. Dieses Gleichnis muss also interpretiert werden.

Es heißt, dass der Hausherr das erste Mal früh am Morgen ausging, dann nochmals um die dritte, die sechste, die neunte und die elfte Stunde. Bei den Juden war der Tag in zwölf Stunden eingeteilt und begann um sechs Uhr morgens. Die erste Stunde wäre also um 6 Uhr; die dritte um 8.00, die neunte um 14.00 und die elfte um 16.00 Uhr. Warum diese Stundenangaben? Sie stimmen mit astrologischen Gegebenheiten überein. Zum einen ist an ein und demselben Ort der Stand der Sonne um 6, 8, 11 Uhr usw. ganz verschieden. Zum anderen befindet sich zu jeder dieser Stunden ein anderes Sternbild am Aszendenten. Untersucht man diese Frage also aus astrologischer Sicht, so wird man sehr interessante Entdeckungen machen. Aber damit will ich mich heute nicht befassen.

Bei der Auslegung dieses Textes hat man vielleicht doch eines übersehen: Die zu verschiedenen Zeiten eingestellten Arbeiter besaßen weder alle die gleiche Leistungsfähigkeit noch dieselben Eigenschaften. Aus dem Alltagsleben weiß man, dass diejenigen, die sehr früh aufstehen und zur Arbeit gehen, die Armen sind, während die Reichen manchmal bis um 11 oder gar zwölf Uhr schlafen. Das soll jedoch nicht heißen, dass man aus diesem Gleichnis folgern darf, dass die Arbeiter der ersten Stunde Arme und die der elften Stunde Reiche sind, nein. Aber mit dieser Anmerkung möchte ich euch eine Methode an die Hand geben, mit der ihr die Texte studieren könnt. Überall in den Evangelien werden den Eingeweihten solche kleinen Zeichen gegeben, vergleichbar mit Hinweisschildern oder Wegweisern. Hier muss man verstehen, dass diese Arbeiter, die zu verschiedenen Tagesstunden kamen, nicht über dieselben Fähigkeiten verfügten.

Das Entscheidende im Leben aller Menschen ist, an erster Stelle zu stehen: der Erste im Bereich der Wissenschaften, der Künste, der Literatur, im Sport, der Erste auch da, wo es um Schönheit, Geschicklichkeit, Kraft, Reichtum und Ruhm geht. Immer und überall gibt es einen Ersten und einen Letzten. Wollt ihr jedoch herausfinden, wer wirklich der Erste oder wer wirklich der Letzte ist, so wird euch das nicht gelingen, denn jede Klassifizierung ist relativ. Zieht man eine begrenzte Anzahl von Individuen in Betracht, kann man sagen, dass einer der Erste und ein anderer der Letzte ist. Aber betrachtet man das Leben als eine unendliche, ununterbrochene Kette, wo findet man dann den Ersten und den Letzten? Oder ein anderes Beispiel: Vergleicht man das Dasein mit einem sich drehenden Rad, dann wird der Erste zum Letzten und umgekehrt. Und wer ist in einer Familie der Erste? Der Vater, die Mutter oder das Kind? Hinsichtlich seines Alters ist das Kind der Letzte; aber der Wichtigkeit nach ist es der Erste, denn die ganze Sorgfalt seines Vaters und seiner Mutter gelten nur ihm, sie denken nur an das Kind. Es ist zuletzt gekommen, doch da es die Aufmerksamkeit aller auf sich zieht, ist es in Wirklichkeit der Erste. Andererseits stellt man oft fest, dass manche, die die Ersten sind, wenn es darauf ankommt, sich weise, klug oder gelehrt zu zeigen, oftmals dort die Letzten sind, wo es um Kraft und physische Widerstandsfähigkeit geht; und viele, die sehr stark und kräftige Kerle sind, haben nichts im Kopf. So ist das Leben! Wer auf einem Gebiet an erster Stelle steht, ist auf einem anderen der Letzte. Freut euch also, denn jeder kann sagen, er sei irgendwo der Erste, und sei es auch nur in undurchsichtigen Unternehmungen oder sonstigen zweideutigen Geschäften; dennoch, er ist der Erste.

Der Mensch hat fünf Sinne: Gefühl, Geschmack, Geruch, Gesicht und Gehör. Der Gefühlssinn ist als erster erschienen, der Gesichtssinn als letzter. Was aber die Organisation, die Struktur und die Möglichkeiten betrifft, so steht der Gesichtssinn an erster Stelle, das heißt, er ist der reichste, der subtilste. Wie kommt das? Warum ist der Erste der Letzte geworden und umgekehrt? Nehmen wir an, ihr legt ein Samenkorn in die Erde. Kommen dann gleich Zweige, Blüten und Früchte? Nein. Was sich zuerst entwickelt, sind die Wurzeln. Und wenn diese sich fest genug in der Erde verankert haben, beginnt die Pflanze nach oben zu wachsen, über der Erde, und eines Tages trägt sie Blüten und Früchte. Diese erscheinen zuletzt; und obwohl die Wurzeln als Erste erschienen, sind sie an letzter Stelle, was die Organisation, die Feinheit und die Schönheit betrifft. Niemand kümmert sich um die Wurzeln; alle suchen die Blüten und Früchte. Die armen Wurzeln unter der Erde werden vergessen; vom biologischen Standpunkt aus gesehen, sind sie jedoch die wichtigsten.[1]

Im Bereich der Liebe ist die Sexualität, der Fortpflanzungstrieb, als Erstes erschienen. Dann erschien im Laufe der Jahrhunderte eine geistigere Form der Liebe, so als seien die Manifestationen der sexuellen Liebe nichts anderes als die Wurzeln einer Pflanze, die sich entwickelte, um später Äste, Blüten und Früchte zu tragen. So hat sich die primitive Sexualität zu einer immer komplexeren und vergeistigteren Neigung entwickelt. Je weiter die Entwicklung eines Menschen fortschreitet, desto weniger kann er im animalischen Trieb seine Befriedigung finden und desto mehr bemüht er sich im Gegenteil darum, seine Liebe in der Schönheit, der Weisheit und der Geistigkeit zu manifestieren. Die Form der Liebe, die sich als erste auf der Welt offenbarte, befindet sich auf Grund der Evolution an letzter Stelle. Ihr seht also: Alle aus den unterschiedlichen Bereichen des Daseins entliehenen Beispiele zeigen uns, dass nichts in der Natur an ein und derselben Stelle stehen bleibt, dass alles in Bewegung ist, in der

Weiterentwicklung ist. Wenn man diesen Gedanken der Evolution nicht berücksichtigt, kann man das eben vorgelesene Gleichnis nicht verstehen.

Wer im Leben stets an derselben Stelle stehen bleiben will und niemals versucht, sich entweder auf ein anderes Niveau zu erheben oder seine Sichtweise zu ändern, wird zum Letzten, während derjenige, der danach strebt, sich dem Strom der Weiterentwicklung anzupassen, zum Ersten werden kann. Stellt euch vor, ihr wolltet mit einem Ochsengespann bis zur Sonne hinauf – vorausgesetzt, dass es von hier bis zur Sonne einen praktikablen Weg für eure Ochsen gibt! – wie viele Jahrtausende würdet ihr dafür brauchen? Wenn ihr mit einem Schiff den kosmischen Ozean überquert, wird es euch beinahe ebenso viel Zeit kosten. Mit dem Zug wärt ihr schon viel schneller und mit dem Flugzeug noch viel schneller... und wenn ihr euch mit Lichtgeschwindigkeit auf den Weg macht, dann seid ihr in acht Minuten und ein paar Sekunden am Ziel. Was geht aus diesen Beispielen hervor? Wer mit dem Ochsengespann reist, das heißt, wer nur die Möglichkeiten des physischen Körpers, die alten Methoden zur Lösung aller Probleme verwendet, wird erst nach Tausenden von Jahren die Lösung finden. Wer auf dem Wasser reist, anders gesagt, wer mit der Geschwindigkeit der üblichen Gefühle reist, der benötigt beinahe ebenso viel Zeit, um sein Ziel zu erreichen. Derjenige, der im Flugzeug reist, das bedeutet, wer seinen Intellekt gebraucht, wird rascher vorwärtskommen. Wer aber mithilfe des Geistes, der Intuition reisen kann, kommt mit Lichtgeschwindigkeit voran und findet sofort die Wahrheit.

Um beim Autorennen der Erste zu sein, sollte man kein altes Auto nehmen. Die Autos, die vor Jahren als höchst leistungsfähig galten, sind jetzt an letzter Stelle, weil in der Mechanik und im Karosseriebau große Fortschritte gemacht wurden. Man muss die auf allen Gebieten spürbare Entwicklung berücksichtigen, wenn man die Worte Jesu »Die Ersten werden die Letzten sein« verstehen will. Wer zeitlich zuerst da ist, hat auf keinen Fall bereits die höchste Stufe der Vollkommenheit erreicht. Viele unserer Fähigkeiten, die im Augenblick an erster Stelle stehen, werden später zu den letzten gehören, damit andere, neue an deren Stelle vorrücken können. Eines Tages wird sich ein sechster Sinn entwickeln, der uns eine überwältigende Welt enthüllen wird, die von den anderen fünf Sinnen überhaupt nicht entdeckt werden konnte.

Ich gebe euch noch ein weiteres Beispiel. In den spirituellen Lehren tauchen Menschen auf, die etwas lernen wollen. Später kommen andere, die oft fähiger, lernbereiter sind als sie. Die ersten werden dann unzufrieden und denken: »Wir waren doch die Ersten, wir haben die größeren Verdienste... Was wollen denn die da?« So darf man nicht denken. Die Ersten sollten sich im Gegenteil freuen bei dem Gedanken, dass ihre Arbeit mit der Arbeit der Wurzeln vergleichbar ist, und dass viele andere ihnen folgen, die jeweils eine andere Arbeit als die ihrer Vorgänger verrichten werden. Denn alles gehorcht dem Gesetz der Evolution. Man hat durchaus die Möglichkeit, immer der Erste zu sein; dafür darf man aber nicht starr bleiben, nicht immer dieselben Einstellungen beibehalten; man muss die überholten Methoden aufgeben, denn alles entwickelt sich sehr schnell. Folgt ihr nicht auch dem Trend der Mode? Besonders die Frauen?... Weil ihr wisst, dass alle, die euch begegnen, euch auslachen, wenn ihr in altmodischen Kleidern herumlauft. Nun, ihr müsst wissen, auch in der spirituellen Welt gibt es eine Mode. Die spirituelle Kleidung, das ist unsere Aura. Sie besteht aus der Gesamtheit unserer Gedanken, Gefühle und Tugenden; in einem früheren Vortrag sprach ich schon darüber. Wir vergessen das oft, und kümmern uns nicht besonders um die Mode im spirituellen Bereich. Wenn wir aber einem hellsichtigen Menschen gegenüberstehen, sieht er uns in Kleidern, die meist zerrissen und voller Flecken sind!

Das Wesentliche in diesem Gleichnis der Ersten und der Letzten habe ich noch nicht angeschnitten. Deshalb müssen wir nun auf ein Problem zu sprechen kommen, das schon seit Jahrtausenden diskutiert wird, das Thema von Reich und Arm. Die Armen hassen die Reichen und werfen ihnen vor, bösartig, hart und gemein zu sein; und die Reichen sagen, die Armen seien schmutzig, unwissend, schlecht erzogen und so weiter... Wo liegt nun die Wahrheit? Ich werde mich weder in das eine noch in das andere Lager begeben, weil ich die Dinge nicht allein dem Anschein nach beurteile. Um das Leben zu verstehen, so wie es sich uns zeigt, muss man es von einem sehr hohen Standpunkt aus beobachten. Und wenn Reich und Arm bereit ist, die Wahrheit, die ich ihnen heute darlege, anzunehmen, werden alle vorhandenen Schranken zwischen ihnen fallen: Es wird keine Reichen und keine Armen mehr geben, sondern nur Arbeiter auf dem Feld Gottes, die begreifen werden, dass sie in verschiedenen Bereichen eingesetzt sind und dennoch immer miteinander verbunden bleiben.

Weder die Armen noch die Reichen wissen, was sie in der Vergangenheit waren oder warum sie sich zum jetzigen Zeitpunkt in dieser oder jener Lage befinden. Die Armen heutzutage klagen über die ihnen auferlegten Schwierigkeiten und Entbehrungen, und rebellieren gegen die von den Reichen erfundenen Gesetze. Die Reichen sind von bestimmten Gesetzen überhaupt nicht betroffen, nur die Armen sind ihnen unterworfen; und das ist wahr. In Wirklichkeit wissen die Armen nicht, dass sie – als Reiche der Vergangenheit – es selbst waren, welche diese Gesetze erließen, über die sie jetzt so schlecht sprechen. Als die erhabenen Intelligenzen den Mangel an Weisheit und Güte dieser Reichen feststellten, beschlossen sie, sie jetzt mit einer Situation zu konfrontieren, in der sie gezwungen werden, die Richtigkeit dieser einst von ihnen erlassenen Gesetze nachzuprüfen; und genau das tun sie jetzt: Sie prüfen nach. Sie prüfen aufgrund eigener Erfahrung, ob sie in der Vergangenheit gut oder schlecht gehandelt haben.[2]

Die beste Methode, um Verständnis zu erlangen, besteht darin, die Dinge nachzuprüfen. Wenn man zum Spaß Glasscherben auf die Straße wirft und sich dabei sagt: »Ach, was soll's, wenn andere sich verletzen, mir geschieht ja nichts!«, dann irrt man sich. Der Weg, den der Mensch geht, stellt keine gerade Linie, sondern einen Kreis dar; eines Tages muss er also zwangsläufig wieder dort vorbeikommen, wo er Gefahr gesät hat und wird als Erster die Konsequenzen seiner Taten erfahren... Wenn ihr Löcher in den Boden grabt oder Fallen entlang der Straße aufstellt, wird das Gesetz euch wieder an genau derselben Stelle vorbeiführen und euch in diese Löcher und Fallen stürzen lassen... Dann habt ihr einige Monate oder Jahre, um über euer Missgeschick zu meditieren und euch zu beklagen, dass es böse und dumme Menschen auf dieser Welt gibt... und die Zeit, danach zu suchen, wer diese Bösen sind! Selbstverständlich habt ihr vergessen, dass ihr es selber seid. Wer sein ganzes Leben lang gesagt hat: »Nach mir die Sintflut!«, hat alle Schwierigkeiten, die sich in seinem jetzigen Dasein häufen, selbst verursacht. Sie sind der Grund für seine Rückkehr auf die Erde als Bettler oder Clochard. Überall bin ich Menschen begegnet, die in der Vergangenheit Aristokraten oder Milliardäre waren und jetzt als zerlumpte Bettler herumlaufen. Zu ihnen sagt die unsichtbare Welt: »Wie ist euch nun zumute? In der Vergangenheit habt ihr ohne Maß getrunken und gegessen und alles vergeudet; von nun an müsst ihr diese große Einweihung, nämlich die Armut, ergründen.«

Die Armen sollten sich nicht gegen die Reichen auflehnen. Sie müssen wissen, dass sie in diese Lebenssituation hineingeboren wurden, um Weisheit zu erlangen, und dass sie arm geworden sind, weil sie in der Vergangenheit nicht ordentlich gearbeitet haben. Glaubt bloß nicht, dass diejenigen, die jetzt reich sind, diese irdischen Güter unberechtigterweise bekommen haben, keineswegs. Sie sind heute nur deshalb im Besitz von Reichtum, Intelligenz oder Talent, weil sie sich in der Vergangenheit darum bemüht haben. Die kosmische Gerechtigkeit hat ihnen ihren Bemühungen entsprechende Gaben geschenkt: materiellen, intellektuellen oder spirituellen Reichtum. Jeder Reichtum ist das Ergebnis eines lebenslangen Bemühens. Wenn ein Reicher heute ein dummes, sinnloses Leben führt, wird er alles verlieren und in der nächsten Inkarnation zum Bettler werden. Weiß er sich aber dieser Güter auf die richtige Weise zu bedienen, dann wird er sie niemals verlieren. Die Vorsehung hat den Reichen ein Vermögen anvertraut, damit sie Liebe manifestieren, überall Gutes tun, ihren Mitmenschen helfen, indem sie deren Weiterentwicklung erleichtern. Leider vergessen das viele von ihnen und haben nicht die geringste Ahnung, warum sie momentan über diesen Reichtum verfügen.[3]

Die Reichen arbeiten wenig und machen sich keine großen Gedanken, weil sie in behaglicher Wärme leben und Wärme das Denken nicht gerade fördert. Sie müssen also ihre Liebe und ihre Reichtümer geben. Die Armen leben hingegen in der Kälte und müssen viel nachdenken, um sich im Leben durchzuschlagen und aus ihren Schwierigkeiten herauszukommen. Ihre Lage zwingt sie dazu, Weisheit zu erlangen. Ohne Unterlass werden sie dazu getrieben, das, was um sie herum vorgeht zu beobachten, es zu analysieren und zu kritisieren. Sie sind Philosophen. Da sie nicht immer die Möglichkeit haben, sich satt zu essen, studieren sie und verschlingen die Bücher. Einen

Reichen werdet ihr nicht oft in einer Bibliothek finden; die Armen treffen sich aber alle dort. Man sieht sie auch in Universitäten, bei Vorträgen und in Labors und so weiter.

Der wirklich Reiche ist ein Mensch, der Liebe besitzt, der in der Liebe lebt und sie um sich herum verbreitet. Er ist derjenige, der das Gute wahrhaftig tut. Der wirklich Arme ist der, der Weisheit erlernt. Wer die Weisheit nicht erlernt, ist ein »falscher Armer«, traut ihm nicht. Ihr solltet mich richtig verstehen. Wer reich ist, ist gekommen, um mit der Liebe zu arbeiten; vergisst er seine Aufgabe, dann wird er arm werden, um zu begreifen, was er hätte tun sollen und nicht getan hat. Wer arm ist, muss Weisheit erlangen und wird eines Tages reich werden. Tut er überhaupt nichts, um weise zu werden, dann wird er ewig arm bleiben. Das ist das Gesetz der spirituellen Welt. Dies ist das Gesetz der Notwendigkeit. Es gibt aber auch ein Gesetz der Freiheit. Will ein Reicher als Armer auf die Erde zurückkommen, hat er das Recht dazu, niemand kann ihn daran hindern. Auf diese Weise inkarnieren sich oft die großen Meister. Es gibt also eine freiwillig angenommene Armut und eine andere, die dem Menschen vom Gesetz der Notwendigkeit auferlegt ist; genauso wie der Reichtum. Das bedeutet Folgendes: Wenn wir, im üblichen Sinne dieser Worte, arm oder reich sind, wird das Gesetz der Notwendigkeit uns diese oder jene Situation auferlegen, ohne uns um unsere Meinung zu fragen. Haben wir uns hingegen bis zu einer höheren Stufe entwickelt, dann wird es uns möglich sein, zwischen berechtigtem Reichtum oder Armut zu wählen.

Diese beiden Gesetze müsst ihr kennen, sonst werdet ihr die Dinge falsch beurteilen, und glauben, jeder Arme sei ein ehemaliger Reicher, der für seine vergangene Härte bestraft wird, und jeder jetzige Reiche sei ein Heiliger. Nein, anstatt sofort zu sagen: »Aha, dieser Mensch ist arm, weil er in seinem vergangenen Leben ein Bösewicht war.«, denkt lieber, dass er vielleicht hoch entwickelt ist, es aber vorzog, als Armer wieder auf die Erde zurückzukommen, um frei und nicht von dem Gewicht materiellen Besitzes belastet zu sein. Die Weisen wissen von der Verführungskraft materiellen Reichtums und ziehen ihm andere Reichtümer vor. Deshalb wählen sie oft die Armut bei einer Wiedergeburt, denn sie sehen die ihnen bevorstehenden Schwierigkeiten, wenn sie als Reiche auf die Erde zurückkämen, und welche Gefahr diese Situation für ihr spirituelles Leben bedeuten würde. Reich zu sein bevor man weise ist, das stellt für einen Menschen die schlimmste Situation dar, in der er sich befinden kann. Man wird von den anderen gehasst, man verbindet sich mit allerlei niederen Wesenheiten der unsichtbaren Welt und man entfernt sich von Gott. Aus diesem Grunde wählen die Weisen meist die Armut, denn diese verschafft ihnen die besten Voraussetzungen zur Entfaltung ihrer guten Eigenschaften und Tugenden.

Das Thema von Arm und Reich ist eines der schwerwiegendsten Probleme der heutigen Gesellschaft. Zwischen ihnen herrscht oft die größte Feindschaft; und sie werden sich nie versöhnen, wenn sie nicht nach diesem Wissen streben, über welches ich heute Abend spreche. Die Armen kritisieren und bekämpfen die Reichen; doch wenn sie ihrerseits reich werden, begehen sie dieselben Fehler, die sie bei den anderen missbilligen, weil sie dann ihre frühere Lage vergessen haben. Wie oft hat man das schon beobachten können! Als manche reich und mächtig wurden, waren sie noch schlimmer als diejenigen, die sie vorher kritisiert hatten. Ist man mit Reichtum überhäuft, dann ist es schwierig, die Dinge wie früher zu beurteilen. »Wenn ich einmal Minister werde«, sagt ein Abgeordneter, »werden Sie schon sehen, ich werde das und das machen, dieses ändern, jenes organisieren...« Aber am selben Tag, an dem er Minister wird, handelt er genauso wie die anderen vor ihm, und oft noch schlimmer. Warum ist das so? Weil der Sessel, auf den er sich setzt, von der Philosophie der ihm vorangegangenen Minister geprägt ist, und er sich nicht von dieser Philosophie freimachen kann! Anstatt Minister, Staatsoberhäupter und alle, die an der Spitze stehen zu kritisieren, sollte man sich in ihre Lage versetzen. Dann würde man merken, dass man noch mehr Dummheiten machen würde, wäre man an ihrer Stelle.

Die sozialen Probleme bleiben für immer ungelöst, solange Arme und Reiche nicht Liebe und Weisheit erlernen. Ohne Liebe werden die Reichen immer Dummheiten begehen, und ohne Weisheit werden die Armen ewig in ihrem Elend bleiben. Die vorrangige Aufgabe der zukünftigen Gesellschaft wird also die Lösung dieser Problematik sein. In der neuen Gesellschaft wird es zu einer Versöhnung zwischen Arm und Reich kommen. Die Armen werden sagen: »Wir haben die höchsten Stellen schon vor euch bekleidet und wissen, dass es nicht so leicht ist, sich dort angemessen zu verhalten. Wir können euch gute Ratschläge geben; hört auf uns, sonst werdet ihr vielen Irrtümern unterliegen.« Die Reichen müssen die Armen befragen, denn diese kennen die Schwierigkeiten des Lebens viel besser als sie. Anstatt neue Fehler zu machen, sollten sie sich sagen: »Zur Zeit befinden wir uns in sehr guten materiellen Verhältnissen, wir verfügen über viel Besitz und viel Geld auf der Bank. Aber vielleicht verlieren wir eines Tages alles und brauchen die Hilfe derer, die im Augenblick weniger privilegiert sind als wir. Wir müssen folglich allen die Hand reichen.« Alle Reichen, die es verstanden haben, den Ratschlägen der weniger Reichen zuzuhören, haben sehr viel davon profitiert. Die Arbeitgeber, die sich nicht gescheut haben, die Meinung ihrer Arbeiter einzuholen, deren Geschäfte gingen immer gut. Diejenigen aber, die den Armen gegenüber niemals Liebe oder Güte bewiesen, wurden von diesen oft zugrunde gerichtet. Die gesamte Geschichte der Menschheit liegt vor uns, um uns daran zu erinnern, dass es niemals einen erfolgreichen Reichen gab, der nicht mit den Armen gut auskam.

Es geschieht mit den Reichen und den Armen genau dasselbe wie mit dem Wasser. Das Wasser, das verdunstet und sich auf den Berggipfeln in Schnee verwandelt, stellt den Armen dar, der hoch hinaufgestiegen ist, um Weisheit zu erlangen. Die Reichen hingegen stellen die Flüsse dar, die fruchtbare Täler und Gärten durchqueren und anderen Flüssen und Seen begegnen, aus denen sie gespeist werden. Doch beobachtet, wie die Natur arbeitet: Es kommt ein Tag, an dem der Schnee schmilzt und in das Tal hinunterfließt, während das Talwasser wieder zu den Gipfeln hinaufsteigt.[4] Diejenigen also, die arm waren und das wahre Wissen studiert haben, werden reich. Alle Welt wird sich über alles Gute, welches sie mitbringen und welches das Wachstum der Gartenpflanzen fördert, freuen. Die Reichen hingegen, die nicht wissen wie sie arbeiten sollen, werden von der Sonne auf die vereisten Gipfel empor getragen. Die Ersten werden die Letzten, und die Letzten werden die Ersten sein; ihr versteht nun, welchen tiefen Sinn diese Worte Jesu enthalten.

Beschäftigen wir uns nun mit den Einzelheiten dieses Gleichnisses. Es ist von einem Hausherrn, von einem Weinberg und von Arbeitern die Rede, die zu verschiedenen Tageszeiten eingestellt wurden, aber alle denselben Lohn bekamen wie die ersten, die zwölf Stunden und wie die letzten, die nur eine Stunde gearbeitet hatten. Das scheint ungerecht zu sein. Aber gibt man im alltäglichen Leben zum Beispiel einem Steinklopfer und einem begabten Maler denselben Lohn? Dem Steinklopfer, der vielleicht acht bis zehn Stunden arbeitet, bezahlt man 30 bis 40 Francs, dem Maler aber gibt man 500 oder 1000 Francs für ein Porträt, das in einer halben Stunde mit ein paar Strichen angefertigt wird. Solche Fälle kommen oft im Leben vor. In einer halben Stunde verdient ein Arzt viel mehr als andere an einem ganzen Tag, und so weiter. Dieser Lohnunterschied beweist, dass es ganz unterschiedliche Arbeiten und Arbeiter gibt. Daraus kann man schließen, dass die zu verschiedenen Zeiten eingestellten Arbeiter nicht die gleichen Sachkenntnisse hatten. Die Astrologie weist uns darauf hin, indem sie die Stellung der Sonne zur ersten, dritten, sechsten, neunten und elften Stunde festlegt. Doch ich sagte euch schon, dass wir uns nicht mit dem astrologischen Aspekt befassen wollen.

Das Buch der Genesis beginnt mit den Worten: »Berechit bara Elohim eth ha-schamaïn ve-eth haarets.« Die Übersetzung lautet: »Am Anfang schuf Gott Himmel und Erde...« Der Terminus Elohim ist eigentlich ein Mehrzahlbegriff. Die Elohim sind hohe Wesenheiten, die mithilfe vieler anderer Wesenheiten – den Arbeitern aus dem Gleichnis – den Himmel und die Erde schufen. Ihr solltet nicht glauben, dass es vor der Erschaffung von Himmel und Erde überhaupt nichts gab. Vor dem Erscheinen der physischen Welt und der Menschen gab es schon zahlreiche himmlische Hierarchien, die an der Erschaffung unseres Universums mitwirkten. Die Erschaffung von Himmel und Erde – wie es in der Genesis steht – stellt nur einen Augenblick dar in der Unendlichkeit des Schöpfungsprozesses. In diesem Gleichnis versinnbildlicht also der Weinberg die Welt; die Arbeiter sind die unterschiedlichen Wesen, die zu dem großen Werk der Schöpfung beigetragen haben. Lest noch einmal die Schöpfungsgeschichte in der Bibel nach. Am ersten Tag erschuf Gott das Licht; und dann heißt es weiter: »Und es ward Abend und es ward Morgen – der erste Tag«. Habt ihr euch nicht gefragt, was das für ein Tag ist, der mit dem Abend beginnt? Es beweist, dass man einen solchen Tag nicht als einen gewöhnlichen Tag mit 24 Stunden betrachten darf, sondern als eine Zeitspanne von Millionen von Jahren, als eine Arbeitsepoche. Am zweiten Tag schuf Gott das Firmament, das heißt das Fundament, welches als Grundlage für die Schöpfung dienen sollte. Am dritten Tag schuf Er die Gräser und die Pflanzen, die auf der Erde wachsen. Am vierten Tag schuf Er die Sonne, den Mond und die Sterne. Da stellt sich die Frage, wie Gott die Sonne und die Sterne erst nach dem Licht erschaffen konnte. Nun, ganz einfach, weil das Licht, das Er am ersten Tag erschuf, ganz und gar nicht das sichtbare Licht ist, das aus den Himmelskörpern strahlt. Am fünften Tag erschuf Gott die Vögel und die Fische; am sechsten Tag erschuf Er die anderen Tiere und den Menschen; und am siebten Tage schließlich, ruhte Er. Dieser Bericht ist eine Zusammenfassung der Evolution.

Als der Hausherr – er stellt also nicht Gott Selbst dar, sondern die Elohim – Arbeiter für seinen Weinberg suchte, rief er zuerst diejenigen, welche die härteste, schwerste Arbeit tun konnten. Die ersten Arbeiter sind also die Wesen, die herabkamen, um sich um die dichtesten Schichten zu kümmern. Sie bahnten sich einen Weg in die Felsen, in die Steine und in die Erde. Als diese Periode zu Ende war, wurden neue Arbeiter für eine andere Arbeit gebraucht. Der Hausherr rief Wesen herbei, die in die Gräser, die Bäume und alle Pflanzen eingingen. Als er zum dritten Male ausging, rief er Wesen herbei, die sich als Tiere, Fische und Vögel verkörperten und sich auf der ganzen Erde, im Wasser und in der Luft verbreiteten. Als der Hausherr zum vierten Male ausging, stellte er sehr viel höher entwickelte Arbeiter als die vorherigen ein; intelligente Wesen, fähig, mit der Materie zu arbeiten und sie umzuwandeln. Diese Wesen nahmen eine menschliche Gestalt an. Als der Hausherr schließlich zum letzten Male ausging, war die Arbeit im Weinberg fast beendet, doch es waren noch einmal Arbeiter notwendig, um letzte Hand anzulegen. Er wandte sich also an Wesen, die auf einer noch höheren Stufe der Evolution standen, nämlich an die Engel. Das Kommen der Engel entspricht dem Erwachen des menschlichen Bewusstseins. Sie kommen als Letzte, um die Schöpfung zu vollenden.

Ja, ihr seht, man beauftragte nicht die Engel mit der Arbeit an den Steinen. Diese grobe Tätigkeit wurde von anderen erledigt. Man kann das gleiche Phänomen im täglichen Leben feststellen. Ein großer König kommt nicht in eine Stadt, um die Straßen zu kehren, und der Direktor, der als Letzter in die Fabrik kommt, hat manchmal nichts anderes zu tun, als Unterschriften zu leisten, verdient für diese Unterschriften jedoch mehr als die Arbeiter, und ohne ihn würde der ganze Betrieb nicht reibungslos laufen. Er unterzeichnet und ist dann frei... Aber wie viel musste er vorher arbeiten, um eines Tages einfach nur noch seine Unterschrift irgendwo darunter zu setzen!

Man muss begreifen, dass der Entwicklungsgang, die Veranlagungen und die Tugenden nicht bei allen gleich sind, das sollte man im Auge behalten. Achtet einmal darauf, was in unserem Körper vor sich geht. Unser physischer Körper besteht aus unterschiedlichen Systemen. Das Knochensystem erschien als Erstes; es ist ein festes Gerüst, das sich im Laufe des Lebens kaum verändert. Es kann mit dem Mineralbereich gleichgesetzt werden und stellt die Arbeiter der ersten Stunde dar. Die zweite Arbeitergruppe wird durch das Muskelsystem veranschaulicht. Dieses System zeigt im Laufe des Lebens eine geringfügige Entwicklung; es entspricht dem Reich der Pflanzen, deren Wurzeln tief in der Erde verankert sind. Die dritte Arbeitergruppe wird durch den Blutkreislauf repräsentiert. Da das Blut durch den Organismus kreist, wird dieses System zahlreichen Veränderungen unterzogen und entspricht dem Reich der Tiere, die sich überall auf der Erde, in der Luft und im Wasser fortbewegen. Die vierte Arbeitergruppe entspricht dem Nervensystem, das sich im Menschen sehr viel später entwickelt hat. Da es eine subtilere Struktur hat als die anderen Systeme, ist es unzähligen Variationen unterworfen. Die fünfte Arbeitergruppe entspricht den Wesenheiten, die auf der geistigen Ebene unseres Seins arbeiten, an unserer Aura, die auch einen Organismus, ein System darstellt, aber natürlich ein sehr, sehr feinstoffliches System. Diese Arbeiter repräsentieren das Engelreich.

Wie werden nun aus den Ersten die Letzten? Aus mangelndem Wunsch nach Weiterentwicklung. Es gibt keine Weiterentwicklung für diejenigen, die sich damit begnügen, nur von den Grundmöglichkeiten ihres Wesens Gebrauch zu machen (die dem Knochen-, Muskel- oder Kreislaufsystem entsprechen). Jene aber, die die Möglichkeiten des Gehirns und der Vernunft nützen, entwickeln sich schnell und werden die Ersten, weil es ihnen dank dieser Möglichkeiten gelingt, über die anderen zu herrschen. Es werden noch unzählige andere Wesen erscheinen mit wiederum neuen Eigenschaften, dank derer sie dann die Ersten sein werden.

Auf diese Weise werden die Ersten die Letzten sein und umgekehrt. Dem Anschein nach kam uns dieses Gleichnis unsinnig vor. Wenn man aber darüber nachdenkt, wird alles vollkommen klar und logisch. Die Arbeiter der ersten Stunde waren nicht die fähigsten. Darum wurden sie, obwohl sie viel länger gearbeitet hatten, nicht besser bezahlt als die Arbeiter der elften Stunde, die eine viel subtilere und feinere Arbeit geleistet hatten. Es besteht also keine Ungerechtigkeit. Alle wurden gemäß der Gerechtigkeit und der Weisheit bezahlt.

In dem Gleichnis heißt es, die Arbeiter der ersten Stunde hätten beim Auszahlen »wider den Hausherrn gemurrt«. Sie lehnten sich deshalb auf, weil sie nicht verstanden hatten.

Auch in der Bruderschaft ist es so. Wenn sich die ersten Brüder und Schwestern von neuen fähigeren Brüdern und Schwestern übertroffen fühlen, sollten sie sich nicht auflehnen. Wollen sie nicht übertroffen werden, dann müssen sie sich einfach an die Arbeit machen. Es stehen demjenigen, der nicht übertroffen werden will, zwei Methoden zur Verfügung: Die eine ist die Liebe und die andere die Weisheit. Mit Liebe und Weisheit kommt man sehr schnell vorwärts, weil man sich in der Wahrheit befindet.[5] Seht ihr jemanden, der euch an Weisheit überlegen ist, dann begebt euch in seine Nähe, anstatt wütend zu sein oder euch zu rächen, mit dem Vorwurf, er sei dumm oder böse. Seht ihm zu, wie er arbeitet und auf welche Weise es ihm gelingt, so großartige Ergebnisse zu erzielen. Auf diese Art erfahrt ihr sehr viel. Nehmt an, ihr kämet trotz eurer Anstrengung zu keinen Ergebnissen, dann sagt euch: »Ich werde zu diesem Mann gehen, der es zu solchem Erfolg gebracht hat, um sein Geheimnis zu entdecken«. So werdet ihr viel lernen. Seid ihr Musiker, dann hört euch denjenigen an, zu dessen großartigen Konzerten alle herbeiströmen. Lasst euren Hochmut beiseite, er bringt euch nicht weiter. Hört aufmerksam zu, wie dieser Virtuose spielt, fragt ihn, bei wem er studiert hat, wie er arbeitet und so weiter. Lehnt euch jedoch nie auf, denn gerade durch Auflehnung wird man zum Letzten. Weder Auflehnung noch Zorn können euch helfen, sondern nur Liebe und Weisheit. Wenn ihr jemandes Überlegenheit fürchtet, ist das ein Beweis, dass ihr weder Liebe noch Weisheit habt, und seid ihr eifersüchtig auf den, der euch übertroffen hat, beweist das genau dasselbe. Wer Liebe in sich hat, wird nie beunruhigt oder eifersüchtig sein, weil er sich reich fühlt. Hat ein Reicher Gründe, eifersüchtig zu sein? Nein. Nur der Arme kann es sein, weil er spürt, dass er nichts hat.

Also, wollt ihr der Erste sein, dann studiert, meditiert, arbeitet mit Liebe und Weisheit und ihr werdet alle anderen übertreffen. Ihr werdet so schnell an ihnen vorbeiziehen, dass sie kaum noch die Zeit haben, euren Gruß zu hören! Ja, meine lieben Brüder und Schwestern, wenn man mit Liebe und Weisheit arbeitet, ist man fähig, mit Lichtgeschwindigkeit im Raum zu reisen.

Licht und Friede seien mit euch!

Paris, den 10. Juni 1939

Anmerkungen

1. Siehe Band 221 der Reihe Izvor »Alchimistische Arbeit und Vollkommenheit«, Kapitel 2: »Der menschliche Baum«.
2. Siehe Band 208 der Reihe Izvor »Das Egregore der Taube – Innerer Friede und Weltfriede«, Kapitel 5: »Über die Verteilung des Reichtums«.
3. Siehe Band 312 der Reihe Broschüren »Die Reinkarnation«.
4. Siehe Band 232 der Reihe Izvor »Feuer und Wasser – Wunderkräfte der Schöpfung«, Kapitel 12: »Der Zyklus der Wassers: Liebe und Weisheit«.
5. Siehe Band 234 der Reihe Izvor »Die Wahrheit, Frucht der Weisheit und der Liebe«.

*Kapitel 6*

# Weihnachten

Freier Vortrag

Meine lieben Brüder und Schwestern, ihr wisst schon, dass die vier Kardinal-Feste – Weihnachten, Ostern, das Johannes- und das Michaelsfest – nicht zufällig bestehen oder weil es einigen Kirchenvätern in den Sinn kam, solche Feste einzuführen. In Wirklichkeit entsprechen sie kosmischen Phänomenen.[1] Im Laufe eines Jahres durchläuft die Sonne die vier Kardinalpunkte. Zu diesen Zeitpunkten ergießen sich Kräfte und Energien über die Menschen, aber auch über die gesamte Natur, die Pflanzen und die Tiere, ja selbst über die anderen Planeten. Dank der hoch entwickelten Methoden, über welche die Eingeweihten verfügen, haben sie diese Phänomene beobachtet und festgestellt, dass im Menschen große Umwandlungen geschehen können, wenn er wachsam und darauf vorbereitet ist, diese Ausströmungen aufzunehmen. Aus diesem Grunde haben von alters her die Eingeweihten den Menschen verschiedene Anweisungen gegeben, damit sie sich auf das Aufnehmen dieser Strömungen vorbereiten.

In der Natur wird Christus jedes Jahr am 25. Dezember um Mitternacht geboren. Die Nacht des 25. Dezember ist die längste des Jahres. Von da an werden die Nächte allmählich kürzer und die Tage länger. Es ist mehr Licht, mehr Wärme und mehr Leben, und dies wirkt sich auf alle Geschöpfe aus. Auf die Frage, ob Jesus tatsächlich an diesem Datum zur Welt kam, werde ich nicht weiter eingehen; doch am 25. Dezember vollzieht sich in der Natur die Geburt des Christusprinzips, jenes Lebens, jenes Lichtes und jener Wärme, die alles verwandeln. Auch im Himmel wird dieses Ereignis feierlich begangen: Die Engel singen und alle großen Meister und Eingeweihten versammeln sich zum Gebet, um den Ewigen zu preisen und die Geburt Christi zu feiern, weil Christus tatsächlich im Universum geboren wird.

Und wo ist währenddessen die Masse der Menschen? In Kneipen, Tanzbars und Nachtlokalen, wo gegessen, getrunken und Unsinn getrieben wird, um die Geburt Jesu zu feiern. Was für eine Mentalität! Das Erstaunliche dabei ist, dass sogar die intelligentesten Menschen es normal finden, Weihnachten auf diese Art zu feiern, anstatt sich bewusst zu sein, wie wichtig dieses nur einmal jährlich stattfindende Ereignis ist. Wenn die ganze Natur das neue Leben vorbereitet, hat der Mensch den Kopf woanders. Deshalb kann er auch nichts aufnehmen, sondern verliert im Gegenteil die Gnade und die Liebe des Himmels. Denn was kann der Himmel schon einem Menschen geben, der weder diesem Licht noch diesen göttlichen Strömungen gegenüber empfindsam ist, Weihnachten mit einer Flasche Wein unter dem Tisch verbringt, und am nächsten Morgen im Krankenhaus liegt? Heute werden viele dort landen, weil sie eine Einladung nicht ablehnen konnten. Ihr kennt alle folgende Geschichte: »Ein Mann lädt seinen Freund ein: »Weißt Du«, antwortet dieser, »am Montag bin ich bei Soundso eingeladen; am Dienstag liege ich also im Bett. Am Mittwoch habe ich eine Einladung bei einem anderen, also werde ich den Donnerstag im Bett verbringen. Nun, dann kann ich am Freitag zu Dir kommen.« Ihr seht, er kannte sich gut! Die Eingeweihten bereiten sich auf dieses Fest vor, weil sie genau wissen, was oben geschieht. Sie bemühen sich, ihre Zeit nicht mit banalen Tätigkeiten zu vergeuden, damit sie sich nicht entmagnetisieren und erniedrigen. Auf dieselbe Weise wie Christus als Licht, Wärme und Leben auf der Welt geboren wird, bereiten sie die günstigsten Bedingungen vor, damit das himmlische Kind auch in ihnen geboren wird.

Vor zweitausend Jahren kam Christus in Palästina zur Welt. Dies ist jedoch der historische Aspekt von Weihnachten, und dieser historische Aspekt, das wisst ihr, ist für die Eingeweihten zweitrangig, denn Christi Geburt ist in erster Linie ein kosmisches und nicht ein historisches Ereignis; es ist die erste Manifestation des Lebens in der Natur, der Zeitpunkt, an dem die Kräfte wieder hervorzubrechen beginnen. Diese Geburt ist aber auch ein mystisches Ereignis. Das bedeutet, in jeder Menschenseele muss Christus als Überbewusstsein, als göttliche Liebe, als Verständnis und Aufopferung geboren werden. Das ist die Bedeutung der Geburt Jesu. Solange der Mensch nicht all diese Tugenden und guten Eigenschaften besitzt, ist das Jesuskind nicht in ihm erwacht. Man kann es lange feiern und auf es warten, es wird nie etwas passieren. Jesus wurde vor 2000 Jahren geboren; zur Erinnerung daran geht man in die Kirche und singt, er sei gekommen, um uns zu erlösen. Da man schon erlöst ist, kann man in aller Ruhe für ewige Zeiten sündigen, essen und trinken. Genau das verstehen die Menschen unter der Geburt Jesu. Da sie kein Interesse an irgendeiner Anstrengung haben, müssen sie sich wohl irgendwie rechtfertigen.

Der historische Aspekt, meine lieben Brüder und Schwestern, steht an dritter Stelle. Das Wichtigste sind der kosmische und der mystische Aspekt, denn Christi Geburt ist eine Realität, die jedes Jahr im Universum stattfindet, und Christus kann jederzeit auch in uns geboren werden, was noch viel wichtiger ist als der historische Aspekt. Ihr könnt die Geschichte von der Geburt Christi so oft lesen wie ihr wollt, solange Christus nicht in euch selbst erwacht, werdet ihr weder Wärme noch Licht, noch Güte, noch Glück, noch Befreiung spüren. Wozu war seine Geburt vor 2000 Jahren also gut? Die Menschen singen immer wieder zufrieden: »Jesus ist vor 2000 Jahren... vor 2000 Jahren geboren«, und das genügt ihnen. Sie bemühen sich nicht, ihn in ihrem Inneren zur Welt zu bringen, damit sie selber so werden wie er, damit die ganze Erde mit Christussen bevölkert ist. Doch genau das verlangte Jesus, als er sagte: »Wahrlich, ich sage euch: Wer an mich glaubt, wird die Werke, die ich vollbringe, auch vollbringen, und er wird sogar noch größere vollbringen.« Aber wo sind denn diese Werke?

Für einige ist Christus bereits geboren; für andere wird er nächstes Jahr zur Welt kommen, für wieder andere im übernächsten Jahr; und für wieder andere in ein paar Jahrhunderten. Alles hängt von der Vorbereitung der richtigen Bedingungen ab. Ihr versteht jetzt, warum ich euch sagte, dass es sehr wichtig ist, sich vorzubereiten bevor Weihnachten da ist.

Zum Thema Weihnachten gibt es viel Interessantes zu enthüllen. Was bedeutet zum Beispiel die Geburt in der Krippe zwischen Esel und Ochs? Und die Hirten und die drei weisen Könige? Ihr werdet erwidern: »Aber das weiß doch jeder!«... Wir werden gleich sehen, ob man es weiß oder nicht, und was man davon weiß. Von allen Evangelisten hat Lukas die meisten Einzelheiten über die Geburt Jesu berichtet; die anderen erwähnen sie kaum oder beginnen sogar erst mit der Taufe Jesu durch Johannes den Täufer. Ich möchte euch jetzt die Schilderung von Jesu Geburt aus dem Lukasevangelium vorlesen:

»Es begab sich aber zu der Zeit, dass ein Gebot von dem Kaiser Augustus ausging, dass alle Welt geschätzt würde. Und diese Schätzung war die allererste und geschah zur Zeit, da Quirinius Statthalter in Syrien war. Und jedermann ging, dass er sich schätzen ließe, ein jeder in seine Stadt. Da machte sich auf auch Joseph aus Galiläa, aus der Stadt Nazareth, in das jüdische Land zur Stadt Davids, die da heißt Bethlehem, weil er aus dem Hause und Geschlechte Davids war, damit er sich schätzen ließe mit Maria, seinem vertrauten Weibe, die war schwanger. Und als sie dort waren, kam die Zeit, dass sie gebären sollte. Und sie gebar ihren ersten Sohn und wickelte ihn in Windeln und legte ihn in eine Krippe, denn sie hatten sonst keinen Raum in der Herberge.

Und es waren Hirten in derselben Gegend auf dem Felde bei den Hürden, die hüteten des Nachts ihre Herde. Und der Engel des Herrn trat zu ihnen, und die Klarheit des Herrn leuchtete um sie, und sie fürchteten sich sehr. Und der Engel sprach zu ihnen: »Fürchtet euch nicht! Siehe, ich verkündige euch große Freude, die allem Volk widerfahren wird; denn euch ist heute der Heiland geboren, welcher ist Christus, der Herr, in der Stadt Davids. Und das habt zum Zeichen; ihr werdet finden das Kind in Windeln gewickelt und in einer Krippe liegen. Und alsbald war da bei dem Engel die Menge der himmlischen Heerscharen, die lobten Gott und sprachen:

»Ehre sei Gott in der Höhe und Friede auf Erden bei den Menschen seines Wohlgefallens!«

Und als die Engel von ihnen gen Himmel fuhren, sprachen die Hirten untereinander: Lasst uns nun gehen nach Bethlehem und die Geschichte sehen, die da geschehen ist, die uns der Herr kundgetan hat. Und sie kamen eilend und fanden beide, Maria und Joseph, dazu das Kind in der Krippe liegen. Da sie es aber gesehen hatten, breiteten sie das Wort aus, das zu ihnen von diesem Kinde gesagt war. Und alle, vor die es kam, wunderten sich über das, was ihnen die Hirten gesagt hatten. Maria aber behielt alle diese Worte und bewegte sie in ihrem Herzen. Und die Hirten kehrten wieder um, priesen und lobten Gott für alles, was sie gehört und gesehen hatten, wie denn zu ihnen gesagt war.

Und als acht Tage um waren, und man das Kind beschneiden musste, gab man ihm den Namen Jesus, wie er genannt war von dem Engel, ehe er im Mutterleib empfangen war.

Und als die Tage ihrer Reinigung nach dem Gesetz des Moses um waren, brachten sie ihn nach Jerusalem, um ihn dem Herrn darzustellen. Wie geschrieben steht im Gesetz des Herrn: »Alles Männliche, das zuerst den Mutterschoß durchbricht, soll dem Herrn geheiligt heißen«, und um das Opfer darzubringen, wie es gesagt ist im Gesetz des Herrn: »ein Paar Turteltauben oder zwei junge Tauben«. Und siehe, ein Mensch war in Jerusalem, mit Namen Simeon, und dieser Mann war fromm und gottesfürchtig und wartete auf den Trost Israels, und der heilige Geist war mit ihm. Und ihm war ein Wort zuteil geworden von dem Heiligen Geist, er solle den Tod nicht sehen, er habe denn zuvor den Christus des Herrn gesehen. Und er kam auf Anregen des Geistes in den Tempel. Und als die Eltern das Kind Jesus in den Tempel brachten, um mit ihm zu tun, wie es Brauch ist nach dem Gesetz, da nahm er ihn auf seine Arme und lobte Gott und sprach:

»Herr, nun lässt du deinen Diener in Frieden fahren, wie du gesagt hast.

Denn meine Augen haben deinen Heiland gesehen, den du bereitet hast vor allen Völkern, ein Licht, zu erleuchten die Heiden, und zum Preis deines Volkes Israel.«…

Dieses Kapitel habt ihr vielleicht mehrmals gelesen oder gehört. Es enthält in Wirklichkeit viele symbolische Details, und auch zwei sehr geheimnisvolle Stellen. Dort heißt es: »Maria aber behielt alle diese Worte und bewegte sie in ihrem Herzen.« Es gab also etwas, worüber sie nicht sprechen durfte. Hätte es sich um die Aussage der Hirten gehandelt, dann hätte sie darüber sprechen können, denn die Hirten erzählten es jedem. Es gab also etwas anderes, etwas Heiliges, das sie sorgsam in ihrer Seele bewahrte. Und wer war Simeon? Es heißt, dass der Geist über ihm war. Das bedeutet, dass er sehr rein war. Diese Frage von Simeon kann ich jedoch nicht anschneiden, denn das würde jedes christliche Bewusstsein zutiefst erschüttern. Ja, wer war Simeon? Welche Verbindung hatte er zum Jesuskind?

Wir werden gleich sehen, ob ihr dieses Kapitel wirklich verstanden habt. Lasst uns aber am Anfang beginnen.

Wer waren zunächst Maria und Joseph? Sie bekamen Jesus als ihr Kind, weil sie darauf vorbereitet waren. Um würdig zu sein, ihn in ihrer Familie aufzunehmen, hatten sie eine bedeutende spirituelle Arbeit geleistet, sie waren geläutert. Deshalb wurden sie beide auserwählt. Um auserwählt zu werden, ein Kind wie Jesus zu bekommen, den Erlöser der Menschheit, mussten Maria und Joseph außergewöhnliche, auserkorene Menschen sein. Maria hatte sich schon sehr jung dem Herrn geweiht. Sie war in den Tempel gegangen, um Seine Dienerin zu werden. Und was machte sie im Tempel? Wer bereitete sie vor? Wer unterrichtete sie? Es wird nichts darüber gesagt, doch man weiß es bis in alle Einzelheiten. Maria hatte sich also geläutert und die größten Opfer gebracht, um würdig zu sein, einen so erhabenen und mächtigen Geist wie Jesus in ihrem Schoß zu empfangen. An solche Dinge denkt aber niemand.

Die Christen sind überzeugt, der Herr sei allmächtig und tue, was Ihm gefällt, sogar die unwahrscheinlichsten Dinge. Sie sind der Meinung, Er könne die Erstbesten auserwählen, und es gäbe auf diesem Gebiet weder Gerechtigkeit noch Regeln, noch Gesetze, nichts. Der Herr hat also selbst die Gesetze erlassen, und Er Selber sollte als Erster gegen sie verstoßen? Dann gäbe Er wirklich allen ein gutes Beispiel, der Herr! Nein, meine lieben Brüder und Schwestern, so kann es nicht gehen! Wenn Gott Geschöpfe auserwählt, dann erfüllen sie bestimmte

Voraussetzungen. Natürlich so, wie Jesus sagte: »Er kann aus Steinen Kinder Abrahams machen«, aber zuerst müssen diese vom Stadium der Steine zu dem der Pflanzen und dann der Tiere übergehen, bevor sie endlich die Ebene der Menschen erreichen. Das Gleiche gilt für das Kind; auch der Keim muss viele Formen und Zustände durchlaufen, bevor er das Aussehen eines menschlichen Wesens annimmt. Genauso musste auch Jesus bestimmte Etappen durchschreiten, bevor er Christus wurde.[2] Auch das können die Christen nicht annehmen; ihrer Meinung nach war Jesus Gott Selbst und von Geburt an vollkommen. Aber warum musste er dann bis zu seinem dreißigsten Lebensjahr warten, um den Heiligen Geist zu empfangen und Wunder zu vollbringen? Selbst wenn sich Gott persönlich auf Erden inkarnieren möchte, würde Er Seine eigenen Gesetze akzeptieren und befolgen. Der Herr respektiert Sich Selbst, versteht ihr? So sehen die Eingeweihten die Dinge; in ihrem Kopf ist alles geordnet, ist alles logisch und sinnvoll.

Um würdig zu sein, Jesus bei sich zu empfangen, hatten sich Maria und Joseph also lange, schon in früheren Inkarnationen, vorbereitet; sie waren völlig rein. Lassen wir uns aber von dieser Frage nicht aufhalten, denn es gäbe darüber zu viel zu sagen. Wurde Jesus vom Heiligen Geist gezeugt? Ja, es war der Heilige Geist. Auf der göttlichen Ebene war es der Heilige Geist, aber auf der körperlichen Ebene musste es auch etwas geben,… jemanden; damit sich auch auf dieser Ebene der Heilige Geist widerspiegeln konnte, brauchte dieser auch auf dieser Ebene einen Leiter, einen Vermittler, damit es eine Entsprechung in den drei Welten gab, damit auf der physischen, der spirituellen und der göttlichen Ebene alles heilig, lichtvoll und rein war. Ihr sagt: »Aber dem Heiligen Geist ist alles möglich!« Ich weiß, er hätte sich mit ein wenig Materie aus dem Raum einen Körper formen können, der nicht von einer Frau geboren zu werden brauchte. Aber ein aus ätherischen Stoffen bestehender Körper kann kaum einige Stunden, vielleicht einen Tag überleben, und dann entfliehen die Teilchen wieder. Das geschieht zum Beispiel bei spiritistischen Sitzungen.

Wenn ein Körper Bestand haben soll, benötigt er die von der Mutter kommenden materiellen Teilchen. Deshalb brauchte der Heilige Geist eine reine Frau, in deren Schoß er sich einen Körper formen konnte. Das Übrige verschweige ich, das könnt ihr selber erraten...

Eine unbefleckte Empfängnis? Ja, natürlich fand eine unbefleckte Empfängnis statt, das bedeutet, ohne Begierde, Leidenschaft oder Sinnlichkeit. Das ist auf jeden Fall möglich. Das gab es schon immer, aber sehr selten natürlich. »Ohne die Hilfe eines physischen Körpers?« werdet ihr fragen. Ich sagte euch schon, dass ein Körper in diesem Falle nicht lange überleben kann; um weiter fortzubestehen, ist ein physischer Körper nötig, aber ein Körper, der von jeder Leidenschaft, jeder Begierde frei ist. Unter diesen Umständen kann eine Empfängnis unbefleckt sein. Auf diese Weise ist die Jungfräulichkeit zu verstehen. Jungfräulichkeit ist eher eine spirituelle als eine physische Eigenschaft. Wie viele Frauen sind nach außen hin Jungfrauen, und in ihrem innersten Wesen schlimmer als Prostituierte! Mehr werde ich euch nicht sagen... denn das war schon viel!

Ich betone es also wieder: Die Geburt Jesu muss in allen drei Welten verstanden werden; das heißt als historisches, als psychisches oder mystisches und schließlich als kosmisches Phänomen. Heute interessiert mich vor allem das mystische Phänomen.

Unter den Evangelisten war Lukas der gelehrteste und gebildetste; er beginnt sein Evangelium mit den Worten: »So habe auch ich's für gut gehalten, nachdem ich alles von Anfang an sorgfältig erkundet habe, es für dich in guter Ordnung aufzuschreiben...«

Er war also nicht, wie die anderen, Zeuge der Geschehnisse; er stellte aber Nachforschungen an. In seinem Bericht über die Geburt Jesu hielt er nur die Bilder der Ereignisse fest, die sich in jeder menschlichen Seele wiederholen. Eben diese Bilder wollen wir uns näher ansehen. Das Kind braucht einen Vater und eine Mutter, um geboren zu werden. Der Vater, Joseph, stellt den Intellekt, den Geist des Menschen dar, und Maria, die Mutter, ist das Herz, die Seele. Wenn Herz und Seele rein geworden sind, wird das Kind geboren. Aber es wird nicht von Intellekt und Geist, sondern von der Universalseele geboren. Die Universalseele ist nichts anderes als der Heilige Geist in Form von Feuer, von göttlicher Liebe..., eine reine Flamme, die das Herz und die Seele des Menschen befruchtet. Seele und Herz repräsentieren das empfangende Prinzip, die Frau. Intellekt und Geist stellen – wie ich euch schon erklärt habe – das männliche Prinzip dar, welches die Voraussetzungen dafür schafft, dass der Heilige Geist – beziehungsweise die Universalseele, die Feuer ist – von der Seele Marias Besitz ergreift. So wird dann das Christkind geboren. Aber da die Geburt ein Vorgang ist, der in allen drei Welten stattfinden soll, muss das Kind auch auf der physischen Ebene geboren werden. Ihr seht, das ist alles viel komplexer, als ihr es euch vorstellt.

Als Maria und Joseph in einer Herberge Unterkunft suchten, war kein Platz mehr für sie da. Mit anderen Worten: Menschen, die nur mit Essen, Trinken und Vergnügungen beschäftigt sind, haben für den Eingeweihten, der das Kind empfangen hat, keinen Platz.

Dieses göttliche Kind, das ihr bereits als Licht in euch tragt, kann ein Ideal oder eine Idee sein, die ihr nährt und innig liebt. Aber wohin nun, mit diesem Kind? Niemand öffnet euch die Tür, das heißt niemand versteht euch. Doch es gibt da einen Stall. Dieser Stall mit der Krippe ist ein Symbol, zunächst ein

Symbol für Armut, aber für Armut auf der materiellen Ebene natürlich. Denn für den Menschen, in dem der Geist wohnt, wird es immer so sein: Die Menschen werden ihn nicht schätzen und nicht aufnehmen. Aber dank des Lichtes, das er über die Krippe hinaus ausstrahlt, werden ihn andere von weither sehen. Dieses Licht, der fünfstrahlige Stern, ist eine absolute Realität. Er leuchtet über dem Haupt aller Eingeweihten, deren weibliches Prinzip – Seele und Herz – das vom Heiligen Geist gezeugte Jesuskind zur Welt gebracht hat. In so einem Augenblick soll der Intellekt, Joseph, sich verneigen, anstatt eifersüchtig zu sein und Maria zu verstoßen und wie ein grober Mensch zu schimpfen: »Das Kind, das Du zur Welt gebracht hast, ist nicht von mir, schere Dich weg!« Er soll sagen: »Gott hat Marias Seele und Herz mit Seinem Hauch gestreift; ich war dazu nicht imstande.« Der Intellekt darf sich also nicht auflehnen und zornig werden, sondern soll Maria behalten, die Lage richtig einschätzen und sagen: »Hier ist etwas, das meinen Verstand übersteigt!« Maria verstoßen, das würde bedeuten, die Hälfte seines Wesens zu verstoßen, und so zu werden wie die rein intellektuellen und rational eingestellten Menschen, die alles Gefühlsbetonte und Empfängliche, alle Milde, Demut und Güte in sich verbannt haben. Viele haben Maria verstoßen, weil sie es liebte, vom Heiligen Geist aufgesucht zu werden. Ihr müsst verstehen lernen, dass Maria und Joseph Symbole des Innenlebens sind. Diejenigen, die Maria verbannten, dörrten aus. Ihnen bleibt nur der Intellekt, der alles zerlegt, der kritisiert und immer unzufrieden ist. Doch ihr seht, Joseph hat im Gegenteil Maria geachtet und bei sich behalten. Er sagte sogar: »Oh! Sie erwartet ein Kind, ich will sie also schützen, denn sie braucht meine Hilfe.«

Was bedeutet nun der Stern? Er zeugt von einem Phänomen, das sich unvermeidlich im Leben eines wahren Mystikers, eines wahren Eingeweihten ereignet. Über seinem Haupt erscheint ein Stern, ein leuchtendes Pentagramm.[3] Das, was oben ist, ist wie das, was unten ist; und das, was unten ist, ist wie das, was oben ist, also muss auch dieses Pentagramm zweifach existieren. Zum einen ist der Mensch selbst ein lebendes Pentagramm, und zum anderen wird er oben auf der subtilen Ebene von einem anderen Pentagramm in Form von Licht dargestellt.

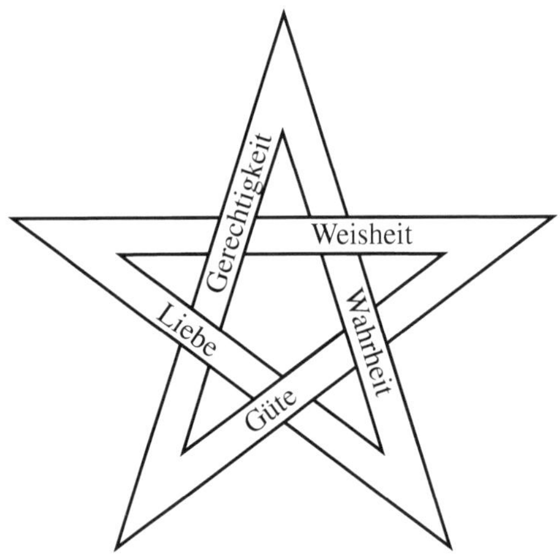


Der Mensch ist schon ein Pentagramm, das heißt, er besitzt die fünf Tugenden Güte, Gerechtigkeit, Liebe, Weisheit und Wahrheit. Und dieses Licht, dieser Stern, der über dem Stall leuchtete, bedeutet, dass jeder Eingeweihte, der den lebendigen Christus in sich trägt, beständig ein Licht ausstrahlt, ein beruhigendes, nährendes, tröstendes, heilendes, reinigendes und belebendes Licht... Eines Tages erblicken andere dieses Licht von weitem und spüren, dass sich etwas Besonderes durch dieses Wesen hindurch manifestiert. Das, was sich da manifestiert, das ist Christus. Von da an kommen alle zu ihm, alle Regenten und Obrigkeiten, alle Mächtigen und Reichen. Sogar die Magier, die sich für allmächtig hielten, spüren, dass ihnen etwas fehlt, dass sie diesen Grad der Spiritualität noch nicht erreicht haben; sie kommen und verneigen sich, sie wollen unterrichtet werden und bringen Geschenke... Da habt ihr die drei Weisen: Kaspar, Melchior und Balthasar.

Kaspar, Melchior und Balthasar, waren in ihrem jeweiligen Land Oberhäupter bedeutender Religionen, und auch sie kamen. Warum? Weil sie dieses Licht wahrgenommen hatten. Da sie auch Astrologen waren, hatten sie Nachforschungen angestellt und eine bestimmte außergewöhnliche planetarische Konjunktion beobachtet, und die Schlussfolgerung daraus gezogen, dass irgendwo ein besonderes Ereignis stattfinden würde. Sie haben versucht, den Ort herauszufinden und ihn tatsächlich entdeckt! Jesu Geburt entspricht also auch einem astrologischen Phänomen, das sich vor 2000 Jahren am Himmel ereignete. Über die drei Weisen werde ich ein anderes Mal sprechen, denn ich habe euch heute noch vieles andere zu sagen. Aber dieser Stern, der die drei Weisen führte, ist ein Ereignis, das wirklich stattgefunden hat, glaubt mir. Es stellt eines der bedeutendsten realen Ereignisse dar, die es überhaupt gibt und das mir bekannt ist, weil ich es nachgeprüft habe. Ich erzähle euch nicht, was ich in Büchern gelesen habe. Ich lasse alle Bücher beiseite und lese aus dem Buch der lebendigen Natur; genau dieses Buch ist es, das mich interessiert.

Befassen wir uns nun mit dem Stall. In diesem Stall gab es weder Hirten noch Herden, sondern nur einen Ochsen und einen Esel. Warum? Seit 2000 Jahren erzählt man dieselbe Geschichte, ohne dass sie verstanden wird, denn der Sinn der universellen Symbole ist für die Menschen verloren gegangen. Warum ein Ochse und ein Esel? Warum nicht ein Schwein oder eine Katze? Es war da also eine Krippe, ein Ochs und ein Esel.

Die Krippe symbolisiert den physischen Körper, und der Ochse? In der Antike galt der Stier stets als Prinzip der Fortpflanzung, ihr wisst das. In Ägypten zum Beispiel war der Apis-Stier das Symbol für Fruchtbarkeit und Ertragsfähigkeit. Der Stier steht unter dem Einfluss der Venus und stellt die Sexualkraft dar. Der Esel steht unter dem Einfluss von Saturn und symbolisiert die Personalität des Menschen, den alten Menschen, den man auch »den alten Adam« nennt; dickköpfig, stur, jedoch dienstbereit. Diese beiden Tiere sollten also Jesus dienen. Doch wie sollten sie ihm dienen? Jetzt werde ich euch ein großes Geheimnis enthüllen. Wenn der Mensch mit der Arbeit an seiner Vervollkommnung beginnt, gerät er mit den Kräften seiner Personalität und seiner Sinnlichkeit in Konflikt. Seine Personalität ist stur, hartnäckig, dickköpfig und launenhaft wie der Esel, und seine Sinnlichkeit drängt ihn, viele Kinder in die Welt zu setzen und macht ihn oft rasend wie ein Stier.

Ein Eingeweihter versteht es, diese beiden Kräfte zu bemeistern, die ihm dann zu Diensten stehen. Ihr seht also, er macht Personalität und Sinnlichkeit in sich nicht zunichte. Esel und Ochse waren anwesend... aber was taten sie? Sie wärmten das Jesuskind mit ihrem Atem, also mit ihrer Wärme und Liebe. Wenn es daher einem Eingeweihten gelingt, Stier und Esel in seinem Inneren umzuwandeln und sie in seine Dienste zu stellen, dann wärmen und nähren sie das neugeborene Kind mit ihrem Atem. Diese Kräfte bringen ihm dann nicht länger Qualen, Ungleichgewicht und Leid, sondern werden zu belebenden Kräften. Atem ist bereits Leben. Ihr seht, der Atem von Ochse und Esel erinnert an den Odem Gottes, mit dem Er dem ersten Menschen die Seele einhauchte. Esel und Ochse dienten dem Jesuskind, was bedeutet, dass Personalität und Sinnlichkeit demjenigen dienen, in dem Christus wohnt, denn sie sind außergewöhnliche Kräfte, wie ich es euch schon vor langer Zeit erklärte.[4]

Dann ist den Hirten, denen der Stall gehörte, ein Engel erschienen. Sie waren mit ihren Herden auf dem Feld; und als der Engel ihnen die Nachricht von der Geburt Jesu brachte, wunderten sie sich sehr; sie nahmen Lämmer und brachten sie ihm als Gabe dar. Das bedeutet, dass alle am physischen Körper Beteiligten benachrichtigt werden, also alle verkörperten oder nicht verkörperten Geister der Familie, die Reichtümer besitzen (die Reichtümer werden hier durch Schafe, Lämmer und Hunde symbolisiert). Sie werden benachrichtigt, weil sie am Aufbau dieses Stalles – dem physischen Körper – mitgewirkt haben. Nun kommen sie alle herbei und rufen: »Oh, wir hätten nie gedacht, dass unserem Stall eine solche Ehre zuteil würde!« Also alle Familiengeister, sowohl im Jenseits als auch auf der Erde, erfahren die Neuigkeit, dass etwas Wunderbares in eurem Herzen und in eurer Seele geschehen ist; dann kommen sie herbei, fallen auf die Knie und bringen euch Geschenke. Ja, alle wollen dem Kinde dienen. Aber solange es nicht in euch geboren ist, rechnet nicht damit, dass jemand euch seine Dienste anbietet! Die Engel suchen nur den auf, der das Jesuskind in sich trägt; sie kommen, um dem göttlichen Prinzip, Christus, Gottes Sohn, zu dienen, nicht euch.

Nichts ist also wichtiger, als für die Geburt des Jesuskindes in uns zu arbeiten. Dann werden Erde und Himmel uns aufsuchen. Menschen aus allen vier Himmelsrichtungen werden dann begreifen, dass ein neues Licht geboren ist; sie werden kommen und euch beschenken. Sicherlich wird es auch einen zornigen Herodes geben – solche gab es schon immer –, der den Heiligen Drei Königen sagen wird: »Geht und forschet fleißig nach dem Kindlein; wenn ihr es gefunden habt, so sagt es mir, auf dass ich auch komme und es anbete.« Aber zum Glück wird es auch warnende Engel geben, wie jenen, der, um das Jesuskind zu retten, zu Joseph sagte: »Nimm das Kind und seine

Mutter, und fliehe nach Ägypten, denn Herodes wird es suchen, um es zu töten.« Zur selben Zeit gingen die Weisen auf Anweisung des Himmels nicht wieder zu Herodes, sondern kehrten auf einem anderen Weg in ihr eigenes Land zurück. Das bedeutet, dass alle jene, die zu Jesus, das heißt zum Christusprinzip, kommen, nicht mehr auf demselben Weg zurückgehen, auf dem sie gekommen sind. Daran habt ihr auch nicht gedacht, nicht wahr? Alles hat so tiefgründige, mystische Aspekte! Für mich sind solche Dinge ohnegleichen. Und glaubt mir, das ist keine Erfindung von mir. Ich übermittle euch die Lehre, die mir zuteil wurde; sie entspricht der Wahrheit. Alles Übrige sind nur Berichte für diejenigen, die nichts begreifen. Der Inhalt dieser Berichte ist für die Schüler, und deren Sinn für die Eingeweihten.

Wisst ihr, warum es üblich ist, in der Weihnachtsnacht ein Festessen zu veranstalten? Auch dies ist ein Symbol. Wenn das Kind geboren ist, muss man essen, trinken und singen, aber natürlich in Maßen. Auch das Kind braucht Nahrung; seine erste Nahrung nach der Geburt ist die Milch der Mutter. In ihrem Leib nährt sie es mit ihrem Blut und danach mit ihrer Milch. Was bedeutet das? Auch daran habt ihr nicht gedacht. Jeder weiß, dass das Kind sich zuerst über den Blutkreislauf seiner Mutter ernährt und später nicht mehr ihr Blut trinkt, sondern ihre Milch. Hier haben wir zwei Farben: Rot und Weiß. In dem Vortrag über die roten und weißen Pompons habe ich schon darüber gesprochen, als ich sagte, man habe die Geheimnisse von Rot und Weiß in diesen beiden kleinen Pompons verborgen, was bis in unsere Zeit erhalten blieb.

In den slawischen Ländern, besonders in Bulgarien, tragen Männer und Frauen jedes Jahr im Frühling einen roten und einen weißen Pompon an ihrer Kleidung oder an ihrem Hut oder hängen sie sogar in ihren Häusern auf. Das ist so Tradition, doch sie wissen nicht, warum sie es tun. Die Menschen sind so sture Gewohnheitstiere, wenn sie die Dinge nicht begreifen! … Es ist genauso wie mit den Tarotkarten, die seit Jahrhunderten in der Welt verbreitet sind. Hätte man ihre Bedeutung gekannt, hätte man sie vielleicht vernichtet. Ein Glück also, dass man sie nicht kannte. Ebenso diese Pompons; wüsste man von ihrer Symbolik, würde man sie vielleicht auch abschaffen wollen. Große Geheimnisse sind in ihnen enthalten, denn die rote und die weiße Farbe ist symbolisch. Bei der Zeugung sind sie beide anwesend: Die Frau gibt die rote und der Mann die weiße Farbe. Derselbe Vorgang wiederholt sich später, wenn die Frau das Kind neun Monate lang mit ihrem Blut und anschließend mit ihrer Milch ernährt. Diese beiden Farben findet man übrigens auch im Blut wieder als rote und weiße Blutkörperchen. Rot und Weiß stellen die beiden, für das Leben notwendigen Prinzipien dar. Wir wollen jedoch nicht darauf zurückkommen. Wenn ihr euch nicht mehr daran erinnert, dann lest noch einmal die kleine Plauderei über die roten und die weißen Pompons.[5]

Man sollte sich unbedingt mit diesen großen Geheimnissen auseinandersetzen und lange über sie nachdenken. Hat man sie einmal verstanden, dann muss man sie noch auf die Ebene der Gefühle hinunterholen und sie schließlich auf der physischen Ebene verwirklichen, und das ist am schwierigsten. Jeder versteht und ergründet alles auf intellektuelle Weise, und sogar recht erfolgreich, das Verständnis jedoch ist noch nicht bis in die Gefühle durchgedrungen, das Herz spürt nichts. Das Verständnis muss bis zum Herzen, und dann bis zur Willenskraft vordringen, damit die Verwirklichung auf der physischen Ebene stattfinden kann. Die Geburt des Jesuskindes muss also in drei Bereichen realisiert werden: zuerst im Intellekt, dann im Gefühl und schließlich im Willen, auf der materiellen Ebene. Ihr fragt: »Was? Auf der physischen Ebene?« Ich werde es euch erklären, meine lieben Brüder und Schwestern; vielleicht werdet ihr mich aber nicht verstehen. Der Mensch kann Jesus nicht in seinem Inneren zur Welt bringen, solange er seine Mutter, die Erde, nicht verstanden hat. Wenn er nicht weiß, was die Erde ist, wenn er keine liebevolle, respektvolle und bewusste Beziehung zu ihr hat, besteht keine Möglichkeit, dass er seinen physischen Körper umwandelt. Unser Körper ist mit der Erde verbunden und kehrt auch wieder zu ihr zurück, weil er aus ihr entstanden ist, ihre Frucht ist, ihr Kind. Wenn also die Beziehung des Menschen zur Erde gestört ist, kann das Jesuskind in seinen Handlungen, in seinem physischen Körper nicht geboren werden.

Man denkt nie daran, dass die Erde ein intelligentes Wesen ist. Sie wird nur nach dem geographischen Aspekt, in Bezug auf Einwohner, Meere, Ozeane, Seen, Berge, Flüsse und so weiter erforscht. Die Erde ist das am wenigsten bekannte, am meisten verachtete und gering geschätzte Geschöpf, und diese Einstellung zieht großes Unheil nach sich. Ja, weil wir unserer Mutter, die uns ihren Körper, unseren Leib gegeben hat, keinen Respekt erweisen. Es gibt eine bemerkenswerte Wissenschaft, die sich mit der Beziehung zwischen dem Menschen und der Erde beschäftigt, wie er sich ihr gegenüber verhalten soll; das heißt, wie er mit ihr sprechen, wie er aus ihr Kräfte schöpfen und wie er ihr alles Schlechte in sich übergeben kann. Aber ja, die Erde besitzt in ihrem Inneren außergewöhnliche Fabriken und Laboratorien, in denen sie alles umwandeln kann. Unentwegt transformiert sie alle Unreinheiten, alle Abfälle, die man ihr übergibt und macht daraus Blumen, Früchte und alles Nützliche und Schöne. Ja, sie ist sehr intelligent, die Erde!

Und was ist die Erde? Die Erde ist die Tochter einer Mutter; diese ist ihrerseits die Tochter einer anderen Mutter, und diese die Tochter einer wiederum anderen Mutter. Das ist eine etwas seltsame Art sich auszudrücken, doch das macht nichts, so wird alles leichter verständlich. Es gibt also eine Urgroßmutter, eine Großmutter, eine Mutter und eine Tochter. Und eben diese Tochter ist die Erde. Und wo sind die anderen? Ich werde sie euch zeigen. Die Urgroßmutter ist die unsichtbare, kosmische Natur, die das ganze Universum geformt hat: die Gemahlin Gottes. Die Großmutter ist das Universum. Die Mutter selbst sieht man nicht, denn sie ist jenseits der Erde, ihrer Tochter, welche Isis, die erhabene Natur verkörpert. Die Kinder der Erde sind dann alle Bäume, alle Früchte, alles, was sie hervorbringt.

Die Erde wird von der Sonne befruchtet. Das ganze Jahr hindurch bringt sie Kinder in den verschiedenen Regionen hervor. Die Sonne ist also der Vater; doch hinter ihr stehen andere Väter, bis hinauf zum göttlichen Geist, dem Ursprung aller Dinge. Die Sonne ist der Vater, und die Erde ist die Mutter, aber darüber hinaus gibt es noch andere Väter und andere Mütter. In dem Vortrag »Im Anfang war das Wort« habe ich über die schwarze unsichtbare Sonne gesprochen, von der unsere Sonne ihre Energien bekommt. Ja, es hängt alles zusammen... Wenn man die Natur beobachtet, erkennt man, dass alles nur eine Widerspiegelung dieser Verwandtschaft ist, die ich eben erwähnte. Nehmen wir einen Baum: Die Wurzeln stellen die Urgroßmutter dar; der Stamm die Großmutter, die Äste die Mutter, Blätter und Blüten die Tochter; und die Früchte sind das, wodurch alles wieder von vorne anfängt, denn alles ist in der Frucht enthalten. Der Baum ist eine Wiederholung des gesamten Universums, und jedes Ding ist ebenso eine Wiederholung im Kleinen, eine Zusammenfassung von allem anderen. Seht euch das Atom an; es ist eine Wiederholung des Sonnensystems, und umgekehrt ist das Sonnensystem nichts anderes als ein Atom in der Unendlichkeit und eine Wiederholung dieser Unendlichkeit. Dieser Schlüssel zur Analogie, den ich euch gegeben habe, öffnet alle Türen; ihr müsst also lernen, euch dieses Schlüssels zu bedienen. Auch im physischen Körper findet sich diese Wiederholung: die Urgroßmutter, die Großmutter, die Mutter und die Tochter – und die Früchte. Das Herausfinden dieser Entsprechungen für jedes Ding würde uns zu lange aufhalten; ich könnte es jedoch tun und euch beweisen, dass alles, alles Entsprechungen hat.

Die Geburt Christi ist eine sehr wichtige Frage, mit welcher sich alle Eingeweihten befassen müssen. So sagte etwa der Apostel Paulus: »Oh, meine Kinder, wie viel Mühe habe ich mir gegeben, damit Christus in euch geboren wird!« Auch er hatte also erkannt, dass Christus in jeder Menschenseele geboren werden muss. Deshalb sprach er zu seinen Schülern, gab ihnen Ratschläge und wies sie sogar zurecht, damit sie an ihrer Reinheit arbeiteten und sich in einen Zustand von innerer Duldsamkeit, Ergebenheit und Verehrung versetzten, denn das sind die grundlegenden Bedingungen, um den Samen von oben zu empfangen. Die menschliche Seele gleicht einer Frau: Wenn sie aggressiv ist und sich ihrem Mann ständig widersetzt, kann sie niemals ein Kind bekommen. Auch die menschliche Seele muss zu einer liebevollen, aufnahmebereiten Frau werden, damit sie den Heiligen Geist empfangen kann; wenn nicht, Pech für sie, dann eben kein Kind!

Befassen wir uns jetzt mit den Worten, die der Engel zu den Hirten sprach: »Ehre sei Gott in der Höhe und Friede auf Erden und den Menschen ein Wohlgefallen.« Habt ihr diese Worte verstanden? Warum Friede auf Erden und Ehre in der Höhe? Weil das göttliche Kind, wenn es geboren wird, den Herrn preist und Friede in die Seele des Menschen einkehrt, in dem es geboren wird. Das Kind bringt Frieden, weil es die Fülle bringt. Seht euch einen Mann und eine Frau an, die kein Kind haben. Es fehlt ihnen etwas, sie spüren eine Leere; wenn das Kind dann da ist, ist auch die Fülle da, das Dreieck, auf dem das Bauwerk errichtet wird. Deshalb ist die von Meister Peter Danov gegebene Formel »Bojiata Lubov nossi peulnia jivot – die göttliche Liebe bringt die Fülle des Lebens« von sehr tiefer Bedeutung. Die Seele soll die göttliche Liebe empfangen, genau wie die Frau die Liebe ihres Gatten empfängt. Diese göttliche Liebe, welche die Lebensfülle bringt, ist die Liebe, welche das Jesuskind bringt; weil die Liebe nichts anderes ist, als eine Geburt, die Voraussetzung für eine Geburt. Das Kind bringt die Fülle. Und die Liebe ist nichts anderes, als die Vorhersage, die Ankündigung des Kindes. Die Formel des Meisters hat wirklich einen sehr tiefen Sinn. Er hat sie uns nicht nur gegeben, damit wir sie automatisch vor und nach den Mahlzeiten sprechen, sondern damit wir mit ihr arbeiten und die Liebe Gottes mit ihrem Hauch unsere Seele berühren kann, die dann dieses Kind, Christus, empfängt. Welche Veränderungen erfährt dann unser Dasein! In allen Bereichen wird alles klar, ordnet sich alles, verbessert sich alles! Ihr seht also, es lohnt sich, ein ganzes Jahr, mehrere Jahre, ein ganzes Leben lang für die Geburt Christi in uns zu arbeiten...

In dieser Nacht haben auf der Welt viele Geburten stattgefunden, und sogar in der Bruderschaft, wenigstens eine. Ja, Jesus ist heute Nacht geboren worden.

Jesus trägt viele Namen. In der Geschichte heißt er natürlich Jesus, aber auf der mystischen Ebene wird er nicht mehr Jesus genannt, sondern Christus, das »Höhere Ich«. Wenn gesagt wird, der Mensch verschmelze mit seinem »Höheren Ich«, er vereine sich mit der Universalseele oder er empfange den Heiligen Geist, sind das in Wirklichkeit nur verschiedene Formeln, um ein und dieselbe Wirklichkeit auszudrücken. Bei eingehender Untersuchung findet man einige

Unterschiede; das göttliche Ego jedoch, der Heilige Geist, die Universalseele, das Heilige Feuer, die Göttliche Mutter können als unterschiedliche Manifestationen von ein und demselben Prinzip betrachtet werden. Die Universalseele ist der Ozean, in dem alles lebt, sich bewegt und ernährt; sie ist der kosmische Behälter der Urmaterie, der sublimen Energie; sie ist Akasha, der reinste Äther, in den wir eingebettet sind. In dieser Universalseele, die überall ist, die alles weiß, alles enthält und die alles von einem Ende des Universums zum anderen weiterleitet – im subtilsten Bereich dieser Seele, die lebendig ist, die Fülle ist, Quintessenz und Allwissenheit, dort wohnen der Himmlische Vater, die Göttliche Mutter, Christus und der Heilige Geist. Und als Paulus sagte: »Wir leben und bewegen uns in Ihm, wir haben unser Sein in Ihm«, sprach er von der Universalseele, die eine Emanation Gottes ist, aber nicht Gott Selbst.

Wenn gesagt wird, wir leben in Gott, stimmt das eigentlich nicht ganz; wir leben in einer Substanz, die Er ausgestrahlt hat. Im Anfang strahlte Gott ein Licht aus, und diese ursprüngliche Substanz war pures Licht; genau das ist die Universalseele. Sie war vor der Sonne und vor den Sternen da, und mit ihr wurde alles erschaffen. In der esoterischen Wissenschaft wird sie jedoch mit verschiedenen Namen bezeichnet. Als Gott sagte: »Es werde Licht!«, handelte es sich nicht um das Licht, das wir sehen. Das Licht, das wir sehen, ist eine Widerspiegelung, eine Versinnbildlichung, die uns erahnen lässt, was das wirkliche Licht eigentlich ist. Das wirkliche Licht, das Gott erschaffen hat, und mit dem Er anschließend alles Übrige erschuf, das war die Universalseele. Sie ist es, die das Universum ernährt; in ihr ist alles enthalten und alle Wesen bewegen sich in ihr so, wie die Fische im Ozean schwimmen. Dieses Licht ist genauso aus unterschiedlichen, mehr oder weniger subtilen Schichten zusammengesetzt. Seht euch die Atmosphäre an; sie ist ein Ozean, in dem wir als Fische anderer Art schwimmen und leben, genau wie die Fische im flüssigen Ozean. Jenseits dieses Ozeans liegt ein ätherischer Ozean, in dem wiederum andere Geschöpfe leben... Die Universalseele besteht also aus mehr oder weniger dichten und subtilen Regionen, bis hinauf zur obersten, die Feuer ist, und wo der Heilige Geist und die Göttliche Mutter wohnen.

Ihr müsst verstehen, dass die Eingeweihten sich verschiedener Begriffe bedienen können, um dieselbe Realität auszudrücken. Auf einem anderen Gebiet zum Beispiel verwendet der eine das Wort Sohn, wo ein anderer Heiliger Geist oder Vater sagt; oder sie vertauschen sogar oft die Aspekte: Der Heilige Geist wird zum Sohn oder der Sohn zur Mutter, die Mutter wird zum Heiligen Geist, der Heilige Geist wird zum Vater. Ja, man kann variieren, das ist wunderbar! Ihr werdet sagen: »Aber da wird man ja verrückt dabei!« Aber nein, im Gegenteil, dadurch kann man weise, intelligent und vernünftig werden. Tatsächlich ist das sogar ganz leicht zu verstehen. Nehmen wir beispielsweise einen Mann: Er kann gleichzeitig Sohn, Vater und Großvater sein und bleibt dennoch immer der gleiche. Für seinen Enkel ist er aber der Großvater; für seinen Sohn ist er der Vater, für seinen Vater ist er der Sohn. Außerdem kann er noch Cousin, Onkel oder Neffe sein und so fort... Alles ist eine Frage der familiären Beziehungen. Die Menschen im Altertum, die zu diesem Thema sehr viel mehr wussten als unsere Religionsvertreter, stellten Venus als schöne junge Frau, aber manchmal auch als bärtige Göttin dar. Und Zeus, wie viele verschiedene Formen hat er angenommen! Einmal Stier, einmal Schwan, einmal goldener Regen und so weiter. Tiefe Geheimnisse verbergen sich hinter diesen

Metamorphosen. Alle Religionen der Antike hatten Gottheiten, die das Geschlecht wechselten. Das beweist, dass die Alten das Gesetz der Polarität kannten, während unsere Zeitgenossen es überhaupt nicht mehr kennen. Auf dem Lebensbaum zum Beispiel wird die Sephira Netzach, die alles Weibliche, Schöne, Zarte und Reizvolle darstellt, alles, was Düfte, Farben und Musik ausströmt, positiv und männlich gegenüber der Sephira Hod, die in diesem Moment weiblich wird. Hod ist männlich gegenüber Jesod, wird aber weiblich gegenüber Netzach.[6]

Da haben wir wieder eine Wissenschaft, welche die Menschen lernen müssen: das Wechseln der Polarität.[7] Befindet ihr euch jemandem gegenüber, der euch übertrifft, dann solltet ihr sofort wie eine Frau werden, wenn ihr von seinem Wissen profitieren wollt. Werdet ihr das nicht, dann zieht ihr keinen Nutzen daraus und empfangt nichts. Steht ihr hingegen jemandem gegenüber, der euch nachsteht, dann werdet wie ein Mann, das heißt, ihr solltet geben, ihn beeinflussen und beschützen. Man muss fähig sein, Frau und Mann zu werden. Das ist das größte Geheimnis, sogar in einer Familie. Man muss wissen, wie man in allen Lebensumständen die Polarität wechselt. Denkt ein wenig darüber nach und ihr werdet sehen, dass ihr immer etwas verloren anstatt hinzugewonnen habt, wenn ihr nicht wusstet, mit welcher Polarität ihr einem Vorgesetzten oder Untergegebenen gegenübertreten solltet.[8]

Nun möchte ich euch auch noch sagen, dass ihr während meiner Abwesenheit alle Methoden und Formeln anwendet, die ich euch gegeben habe. Lest in euren Aufzeichnungen nach und ihr werdet feststellen, dass ihr an vielen Stellen die Lösung für die Probleme findet, die euch quälen. Ihr erwartet immer neue Enthüllungen von mir, aber alles, was ich euch bereits sagte, ruht irgendwo in Schubladen. Vielleicht seid ihr der Meinung, es sei reine Eitelkeit von mir, doch ich bitte euch darum, meine Bücher wieder durchzulesen. Ihr werdet feststellen, dass ihr sie noch nicht richtig gelesen habt. Viele haben mir gesagt: »Meister, wir haben Ihre Bücher zum dritten oder vierten Mal gelesen und dabei gemerkt, dass wir sie vorher eigentlich gar nicht richtig gelesen und sehr viele Dinge einfach übersehen hatten!«

Wenn ihr die Wahrheit wissen wollt, werde ich euch sogar sagen, dass ich alles in meinen allerersten Vortrag, »die zweite Geburt«[9] hineingelegt habe, und dass alle weiteren Vorträge aus diesem ersten Vortrag hervorgegangen sind. Und was ist an diesem ersten Vortrag so außergewöhnlich? Nichts. Er enthält weder abstruse Theorien noch Atomphysik, sondern nur eine winzige plätschernde Quelle. In dieser Quelle steckt aber das ganze Geheimnis. Seitdem sie sprudelt, kommen immer wieder neue Vorträge hervor. Man hat dieser Quelle keine Aufmerksamkeit geschenkt, ich aber sage: »In einer Quelle liegt alles!« Solange es eine Quelle gibt, wird es immer Pflanzen, Tiere und Menschen geben, und eine reiche Kultur mit Musik, Tanz und Gesang. Ja, ganz einfach weil es Wasser gibt. Schüttet ihr sie zu, dann ist alles aus, alles verschwindet. Diese Tatsache kann auch symbolisch interpretiert werden: Viele angeblich intelligente Menschen haben ihre Quelle versiegen lassen und meinten dazu: »Die anderen verdienen es nicht, dass man es gut mit ihnen meint. Man sollte sich im Gegenteil verschließen und ihnen weder helfen noch sich um sie kümmern. So wird man nicht mehr getäuscht oder ausgenützt.« Ihr Bedauernswerten, wenn ihr so handelt, unterbrecht ihr alles; euer Leben, euer Glück gehen dahin...

Lasst die anderen euch ruhig täuschen und sich lustig machen über euch, das ist nicht von Bedeutung, lasst jedoch niemals eure Quelle versiegen. Darin liegt das große Geheimnis. Wenn einer oder zwei euch verraten haben, was kann das schon ausmachen? Es ist überhaupt nicht wichtig, verglichen mit all dem Reichtum einer sprudelnden Quelle; denn damit werdet ihr anschließend hundert-, ja sogar tausendmal mehr belohnt. Lasst ihr jedoch eure Quelle versiegen, so bleibt euch nichts mehr; ihr seid dann der ärmste, elendste Mensch. Natürlich ist dann da keiner mehr, der euch hintergeht, aber ihr seid tot. Und werden Tote noch hintergangen? Nein, mit ihnen beschäftigt sich niemand mehr, weder um sie zu hintergehen noch um sie zu streicheln... Es ist aus und vorbei![10]

Ja, meine lieben Brüder und Schwestern, lest den ersten Vortrag noch einmal, weil er das Thema Geburt behandelt, die zweite Geburt: wie man aus Wasser und Geist, aus Wasser und Feuer geboren wird. Wasser und Feuer sind zwei Symbole; das Wasser ist das weibliche und das Feuer das männliche Prinzip. Wird der Mensch nicht aus Wasser und Feuer geboren, dann kommt er nicht in das Reich Gottes; mit anderen Worten, er kann nicht ein zweites Mal geboren werden, wenn er nicht beide Prinzipien im Inneren besitzt. Die zweite Geburt, das ist die Geburt Jesu; die Geburt Jesu ist aber auch eure eigene Geburt. Die Mutter, das ist das Wasser, also die Liebe, die Reinheit, das Leben; und der Vater, das ist das Feuer, das Licht, der Geist. Besitzt ihr nicht diese beiden Prinzipien – die Liebe, das weibliche, und die Weisheit, das männliche Prinzip (manchmal ist es auch umgekehrt) – dann könnt ihr nicht geboren werden. Bei jedem Kind werden ein Vater und eine Mutter vorausgesetzt; und sind weder Liebe noch Weisheit vorhanden, dann fehlen die Eltern und das Kind wird nie geboren werden. Man ist schon geboren, natürlich; man ist aber noch nicht aus der Liebe und der Weisheit geboren.[11] Um ein zweites Mal in Form des Jesuskindes geboren zu werden, muss man einen Vater und eine Mutter haben, die höher stehen und weiter entwickelt sind als der Vater und die Mutter der physischen Ebene. Liebe und

Weisheit sind nötig; dann wird das Kind, das zur Welt kommt, wirklich die Wahrheit, die Fülle des Lebens und alles Wirkliche und Wahrhaftige sein. Nun, meine lieben Brüder und Schwestern, das waren ein paar Worte zu meinem ersten Vortrag. Ihr solltet ihn wieder einmal lesen.

Ich habe nicht das ganze Kapitel aus dem Lukasevangelium interpretiert. Ich wollte euch nur einen kleinen Teil eures inneren Lebens aufzeigen, damit ihr wisst, dass die Geburt Jesu nicht nur ein historisches Ereignis ist, das vor 2000 Jahren stattfand, sondern ein reales Phänomen, das sich jedes Jahr in der Natur und manchmal – aber selten – im Menschen ereignet. Wenn man glaubt, die Geburt Jesu sei ein Ereignis, das nur einmal vor 2000 Jahren stattfand, ist damit nichts erklärt. Zunächst einmal wäre dies unvereinbar mit der unendlichen Liebe Gottes. Die Menschheit existiert seit Millionen von Jahren, aber was machte diese Liebe? Wo war sie? Nach Meinung der Christen hat Gott einen kurzen Augenblick der Geschichte abgewartet, um diese Liebe zu manifestieren und Seinen Sohn zu schicken, und das auch noch für eine so kurze Zeit! Danach ist alles vorbei, man muss weinen und flehentlich bitten, damit er wiederkommt! Das ist doch Unsinn! Die Wahrheit ist, dass Christus schon viele Male unter den Menschen erschienen ist, sogar auf anderen Planeten und im ganzen Weltall, und er wird es auch in Zukunft noch tun. Wenn ihr diese Tatsache nicht akzeptieren könnt, seid ihr in Wirklichkeit weder religiös noch christlich noch sonst etwas. Ihr glaubt die unwahrscheinlichsten Dinge, aber alles Sinnvolle wollt ihr nicht glauben. Dauernd wird zitiert: »Gott ist Liebe... Gott ist Liebe«, aber wo sind die Beweise? Man erzählt euch, diese Liebe habe sich nur ein einziges Mal auf der Erde offenbart, und zudem wart ihr noch nicht einmal zugegen!

Doch ich möchte noch Folgendes hinzufügen: Ihr könnt am Erscheinen Christi in der Geschichte zweifeln. Einige haben das getan und haben aufgezeigt, dass er nicht existierte, mit Beweisen, die ebenso wissenschaftlich waren, wie die von denjenigen, die behaupten, er habe existiert. Nun, was soll man dazu sagen? Ganz einfach, dass der historische Aspekt nicht so wichtig ist. Dennoch gibt es da einen Punkt, den man nicht außer Acht lassen kann. Angenommen man könnte hundertprozentig beweisen, dass Jesus nicht gelebt hat, und all das nur ein Mythos ist, dann bleibt trotzdem eines zu akzeptieren; das ist die Tatsache, dass der Verfasser der Evangelien ebenso groß ist wie er. Und da jemand fähig war, Dinge von solcher Tiefe, von solcher Größe, mit so viel Licht zu schreiben, erübrigt sich die Frage, ob Jesus wirklich existiert hat oder nicht.

Bewahrt also das Bild von der Krippe mit Joseph, Maria und dem Kind zwischen Esel und Ochs und dem über dem Stall leuchtenden Stern...

Alle zusammen verrichten wir eine großartige Arbeit an den Gehirnen und dem Bewusstsein der Menschen, denn unsere Gedanken, unsere Gebete und unsere Lieder wirken wie Wellen, die sich überallhin verbreiten und die Herzen und den Verstand von Tausenden von Menschen auf der ganzen Welt berühren.[12] In kurzer Zeit werden alle diese von mir vorgebrachten Ideen überall Verbreitung finden; ihr werdet es selbst sehen. Glaubt mir, ihr nehmt an einer gigantischen und glorreichen Arbeit teil. Und Arbeit, einzig wahre Arbeit bedeutet, in spiritueller Hinsicht reich werden und gleichzeitig das Licht verbreiten. Heute ist ein ganz besonderer Tag, es wird große Veränderungen geben. Der Tag wird an keinem spurlos vorübergehen; jeder wird – ob er es will oder nicht – etwas verstehen, etwas spüren, etwas geschenkt bekommen. Denn heute ist der Tag der Geburt Christi; diese Geburt geschah auf großartige

Weise, nicht nur in der Welt, sondern auch in unserer Bruderschaft. Ihr werdet es sehen und feststellen. Das Kind ist noch ganz klein, es kann weder aufstehen noch Wunder bewirken; und doch wird es eines Tages große Taten vollbringen, dieses Kind. Heute findet die wahre Geburt des Christuskindes statt; nur, man muss es suchen und man muss es finden. Ihr selber seid die drei Weisen, der Stern wird euch führen. Bis heute habe ich euch noch nie gesagt, dass Christus geboren wurde. Aber heute, heute sage ich es euch, denn es entspricht der Wahrheit.

Nun, meine lieben Brüder und Schwestern, mögen Friede, Harmonie und Licht mit euch sein, und Glück und spiritueller Reichtum! Ihr habt einen Gott, ihr habt ein Ideal, ihr habt eine Religion, ihr habt einen Meister. Und wenn ihr in alle Ewigkeit weiter aufblühen wollt, dann bewahrt sie als euer kostbarstes Gut. Für jeden Menschen kommt der Augenblick, in dem die Blume sich öffnet, und wenn sie sich öffnet, verströmt sie ihren Duft. Dieser Duft ist etwas Unsichtbares, das ihn dann umgibt; und sein Lächeln, sein Blick, seine Haut, alles verändert sich, sogar seine Stimme. Es gibt bestimmte Zeiten, in denen die menschliche Seele zum Aufblühen kommt, und köstliche ätherische Düfte ausströmt. Dieses subtile und reine Leben, das von einem Wesen in Form von Farben, Düften und Musik ausströmt, dieses Leben ist es, das kostbar ist, das jeder sucht und das man liebt. Um geschätzt, geliebt und bewundert zu werden, müsst ihr dieses Leben ausströmen. So wie die Blume aufblüht, muss auch jeder Mensch aufblühen; dann wird er eines Tages von einer Aura voller Licht und Farben umgeben sein.

Heute ist Weihnachten, und genauso wie die ganze Hoffnung des Lebens in der Geburt eines Kindes liegt, genauso liegt in der Geburt Christi heute auf der ganzen Welt die Hoffnung, dass Gott die Menschen nicht verlassen hat. Obgleich diese ohne Unterlass gegen Seine Gesetze verstoßen, räumt Er ihnen einen Kredit ein, dadurch dass Er ihnen immer wieder einen Erlöser schickt; denn Er will nicht, dass auch nur eine einzige Seele verloren geht. Selbst diejenigen, die die größten Dummheiten begangen haben, dürfen wieder neu anfangen. Natürlich müssen sie dafür leiden und büßen und alles wiedergutmachen; Gott gibt ihnen jedoch die Gelegenheit voranzukommen. Wenn sie aber den Mut verlieren und sich weigern, den Weg nach oben einzuschlagen, dann steht es schlecht um sie.[13]

Meine lieben Brüder und Schwestern, ich wünsche euch eine gute Nacht; vergesst nicht, dass Weihnachten noch bis morgen und übermorgen dauert... Oben im Himmel wird ein Fest gefeiert, und an diesem Fest solltet ihr wenigstens in Gedanken teilnehmen. Leider wissen nur sehr wenige, wie sie ihren Körper verlassen und tatsächlich mit ihrem Geist oben mitfeiern können. Was die anderen angeht, so reden wir lieber nicht darüber! Sie haben gegessen, sie haben getrunken und sich überfressen und jetzt sind sie krank! Von nun an Schluss damit, auf diese Weise darf man Weihnachten nicht mehr verbringen, schreibt euch das hinter die Ohren! Arbeitet an euch; so wird eines Tages das Christuskind in euch erwachen. Jetzt schafft ihr ihm die Voraussetzungen dafür.

Guten Abend und gute Nacht, liebe Brüder und Schwestern.

Sèvres, den 25. Dezember 1958

Anmerkungen

1. Siehe Band 32 der Reihe Gesamtwerke »Die Früchte des Lebensbaums«, Kapitel 17: »Die Kardinalfeste« und Band 236 der Reihe Izvor »Weisheit aus der Kabbala«, Kapitel 12: »Malkuth, Jesod, Hod, Tiphereth: Die Erzengel und die Jahreszeiten«.
2. Siehe Band 240 der Reihe Izvor »Söhne und Töchter Gottes«, Kapitel 7: »Der Mensch Jesus und das kosmische Prinzip des Christus«.
3. Siehe Band 218 der Reihe Izvor »Die geometrischen Figuren und ihre Sprache«, Kapitel 4: »Das Pentagramm«.
4. Siehe Band 6 der Reihe Gesamtwerke »Die Harmonie«, Kapitel 10: »Das Harazentrum«.
5. Siehe Band 216 der Reihe Izvor »Geheimnisse aus dem Buch der Natur«, Kapitel 9: »Rot und Weiß«.
6. Siehe Band 32 der Reihe Gesamtwerke »Die Früchte des Lebensbaums«, Kapitel 5: »Die Erschaffung der Welt und die Emanationstherorie«.
7. Siehe Band 237 der Reihe Izvor »Das kosmische Gleichgewicht«, Kapitel 4, Teil 4: »Der jeweilige Platz des Männlichen und des Weiblichen« und Kapitel 11, Teil 3: »Das Dreieck Kether-Chesed-Geburah«.
8. Siehe Band 207 der Reihe Izvor »Was ist ein geistiger Meister?«, Kapitel 8: »Der Schüler vor dem Meister«.
9. Siehe Band 1 der Reihe Gesamtwerke »Das geistige Erwachen«, Kapitel 1: »Geboren aus Wasser und Geist«.
10. Siehe Band 29 der Reihe Gesamtwerke »Die Pädagogik in der Einweihungslehre, Teil 2 und 3«, Kapitel 4: »Das lebendige Wissen – Lasst die Quelle sprudeln – Die spirituelle Atmosphäre – Die Medizin der Zukunft – Lebt in der Poesie!«.
11. Siehe Band 28 der Reihe Gesamtwerke »Die Pädagogik in der Einweihungslehre, Teil 2 und 3«, Kapitel 9: »Die Geburt auf den verschiedenen Ebenen«.
12. Siehe Band 29 der Reihe Gesamtwerke »Die Pädagogik in der Einweihungslehre, Teil 2 und 3«, Kapitel 2: »Unsere Verantwortung«.
13. Siehe Band 238 der Reihe Izvor »Der Glaube versetzt Berge«, Kapitel 13: »Rabota, vreme, vera: Arbeit, Zeit, Glaube«.

*Kapitel 7*

# Der Sturm, der sich gelegt hat

Freier Vortrag

Heute werde ich euch eine Stelle aus dem Markusevangelium vorlesen: der Sturm, der sich gelegt hat.

»Und am Abend desselben Tages sprach Jesus zu ihnen: Lasst uns hinüberfahren. Und sie ließen das Volk gehen und nahmen ihn mit, wie er im Boot war, und es waren noch andere Boote bei ihm. Und es erhob sich ein großer Windwirbel, und die Wellen schlugen in das Boot, so dass das Boot schon voll wurde. Und er war hinten im Boot und schlief auf einem Kissen. Und sie weckten ihn auf und sprachen zu ihm: Meister, fragst Du nichts danach, dass wir umkommen? Und er stand auf und bedrohte den Wind und sprach zu dem Meer: Schweig und verstumm! Und der Wind legte sich, und es entstand eine große Stille. Und er sprach zu ihnen: Was seid ihr so furchtsam? Habt ihr noch keinen Glauben? Sie aber fürchteten sich sehr und sprachen untereinander: Wer ist der? Auch Wind und Meer sind ihm gehorsam!«

*Markus 4 : 35 - 41*

Diesem Text wird gewöhnlich keine besondere Aufmerksamkeit geschenkt. Es ist die Erzählung eines Wunders Jesu und kommt einem sehr eindeutig vor. In Wirklichkeit ist es auch ein Gleichnis, das das Leben des Schülers veranschaulicht. Dieser befindet sich ständig auf dem Meer, in einem Boot, und ist Sturm und Wind ausgesetzt. Christus ist auch auf diesem Boot, aber er schläft. Das bedeutet, dass der Schüler vieles durchzumachen hat: Das stürmische Meer und der Wind stellen alle Gefühle und Gedanken dar, denen er entgegentreten muss, und die er beherrschen muss. Um das zu erreichen, muss er Christus in sich selbst aufwecken, damit dieser aufsteht und zu den stürmischen Gedanken und Gefühlen sagt: »Schweigt! Hört auf!«

Als Jesus erwachte, sprach er zu seinen Jüngern: »Was seid ihr so furchtsam? Habt ihr noch keinen Glauben?« Was bedeutet es »Glauben haben«? Das Wissen zu haben, dass eine ungeheure Kraft, ein göttliches Wesen, Christus, tief in uns lebt. Sobald Christus auf unserem Boot anwesend ist, haben wir nichts zu fürchten, wir werden nicht umkommen. Wir müssen wissen, dass dank der Anwesenheit Christi unser Boot nicht kentern wird, selbst wenn er noch schläft. Wir müssen wissen, dass in uns so ein lichtvolles und starkes Prinzip lebt, dass die feindseligen Kräfte gezwungen sind, uns zu respektieren; dank dieser göttlichen Gegenwart in uns befinden wir uns in Sicherheit.

Erwacht Christus in uns, dann manifestiert er seine Kraft, seine Weisheit und seine Liebe. Aber bevor er aufwacht, müssen wir wissen, dass er mit auf dem Boot ist und davon überzeugt sein, dass wir nicht untergehen werden. Glaube bedeutet, an etwas zu glauben, das dem Anschein nach irreal oder sogar unmöglich ist. Behauptet ihr, etwas zu kennen oder zu wissen, bevor ihr daran glaubt, so ist das ein Wissen, das ihr habt, aber kein Glaube. Glauben haben heißt, an etwas zu glauben, das ihr nicht kennt, das ihr nicht seht.[1] An Gott, an das ewige Leben zu glauben, das ist Glaube.

Der Glaube wird weiter fortbestehen, denn im spirituellen, im göttlichen Bereich wird es immer Dinge geben, die man nicht weiß, die man noch nicht gesehen oder erlebt hat. Glaube zielt also ab auf die feinstofflichsten Dinge, auf das, was uns am entferntesten liegt, etwas, das nicht gleich nachweisbar ist. Ihr sagt, dass ihr eure Bücher, eure Frau und eure Kinder kennt, und ihnen Glauben schenkt. Nein, das ist kein Glaube, sondern Vertrauen, das auf einer gewissen Erfahrung beruht. Glauben haben, das bedeutet, an etwas Unsichtbares, Unberührbares zu glauben.

Jesus sagte zu Thomas: »Weil Du mich gesehen hast, glaubst Du. Selig sind, die nicht sehen und doch glauben.« Thomas weigerte sich zu glauben; er verlangte einen greifbaren Beweis und sagte: »Wenn ich die Spuren der Nägel nicht in seinen Händen sehe, wenn ich die Wunde nicht in seiner Seite berühre, werde ich nicht glauben.« Thomas war die Reinkarnation von Salomon, ein sehr weiser König der Vergangenheit, er war als einfacher Jünger auf die Erde zurückgekommen, um sich vor Christus zu erniedrigen.

Auch wenn wir auf dem Weg der Entwicklung noch nicht sehr weit sind und Christus in uns noch nicht erwacht ist, das macht nichts. Dennoch sollen wir glauben, damit wir die großen Prüfungen im Leben überstehen können. In dem Brief an die Hebräer (11, 1-2) sagt Paulus: »Es ist aber der Glaube eine feste Zuversicht auf das, was man hofft und ein Nichtzweifeln an dem, was man nicht sieht.« Lest dieses ganze Kapitel bis zum Ende, dann werdet ihr sehen, wie Paulus darauf hinweist, dass alle Patriarchen durch ihren Glauben gerettet wurden und das, was ihnen versprochen wurde, erhalten haben.

Manche waren erstaunt, dass Jesus mit seinen Jüngern schimpfte und finden es ganz normal, dass sie vor dem Sturm Angst hatten und ihn weckten. Ja, aber Jesus schimpfte deshalb mit ihnen, weil diese Angst einen Mangel an Glauben verriet. Die Jünger hätten spüren sollen, dass ihnen nichts passieren konnte, weil Jesus mit ihnen war, selbst wenn er schlief. Er sagte zu ihnen: »Wenn ich unter euch wach bin, und ihr keine Angst habt, ist das ein Verdienst? Ihr hättet mir auch in meinem Schlaf trauen sollen...« Bevor Jesus aufwachte, wussten die Jünger nicht, dass Er den Sturm zum Schweigen bringen würde. Das geschah zum ersten Mal. Sie hatten Jesus noch nicht zu den Elementen sprechen hören. Deshalb sprachen sie nach dem Wunder erstaunt untereinander: »Wer ist der? Selbst Wind und Meer sind ihm gehorsam!«

Die unsichtbare Welt verlangt von uns den gleichen Glauben wie jenen, den die Jünger während des Sturmes hätten beweisen sollen. Da Christus in uns ist, muss man Vertrauen haben. Selbst wenn er schläft, soll man sich ruhig verhalten und fest daran glauben, dass unser Schiff nicht kentern wird, so sehr es auch hin und her geworfen wird. Glauben, ohne Beweise zu haben, das ist der wahre Glaube.

Das Christuskind, das in uns schläft, sollen wir als kostbaren Schatz bewahren. Es ist noch ganz klein und schläft. Eines Tages aber wird es aufwachen und Wunder vollbringen. Lasst es weiter schlafen, hüllt es in euer Vertrauen ein. Es ist eine Realität, es ist unsterblich. Meditiert darüber, und ihr werdet entdecken, dass Jesus in eurem Boot schläft. Falls ihr ihn aufweckt, bemüht euch, ihn nicht mit Lappalien und unnützem Geschrei zu quälen: »Was seid ihr so furchtsam? Wieso habt ihr denn keinen Glauben?« fragte Jesus. Ja, man quält sich mit Nichtigkeiten. Niemals denkt man daran, dass man die größte Kraft, Christus, in sich trägt.

Christus stellt in uns Liebe, Weisheit und Wahrheit dar. Unsere Seele wird manchmal durch große Umwälzungen erschüttert; rufen wir aber Liebe und Weisheit zu Hilfe, dann tritt bald wieder Ruhe ein. Die Weisheit vermag Wolken zu vertreiben und Winde zum Schweigen zu bringen; die Liebe beruhigt das Meer. Die Weisheit wirkt auf den Wind (das Denken), und die Liebe besänftigt das Meer (die Gefühle). Wasser und Luft, Meer und Wind sind ewige Symbole. Die Apostel, welche den Sinn und ihre Bedeutung kannten, berichteten nur von den Begebenheiten, deren Einzelheiten auf allen Ebenen übereinstimmen. Deshalb konnten Generationen um Generationen über die Ereignisse im Leben Jesu und dessen Jünger meditieren.

Jesus sprach in Gleichnissen, deren Sinn die Jünger nur sehr selten enthüllten. Besonders bekannt ist das Gleichnis vom Sämann. Diese Auslegung ist ein Schlüssel, mit dem man andere Gleichnisse verstehen kann. Auf die Bitten seiner Jünger hin, erklärt Jesus die Bedeutung der Samenkörner, die zufällig auf den Weg fielen und zertreten oder von den Vögeln gefressen wurden und die Bedeutung der Samen, die auf Fels oder in den Dornbusch fielen, und schließlich spricht er von denen, die auf guten Boden fielen. Wenn man über ein einziges, gut ausgelegtes Gleichnis nachdenkt, und die Bedeutung der Symbole genau trifft, kann uns dieser Schlüssel dazu verhelfen, andere unklare Stellen richtig auszulegen.

Man sollte auch fähig sein, bestimmte Begriffe auf andere Ebenen zu übertragen. Es wird behauptet, dass Fasten und Beten die bösen Geister vertreibt; das Fasten sollte aber nicht nur auf der physischen Ebene verstanden werden. Ist der böse Geist auf der physischen Ebene in Form von einer Krankheit vorhanden, dann kann ihn das Fasten vertreiben. Die Geister nisten sich jedoch auch im Astral- und Mentalkörper ein in Form von groben Begierden und sinnlosen Gedanken. Wer »besessen« ist, wird dauernd dazu getrieben, eine Nahrung zu sich zu nehmen, die dem in ihm wohnenden Geist gefällt. Um ihn also loszuwerden, darf ihm der Mensch folglich nichts mehr zu essen geben. Das heißt, er muss sich bemühen, seine niederen Gedanken und Gefühle durch andere, reine und lichtvolle zu ersetzen. Entzieht der Mensch dem bösen Geist seine Nahrung – eine bestimmte Sünde oder Schwäche –, dann wird der Geist zum Fasten gezwungen; dieser glaubt verhungern zu müssen und verlässt den Menschen. So muss man das Ganze verstehen.[2]

Die Bibel wurde vom Heiligen Geist diktiert und enthält alles, was die Menschen zu ihrem spirituellen Leben brauchen. Ihr wendet ein, ihr würdet lieber bestimmte Werke von Spiritualisten lesen. Natürlich könnt ihr sie zu Rate ziehen, denn oft haben diese Autoren Symbole oder unklare, schwer zu deutende Berichte aus der Bibel erklärt. Auch ich erkläre euch Gleichnisse; diese Erklärungen entstammen jedoch der heiligen Schrift selbst; ich füge nichts Willkürliches hinzu, sondern halte mich strikt an die Bedeutung der Symbole, die schon seit ewigen Zeiten existieren. Ihr solltet jeden Tag beim Lesen der Bibel versuchen, deren Sinn tiefer und tiefer zu ergründen.

Sèvres, den 14. Juni 1941

Anmerkungen

1. Siehe Band 238 der Reihe Izvor »Der Glaube versetzt Berge«, Kapitel 5: »Der Glaube geht immer dem Wissen voran«.
2. Siehe Band 204 der Reihe Izvor »Yoga der Ernährung«, Kapitel 7: »Das Fasten«.

*Kapitel 8*

# »Die höchste Zuflucht«

Freier Vortrag

Psalm 91

»Wer unter dem Schirm des Höchsten sitzt und unter dem Schatten des Allmächtigen bleibt, der spricht zu dem Herrn: »Meine Zuversicht und meine Burg, mein Gott, auf den ich hoffe.«
Denn Er errettet dich vom Strick des Jägers und von der schädlichen Pestilenz.
Er wird dich mit Seinen Fittichen decken, und deine Zuversicht wird sein unter Seinen Flügeln.
Seine Wahrheit ist Schirm und Schild, dass du nicht erschrecken müssest vor dem Grauen der Nacht, vor den Pfeilen, die des Tages fliegen,
vor der Pest, die im Finstern schleicht, vor der Seuche, die im Mittage verderbt.
Ob tausend fallen zu deiner Seite und zehntausend zu deiner Rechten, so wird es doch dich nicht treffen; Ja, du wirst es sehen mit eigenen Augen, wirst schauen, wie den Gottlosen vergolten wird.
Denn der Herr ist deine Zuversicht; der Höchste ist deine Zuflucht.
Es wird dir kein Übel begegnen, und keine Plage wird zu deiner Hütte sich nahen.

Denn Er hat Seinen Engeln befohlen über dir, dass sie dich behüten auf allen deinen Wegen.
Dass sie dich auf den Händen tragen und du deinen Fuß nicht an einen Stein stoßest.
Auf Löwen und Ottern wirst du gehen und treten auf junge Löwen und Drachen.
»Er begehret mein, so will ich ihm aushelfen, er kennt meinen Namen, darum will ich ihn schützen.
Er ruft mich an, so will ich ihn erhören. Ich bin bei ihm in der Not; ich will ihn herausreißen und zu Ehren bringen.
Ich will ihn sättigen mit langem Leben und will ihm zeigen mein Heil.«

Beim Lesen dieses Psalms war ich tief bewegt, denn er ist von großer Tiefe und Schönheit. Sprecht ihn, wenn ihr euch traurig oder entmutigt fühlt, und ihr werdet spüren, dass sich etwas verändert in euch. Sprecht nur einen einzigen Vers, wenn ihr wollt, doch sprecht diesen Vers ganz bewusst, mit eurer ganzen Liebe und ihr werdet zur Ruhe kommen und euch voller Licht fühlen.

Hört zu:

»Denn der Herr ist deine Zuversicht, der Höchste ist deine Zuflucht...«

»Denn Er hat Seinen Engeln befohlen über dir, dass sie dich behüten auf allen deinen Wegen«.

Hier handelt es sich natürlich nicht um gewöhnliche Wege.

»Dass sie dich auf den Händen tragen (auf unsichtbaren Händen), damit du deinen Fuß nicht an einen Stein stoßest«.

»Auf Löwen und Ottern wirst du gehen«, das bedeutet, du wirst alle, die dir schlecht gesinnt sind, besiegen.

»Er begehret Mein, so will ich ihm aushelfen«. Gott rettet denjenigen, der Ihn begehrt und liebt, denn seine Liebe zwingt Ihn dazu, Sich um ihn zu kümmern.

»Er kennt meinen Namen, darum will Ich ihn schützen.«

Diese wenigen Worte sind höchst wichtig. Gemäß der Kabbala gibt es keine höhere Erkenntnis als die des Namens Gottes. Dieser Name besteht aus 4 Buchstaben יהוה; man sollte alle Kombinationen kennen, die zwischen ihnen existieren, und alle Entsprechungen zwischen ihnen und den Engelshierarchien, den Elementen und den verschiedenen Naturreichen. Dieser Teil der Kabbala heißt Schem ha-Meforesch, das bedeutet, die Wissenschaft der 72 Namen Gottes. Im »Vaterunser« sagte Jesus: »Geheiligt werde Dein Name.« Den Namen Gottes kann man jedoch nur heiligen, wenn man ihn kennt. Es handelt sich nicht nur darum, Gottes Namen auszusprechen, sondern ihn auch zu verstehen und zu fühlen, ihn wie ein Echo in unserem ganzen Wesen erklingen zu lassen. Dann ja, dann wird der Name Gottes mächtig in uns wirken und uns schützen.

Wenn ihr einverstanden seid, werde ich ein anderes Mal über diesen Psalm ausführlicher sprechen. Heute Morgen wollen wir über diesen einen Vers zusammen meditieren: »Denn der Herr ist Deine Zuversicht, der Höchste ist deine Zuflucht«.

Wenn ihr einem kleinen Tier folgen wollt, flieht es und verschwindet gleich in ein Loch, unter die Erde oder sonst irgendwohin. Dort fühlt es sich geschützt. Jedes Tier und jeder Mensch rettet sich bei Gefahr und flüchtet in ein Loch oder in eine Behausung. Beobachtet die Schnecke, sie zieht sich in ihr Schneckenhaus zurück. Alles, was lebt, besitzt irgendwo einen Unterschlupf oder ein Versteck. Wohin sollen jedoch die

Menschen flüchten, wenn sie von bösen Geistern, das heißt von negativen und zerstörerischen Gedanken und Gefühlen, verfolgt werden? Ihr physisches Haus kann sie nicht schützen.

Wenn ihr jemandem etwas Böses antun wollt, ihn betrügen oder bestehlen wollt, dann bedeutet das, dass fremde Wesen sich in euch eingeschlichen haben, um euch aus eurem himmlischen Haus hinauszujagen. Im selben Moment seid ihr in Gefahr. Um euch zu retten, müsst ihr euch bis zum höchsten Punkt eures Bewusstseins erheben, das ist die sicherste Methode. Spürt ihr Verwirrung und Leid, dann ist das der Beweis, dass ihr verfolgt und angegriffen werdet. Nun, dann geht nicht hinaus, um draußen mit dem Feind zu kämpfen. Wenn ihr eure Burg verlasst, werdet ihr bestimmt erfasst, weil ihr über nichts verfügt, über keinen Panzer, keinen Schild, keine Waffen. In einem solchen Augenblick geht im Gegenteil so tief in euer Inneres, wie ihr nur könnt.[1]

Anstatt mit dem Bösen und euren Feinden äußerlich zu kämpfen – sie sind nämlich sehr stark –, geht ihnen aus dem Weg! Gegen sie zu kämpfen, würde sie nur stärken. Beim Kämpfen geratet ihr in Erregung und werdet immer ungeduldiger und nervöser. Manchmal kämpft ihr gegen bestimmte Instinkte und Begierden, doch ihr fühlt, dass diese sogar noch stärker werden. Also, bekämpft sie nicht, gebt euch damit zufrieden, tiefer in euer Inneres vorzudringen und versucht, nicht an diese Feinde zu denken, euch nicht mit ihnen zu beschäftigen und ganz einfach nur zu warten. Denkt an den Herrn; verweilt einige Zeit an eurem höchsten Zufluchtsort. Wenn ihr dann heraus kommt, werdet ihr feststellen, dass die Feinde verschwunden sind. Ihr werdet fragen: »Und wenn sie immer noch da sind?« Nun, wenn sie noch immer da sind, dann könnt ihr eure Feinde mit wirklich wirksamen Waffen angreifen, weil ihr hoch hinaufgestiegen seid an euren höchsten Zufluchtsort, wo Licht, Weisheit und Kraft herrschen.

Wenn der Angreifer den Hausherrn mit einem Stock, einer Axt oder irgendeiner anderen Waffe aus seinem Haus herauskommen sieht, hat er Angst und flieht. Jeden Tag sehen wir eine ganze Anzahl von Phänomenen vor unseren Augen ablaufen; doch wenn es darum geht, sie im geistigen, spirituellen Bereich anzuwenden, verstehen wir gar nichts mehr, obgleich es sich um dieselben Gesetze handelt. Stellt euch zum Beispiel vor, jemand greift euch auf der Straße an. Ihr kehrt schnell nach Hause zurück und geht nur bewaffnet wieder hinaus. Warum macht ihr nicht dasselbe auf der spirituellen Ebene, was ihr instinktiv auf der physischen Ebene macht? Warum denkt ihr nicht daran, euch an euren innersten Zufluchtsort zurückzuziehen, wenn im Inneren Feinde an eurer Tür auftauchen?

Lasst eure Feinde schreien. Muckst euch nicht, richtet kein Augenmerk auf sie, und vor allem: Bekämpft sie nicht, solange ihr nicht genügend bewaffnet und auf diesen Kampf vorbereitet seid. Anstatt bis zur Erschöpfung zu kämpfen und unnütz viel Kraft zu vergeuden, lasst alles beiseite und steigt zum höchsten Zufluchtsort hinauf, dorthin wo Gott in euch wohnt. Gott wohnt an keinem Ort, an dem Feinde Ihn erreichen können. Er wohnt im tiefsten Inneren unseres Wesens, weit weg von allen unreinen Geistern. Dort ganz tief in uns ist derjenige anwesend, der die wahrhaftige Kraft, die wirkliche Macht ist; Ihn muss man finden. Fühlt ihr euch bedroht, dann verzichtet auf alle eure Beschäftigungen, lasst alles beiseite, sammelt euch, und denkt an diesen göttlichen Geist, der euch durchdringt. Ist es euch erst einmal gelungen, Ihn mithilfe eures Denkens zu berühren, wird Er zu euch sagen: »Komm, mein Kind; du wirst verfolgt, aber bei mir findest du Zuflucht.«

Gestern sagte ich euch, dass ihr nicht in die Materie hinabsteigen sollt. Damit meinte ich nicht, dass man das niemals tun darf. Tatsächlich sollen wir es sogar, um sie zu beleben und sie zu gestalten. Wenn wir immer nur im Abstrakten und in den Wolken schweben, wird der physische Körper nie belebt; alles kann ihn dann zugrunde richten. Man darf den physischen Körper nicht im Zustand eines verwahrlosten Hauses belassen, das allen Nachtvögeln einen Unterschlupf bietet. Sein Besitzer sollte ihn im Gegenteil oft säubern, in gutem Zustand erhalten und ihn beleben. In dieser Absicht in die Materie hinunterzusteigen, kann niemals als Fall in die Tiefe betrachtet werden. Man muss also das Hinabsteigen vom Fallen unterscheiden. Man soll in die Materie hinabsteigen, aber nicht in ihr versinken; wenn man in die Materie hinabsteigt, soll man sie beseelen, sie beleben und durchlichten.[2]

Wenn man beim Hinabsteigen den Geist vergisst und nur den physischen Vergnügungen frönt, ist man bereits gefallen und man wird mit allen Schwierigkeiten der physischen Ebene konfrontiert. Will man dann ganz schnell vor allen inneren Feinden fliehen, steht keine Treppe, keine Leiter, kein Seil zur Verfügung, mit deren Hilfe man bis zu den höheren Ebenen hinaufsteigen könnte. In der Materie ist alles enthalten, das Gute wie das Böse. Wenn man dort bewusst hinabsteigt, versperrt man keine Treppen und zerbricht keine Leitern; so kann man, falls nötig, sofort wieder bis zum höchsten Zufluchtsort hinaufsteigen. Gibt man jedoch beim Hinabsteigen sein Ideal, seinen Glauben und all seine spirituellen Tätigkeiten auf, um nur noch zu essen, zu trinken und sich zu amüsieren oder nur für sein persönliches Interesse zu arbeiten, dann ist man nicht mehr imstande hinaufzusteigen; die Verbindung zu den höheren Stockwerken ist unterbrochen, es ist keine Treppe mehr da. Wird man verfolgt, ist der Zugang zum höchsten Zufluchtsort abgeschnitten und man ist den Angriffen seiner Feinde ausgesetzt.

Das Hinabsteigen in die Materie ist nicht verboten. Man darf auf dieselbe Weise dort hinabsteigen wie man in den Keller hinuntergeht, um Staub und Schimmel und Durcheinander zu beseitigen. Doch man darf beim Hinabsteigen niemals die Treppe zerstören, welche die Materie mit dem Geist verbindet. Diejenigen, die sich in der Materie niederlassen, mit der Absicht, sich dort fürs Leben einzurichten, werden niemals geschützt sein, sondern verfolgt werden und dann begreifen, wie falsch es war, die Welt des Geistes, ihr Ideal aufzugeben. Wir dürfen niemals die Brücke zwischen uns und dem höchsten Zufluchtsort niederreißen. Denn die höchste Zuflucht, das ist die Liebe, die Weisheit und die Wahrheit, das ist die neue Lehre, das Licht.

Fühlt ihr euch entmutigt, traurig und verzweifelt, dann zieht euch zuallererst an euren höchsten Zufluchtsort zurück, lasst wenigstens für fünf Minuten alles beiseite, sammelt euch, ruft den Ewigen in euch an, fragt Ihn um Rat und greift nach den Waffen, nach dem Licht. Wie oft habe ich euch schon kämpfen sehen ohne jede Waffe! Aus diesem Grunde werdet ihr so leicht besiegt.

Wir müssen uns auf der spirituellen Ebene an dieselben Gesetze halten wie auf der physischen Ebene. Wenn man ständig weit weg von seinem Haus lebt, kann man nicht geschützt sein. Der Schüler muss Herr der Lage sein können, damit er nicht zum Sklaven seiner Gedanken und Gefühle wird, sondern sie beherrschen kann. Doch das wird kaum möglich sein, wenn er zu sehr nach draußen geht oder sich zu weit in die Oberfläche der Dinge verliert. Kehrt er hingegen wieder in sich selbst und an seinen höchsten Zufluchtsort zurück, dann wird er mächtig und alle Lebensverhältnisse bewältigen können.

Ihr solltet nachdenken und euch fragen, wie oft ihr schon mit Füßen getreten worden seid, weil ihr euch zu sehr verzettelt habt. Selbstverständlich meine ich damit nicht, dass ihr allen Schwierigkeiten entgeht, wenn ihr euren höchsten Zufluchtsort einmal erreicht habt, nein. Nehmen wir an, ihr habt gemäß eurem Karma einiges Missgeschick zu durchleben. Dann werdet ihr es auch durchleben, selbst wenn ihr euch euer ganzes Leben lang darum bemüht habt, euch nicht von eurem höchsten Zufluchtsort zu entfernen. Jesus wurde gekreuzigt, was aber nicht bedeutet, dass er sich von seinem höchsten Zufluchtsort entfernt hat. Sein Tod stand schon lange fest. Er wusste das. Er war Herr über sein Schicksal, und hat aus freiem Willen diesen Tod auf sich genommen. So wird es auch für alle sein, welche die spirituellen Wahrheiten kannten und bis zu ihrem höchsten Zufluchtsort hinaufsteigen konnten. Sie werden den Ereignissen nicht ausweichen können, doch völlig bewusst und freiwillig daran teilhaben.

Man kann seinen Zufluchtsort noch nicht gänzlich erreichen, aber man kann sich ihm stufenweise nähern. Manchmal erreicht man den Bereich von Licht und Frieden; aber es ist noch viel Zeit nötig, bis man den höchsten Punkt erreicht.

Die paar Worte, die ich noch hinzufügen möchte, werden euch die Möglichkeit geben, zu unterscheiden, wie dieses Gesetz, worüber ich eben gesprochen habe, sich im Alltagsleben auswirkt. Wenn ihr leicht reizbar seid, und ihr stärker auf die Blicke, Worte oder die Kritik der anderen reagiert als gewöhnlich, dann bedeutet das, dass ihr euch von eurem höchsten Zufluchtsort entfernt habt. An anderen Tagen hingegen, wenn ihr allem Negativen gegenüber unempfindlich bleibt, heißt das, dass ihr euch an eurem Zufluchtsort befindet. Das kann auf allen Gebieten geschehen. In manchen Momenten geratet ihr z. B. Frauen oder Männern gegenüber überhaupt nicht in

Versuchung und fühlt euch auch von Vergnügungen nicht angezogen, weil ihr eben an eurem höchsten Zufluchtsort verweilt. Natürlich habt ihr das Recht, ihn dann und wann zu verlassen; ihr müsst aber schnell wieder dorthin zurückkehren.

Warum klettern – wenn ihnen das möglich ist, natürlich – Menschen und Tiere auf Bäume, wenn sie verfolgt werden? Und die Vögel? Sie fliegen davon. Nun, man muss es ihnen nachmachen. Ihr müsst nach oben klettern oder davonfliegen, euch so hoch hinauf begeben, dass ihr nie von euren Feinden erreicht werden könnt.

Licht und Friede seien mit euch!

Sèvres, den 16. Juni 1941

Anmerkungen

1. Siehe Band 228 der Reihe Izvor »Einblick in die unsichtbare Welt «, Kapitel 17: »Physische und psychische Zuflucht«.
2. Siehe Band 241 der Reihe Izvor »Der Stein der Weisen – Von den Evangelien zur Alchimie«, Kapitel 8: »Und wie alle Dinge aus dem Einen entstammen...«.

## *Kapitel 9*

# »Vater, vergib ihnen, denn sie wissen nicht, was sie tun«

## Freier Vortrag

Man liest und interpretiert die Evangelien, aber man bleibt oft weit vom Denken Jesu entfernt. Wie oft habe ich euch Beweise dafür gegeben! Man interpretiert die Worte und Taten eines Menschen aus seinem eigenen begrenzten Blickwinkel heraus, gemäß der eigenen Begrenzungen und sogar gemäß der eigenen Fehler. Will man wissen, was jemand wirklich sagen will, so muss man sich in dessen Kopf versetzen. Es gibt Methoden, mit denen man versteht, was längst verstorbene Menschen gesagt oder geschrieben haben. All jene, die mit diesen Methoden arbeiten, kommen zwangsläufig zu den gleichen Schlussfolgerungen. Und nur weil man diese Methoden nicht kennt, ist man sich nicht einig. Es gibt genauso viele Interpreten wie Interpretationen, und die Leute haben heute genug von all diesen Interpretationen, schon allein zum Thema Evangelien, und wollen nichts mehr davon hören. Das ist ganz normal.

Nehmen wir ein Beispiel. Seit zweitausend Jahren zitiert man die Worte, die Jesus am Kreuz sprach: »Vater, vergib ihnen, denn sie wissen nicht, was sie tun.« Alle Kommentare zu diesen Worten unterstreichen das Vergeben. Man soll genauso vergeben, wie Jesus es tat, und das ist dann alles. Seit zweitausend Jahren versuchen diejenigen, die diesem Rat folgen wollen, ihren Feinden und denen, die ihnen etwas zuleide getan haben, zu vergeben. Aber es gelingt ihnen nicht. Warum nicht? Weil Jesus ein Geheimnis kannte; und solange man dieses Geheimnis nicht kennt, gelingt einem dieses Vergeben nicht, selbst wenn man sich Jesus zum Vorbild nimmt. Es genügt nicht, Jesus als Vorbild zu nehmen. Solange man durch Kenntnisse oder das Verstehen dessen, was auch er wusste, keinen Kontakt zu ihm herstellen kann, bleibt er fern, unzugänglich und man kann ihn nicht nachahmen. Man glaubt, dass er vergeben konnte, einfach weil er Gottes Sohn, weil er Christus war; dass aber wir als Menschen, es nicht könnten.

Mit dem, was ich euch jetzt erklären möchte, habt ihr die Methode, all jenen, die euch etwas zuleide getan haben, zu vergeben. Manche werden sagen: »Aber wir wollen gar nicht vergeben!« Gut, macht, was ihr wollt. Damit bleibt euch aber eure Last erhalten und ihr quält euch selbst, ihr vergiftet euch selbst, ihr werdet unglücklich und traurig sein. Denn Groll gegen jemanden in sich zu hegen, das ist etwas Schreckliches. Man muss etwas unternehmen, um aus dieser Situation herauszukommen. Und da es nicht ratsam ist, seinen Feind umzubringen, um ihn loszuwerden, solltet ihr ihm lieber verzeihen; ich werde euch sagen, wie man das macht.

Betrachten wir einmal die Worte Jesu: »Vater, vergib ihnen, denn sie wissen nicht, was sie tun.« Warum hat man diesen Satz nicht besser analysiert? »Vater, vergib ihnen, denn...« Jesus erklärt dem Herrn, dass Er und warum Er vergeben muss. Wie ist das zu verstehen? Kann man Gott etwas lehren, was Er noch nicht weiß? Warum muss man Ihm sagen »denn sie wissen nicht, was sie tun«? Wusste der Herr nicht Bescheid? Weiß Er nicht, dass die Menschen unbewusst, unwissend und dumm sind? Musste gerade Jesus Ihn aufklären? Und anschließend, anstatt zu sagen: »Ich vergebe ihnen«, sagt

Jesus: »Vater, vergib ihnen«... Warum soll Gott vergeben? Gott hatte doch gar nichts damit zu tun. Nicht Er wurde ans Kreuz geschlagen, sondern Jesus.

In Wirklichkeit liegt das ganze Geheimnis der Vergebung in dieser Formel, die man noch nicht ergründet hat. Als Jesus sagte: »Vater, vergib ihnen...«, stellte er eine Verbindung zu Gott her. Er begab sich also sehr weit hinauf, weit über seine Feinde und seine Henker. Von dieser Ebene aus bedauerte er sie; denn durch ihr Verhalten bewiesen sie, dass sie dumm waren, und kein Licht besaßen, also arm und erbärmlich waren, denn wenn tatsächlich das Licht fehlt, fehlt wirklich alles. Aus diesem höheren Bewusstseinszustand heraus, in den Jesus sich versetzt hatte, sah er das Elend der anderen so deutlich, dass er ihnen nicht einmal mehr zu vergeben brauchte. Diese Formel stellt eine psychologische Methode dar, die Jesus anwandte, um innerlich auf sich selbst einzuwirken. Ihr werdet sagen: »Nein, ganz und gar nicht, Jesus wusste, dass Gott streng und unerbittlich ist, und dass Er seine Feinde strafen würde, deshalb bat er Ihn, sie nicht umzubringen«. Nein, Jesus lehrte, dass Gott Liebe ist. Warum hätte er auf einmal denken sollen, er müsste die Menschen vor dem göttlichen Zorn schützen? Wenn er das gedacht hätte, hätte er sich über den Herrn gestellt und sich für größer, großzügiger und barmherziger gehalten als Er, und das ist nicht möglich.

»Vater, vergib ihnen, denn sie wissen nicht, was sie tun.« Diese Formel benutzte Jesus für sich selbst, um den letzten Tropfen Groll zu besiegen und umzuwandeln, der vielleicht noch in ihm war. Denn glaubt nicht, Jesus sei immer so nachsichtig, sanft und freundlich gewesen! Ihr habt alle gelesen, was er zu den Pharisäern und Sadduzäern sagte; er warf ihnen schreckliche Schimpfworte an den Kopf: »Tore und Blinde, Heuchler, die ihr übertünchten Gräben gleicht, Schlangenbrut,

Natterngezücht...« Es gab also etwas in ihm, das nicht verzeihen konnte. Doch er wollte verzeihen. Er wollte gegen die Menschen, und sogar gegen seine Feinde, kein einziges Atom von Feindseligkeit mehr hegen. Da er gesagt hatte: »Liebet eure Feinde«, musste er selbst damit beginnen, um ein Vorbild zu sein. Er erinnerte sich an das, was er gesagt hatte und musste es in die Tat umsetzen, um nicht mit sich selbst in Widerspruch zu geraten. Er hatte gesagt: »Vater, vergib ihnen, denn sie wissen nicht, was sie tun«; genau das gab ihm die Kraft, alles zu vergeben.

Wenn man versucht, diese Worte anders zu erklären, wird alles kompliziert. Dann müsste man annehmen, dass Jesus nicht besonders an die Liebe Gottes glaubte, und er Ihn jetzt inständig darum bitten musste, gut und nachsichtig zu sein. Er hätte sich also über Gott gestellt, und das ist Hochmut. Nein, Jesus wandte eine rein psychologische, eine magische Formel an. Durch diese Formel stellte er sich auf eine sehr, sehr hohe und seine Feinde auf eine sehr, sehr niedere Ebene, bis er großes Mitleid mit ihnen in sich selbst auslöste. Wenn man sieht, dass die Menschen unwissend, roh und elend sind, hat man nicht das Verlangen, sie auch noch zu zermalmen. Genau das ist Edelmut. Man ist edelmütig, wenn man groß ist und den Kleinen nicht angreift, und man ist stark, wenn man sich nicht auf den Schwachen stürzt. Wenn ein großer Hund von einem bellenden kleinen Hund verfolgt wird, dreht er sich nicht einmal um!

In seiner Liebe, seinem Wissen und seiner Macht stand Jesus so hoch über allen, dass er vergeben konnte. Denn sonst hätte er mit den Kräften, die er besaß, Blitze auf sie schleudern und sie zerschmettern können. Er hat deshalb vergeben, weil er nicht so wie alle vor ihm handeln wollte, die Diener der Gerechtigkeit waren und sich nach den Gesetzen richteten. In der Gerechtigkeit gibt es keine Vergebung, da heißt es: Auge um Auge, Zahn um Zahn. Jesus aber war gekommen, um Liebe,

Erbarmen und Vergebung der Sünden zu lehren; deshalb bat er im Augenblick des Todes für seine Feinde: »Vater, vergib ihnen, denn sie wissen nicht, was sie tun.« Hat man das Geheimnis dieser Worte richtig verstanden, dann kann man sie anwenden, und zu außerordentlichen Ergebnissen kommen.[1]

Wer aber spirituell arm und schwach ist, ist nicht imstande zu vergeben; er versucht, sich zu rächen.

Um dem vergeben zu können, der einem etwas angetan hat, muss man erhaben, innerlich reich, stark und lichtvoll werden, und sich sagen: »Ich muss diesem armen Menschen vergeben, denn er hat kein Licht, kein Wissen und keinen Edelmut! Außerdem weiß er nicht, in welche Lage er sich bringt, denn die Gesetze der göttlichen Gerechtigkeit sind unerbittlich, er wird leiden müssen, um den angerichteten Schaden wiedergutzumachen. Ich hingegen bin bevorzugt, weil ich für das Gute, für das Reich Gottes, für das Licht arbeite, auch wenn ich im Augenblick ein Opfer bin.« Indem ihr so denkt und die ganze Herrlichkeit, in der ihr lebt – weil ihr den Weg des Guten erwählt habt – mit dem Elend und der Dunkelheit derer vergleicht, die ungerecht und böse sind, dann werdet ihr von Mitleid, Nachsichtigkeit und Liebe erfasst. Was ihr durch kein anderes Mittel erreichen könnt, fällt euch auf diese Weise ganz leicht.

Manche werden sagen: »Diese Einstellung gleicht aber sehr der Einstellung des Pharisäers im Evangelium, der im Tempel betete und dabei dem Herrn dankte, dass er nicht wie alle anderen Menschen, und vor allem nicht so, wie der nicht weit von ihm kniende Zöllner war; das ist Hochmut!« Ganz und gar nicht. Der Pharisäer brüstete sich damit, zweimal in der Woche zu fasten und den Zehnten seines Besitzes zu geben, und den Zöllner, der vielleicht besser war als er, verachtete er ohne Grund. Die Einstellung, die ich meine, ist ganz anders. Meine Erklärung ist folgende: Wenn ihr Verleumdungen oder

Ungerechtigkeiten zum Opfer fallt, und trotzdem all die Herrlichkeiten, die euch Gott geschenkt hat, anerkennt, während eurem Gegner das alles fehlt, müsst ihr begreifen, dass ihr in Wirklichkeit bevorzugt seid. Im Moment triumphiert natürlich euer Feind. Er hat es geschafft, euch etwas anzutun; aber dennoch ist er derjenige, der zu bedauern ist; denn man ist immer zu bedauern, wenn man Böses tut und eines Tages auf die eine oder andere Weise von der göttlichen Gerechtigkeit bestraft wird. Ihr seht, das ist etwas ganz anderes. In diesem Sinne sind die Worte Jesu zu verstehen: »Vater, vergib ihnen, denn sie wissen nicht, was sie tun.«

Es ist gut, die Evangelien zu lesen, nur muss man sich auch eingehend damit beschäftigen und begreifen, was im Denken und im Herzen Jesu vor sich ging, wenn er bestimmte Sätze sprach.[2] Als er sagte: »Vater, vergib ihnen, denn sie wissen nicht, was sie tun.«, verband er sich mit seinem Vater, um seinen Feinden vergeben zu können. Glaubt nicht, das vollständige Vergeben sei für Jesus leicht gewesen; es gab auch Menschen, die er nicht mochte; die Pharisäer und Sadduzäer, die Kirchenführer, erregten beinahe seinen Hass. Ihr werdet sagen: »Das ist das erste Mal, dass wir so etwas hören!« Das ist möglich, aber sein ganzes Verhalten ihnen gegenüber zeugt davon. Das bedeutet nicht, dass Jesus böse war, nein, er war vielmehr wahrhaft rechtschaffen und aufrichtig; und aufrichtige Menschen können all diejenigen, die falsch, heuchlerisch und ungerecht sind, unmöglich lieben; das ist normal. Deshalb geißelte er die Pharisäer und Sadduzäer, er demütigte sie sogar. Unter diesen Umständen könnte man natürlich sagen, Jesus sei nicht besonders diplomatisch oder psychologisch vorgegangen. Er hätte im Voraus wissen müssen, dass er sich großer Gefahr aussetzte, wenn er intelligente, gebildete und sogar gelehrte Persönlichkeiten angriff, die die höchsten Funktionen bekleideten.

Immer wieder demaskierte er sie sogar in aller Öffentlichkeit, vor allen anderen deckte er ihre Fehler auf und sagte zu ihnen: »Wehe aber euch, wenn ihr das Himmelreich vor den Menschen zuschließt, denn ihr kommt nicht hinein, und die, welche hineinwollen, lasst ihr nicht hinein.« Er warf ihnen ebenfalls vor, sich die besten Plätze bei Festessen und in der Synagoge auszusuchen, die Witwen ihrer Habe zu berauben und so fort.

Wenn Jesus die Pharisäer und Sadduzäer nicht so scharf angegriffen hätte, hätten sie ihm sicherlich nicht so viel Leid zugefügt. Aber er provozierte sie. Da muss man wirklich offen und ehrlich sein: Jesus forderte sie ständig heraus. Meint ihr, die anderen hätten sich eine solche Situation gefallen lassen? Das konnten sie gar nicht. Sie verdienten natürlich alle diese Vorwürfe, doch hätte Jesus ihnen auch etwas weniger zusetzen können. »Warum hat er das gemacht?«, werdet ihr fragen. Damit sich die Schriften verwirklichten und seine Mission sich erfüllte. So stand es geschrieben. Hätte er den Pharisäern gegenüber nicht auf diese Weise gehandelt, wäre er niemals gekreuzigt worden, die Geschichte hätte einen anderen Verlauf genommen, und nichts wäre so gekommen, wie es stattgefunden hat.

Nun, meine lieben Brüder und Schwestern, ich erkläre euch, wie Jesus am Kreuz an sich arbeiten musste, um alles zu überwinden und wie er diese Formel benutzte, um seinen Feinden vergeben zu können. Auf der ganzen Erde gibt es keinen Menschen, der nicht eine gewisse Feindseligkeit gegen irgendjemanden empfindet. Selbst die am höchsten entwickelten Wesen können einige negative Gedanken oder Gefühle nicht vermeiden. Nur, sie verfügen über ein großes Wissen mit Methoden und Formeln, dank derer es ihnen gelingt, ihre Schwächen zu besiegen und umzuwandeln. Darin liegt ihr Verdienst. Glaubt nicht, dass sie unbedingt voller Liebe, Intelligenz und Weisheit und ausgestattet mit sämtlichen Tugenden auf die Welt kommen. Nein, sie müssen sie erwerben. Wissen und Macht muss man erwerben. Selbstverständlich kommt der Mensch mit bestimmten guten Eigenschaften zur Welt, die er sich bereits in anderen Inkarnationen erworben hat, und Jesus brachte einen großen geistigen Reichtum und unermessliche Tugenden mit. Doch hatte er zweifellos noch ein oder zwei kleine Schwächen zu besiegen.

Ich weiß, dass die Christen so etwas nie akzeptieren werden, denn ihrer Ansicht nach setze ich dadurch Jesus herab. Aber nein, ganz und gar nicht, im Gegenteil. Wenn ich sehe, wie es ihm gelang, alles zu überwinden, wird er in meinen Augen nur noch größer. Sogar die Angst, die ihn im Garten Gethsemane ergriffen hatte, hat er überwunden und besiegt. Welch ein Ringen! Welch ein Kampf! In dieser Angst lagen Jahrtausende alte Kräfte, verborgen im menschlichen Körper, Ungeheuer, Hydren und Drachen. Er hat sie alle besiegt. Schweiß perlte von seiner Stirn wie Blutstropfen und er flehte seinen Vater an: »Ist es möglich, so gehe dieser Kelch an mir vorüber...« Aber sofort darauf: »Doch nicht wie ich will, sondern wie Du willst.« Und am Kreuz rief er: »Elohi, Elohi, lama sabachthani?«, was bedeutet: »Mein Gott, mein Gott, warum hast Du mich verlassen?« Um so etwas zu sagen, um sich so von Gott verlassen zu fühlen, muss er wirklich innerlich in großer Bedrängnis gewesen sein. In Wirklichkeit hatte Gott ihn nicht verlassen. Doch dieses Gefühl des Verlassenseins können selbst die größten Eingeweihten empfinden. Anschließend fand Jesus die Fülle und das Licht wieder, und starb mit den Worten: »Ich befehle meinen Geist in Deine Hände.« Ihr dürft nicht glauben, dass ich damit den Ruhm Jesu mindere, keinesfalls. Für mich ist Jesus sehr groß, viel größer als für manche Kleriker, die in Wirklichkeit noch gar nicht wissen, wer Jesus ist. Ja, Jesus ist in meinen Augen sehr groß, auch wenn ich zwischen Jesus und Christus unterscheide.[3]

Schon oft habe ich über die Personalität (d. h. unsere niedere, menschliche, ja sogar tierische Natur) und die Individualität (unsere höhere, göttliche Natur) gesprochen. Mit dieser Unterscheidung kann man die verschiedenen Zustände, die ein Mensch durchzumachen hat, besser verstehen. Im Allgemeinen bringt man alles durcheinander. Man sagt »Jesus« oder »Christus«, ohne irgendeinen Unterschied zu machen. Jesus war Mensch, ein Mensch, der zu einer bestimmten Zeit in Palästina gelebt hat; Christus ist das göttliche Prinzip, das sich in Jesus niederließ, und sich durch ihn manifestierte. Leider kann selbst der höchste Eingeweihte nicht ununterbrochen seiner göttlichen Natur Ausdruck geben. Wenn Jesus erschöpft war, sprach der Mensch, die Personalität – wenn ihr so wollt – in ihm. Und der Mensch kann auch Groll empfinden, er kann sich vor dem Tod fürchten und sich von Gott verlassen fühlen. Wäre es Christus gewesen, der in diesem Moment am Kreuz gesprochen hätte, wie hätte Christus, der doch Gott ist, sich selbst verlassen können?

Manchmal war Jesus müde, er konnte Hunger und Durst haben oder Schlaf benötigen, das ist normal. Aber wenn Christus sich durch ihn äußerte, sagte er: »Ich und der Vater sind eins.[4] – Ich bin das Brot des Lebens, das vom Himmel herabgekommen ist. – Ich bin das Licht der Welt.[5] – Ich bin die Auferstehung und das Leben.[6] – Ich bin der Weinstock, ihr seid die Reben.[7] – Ich bin der Weg, die Wahrheit und das Leben.« – Ihr seht, das ist ganz eindeutig, nicht wahr? Was die menschliche Seele betrifft, so kann es von Zeit zu Zeit Lücken, Mängel oder eine Stimmungstief geben. Aber wenn das göttliche Prinzip sich manifestiert, wenn das göttliche Prinzip spricht, gibt es keine Mängel, keine Irrtümer und keine Schwächen. Wenn man die Evangelien oder irgendein anderes heiliges Buch liest, braucht man diesen Schlüssel, um zu wissen, ob sich in einem bestimmten Augenblick der Mensch oder die Gottheit durch ein Wesen manifestiert.

Für euch gilt genau das Gleiche. Ihr müsst wissen, dass ihr zwei Naturen habt und dürft sie nicht miteinander verwechseln. Ihr müsst wissen, was in euch göttlich und was menschlich ist. Aber gerade auf diesem Gebiet begeht man Fehler und Irrtümer und täuscht man sich am allermeisten. Wenn die göttliche Stimme spricht und gute Ratschläge gibt, glaubt man ihr nicht und macht Dummheiten. Aber sobald die Personalität spricht, hört man sofort auf sie und macht dazu noch Dummheiten! Man muss die beiden zu unterscheiden wissen. Ihr habt euch noch nicht genug mit der Frage beschäftigt, wie ihr die beiden Naturen voneinander unterscheiden könnt und auf welche ihr hören sollt. Das ist sehr wichtig, weil es kolossale Folgen nach sich zieht. Alles Leid des Menschen kommt daher, dass er nicht zu unterscheiden vermag, wann er von seiner Personalität und wann von seiner Individualität beeinflusst wird. Ich habe schon oft über dieses Thema gesprochen, es immer wieder betont, aber ihr hört nicht zu. Ihr lasst dieses Thema beiseite, weil ihr es nicht besonders interessant findet. Dennoch hängt gerade davon euer Fortschritt, euer Erfolg und euer Glück ab. Es gibt nichts Wichtigeres als zu wissen, was in euch vorgeht, woher eure Impulse und Inspirationen kommen.

Nehmen wir an, Jesus hätte auf seine Personalität, seine Angst gehört... Wie Petrus, der, als Jesus das erste Mal von seinem Tod sprach, sagte: »Herr, nein, das soll dir nicht widerfahren!« Und Jesus antwortete: »Hinweg von mir, Satan! Du bist mir ein Fallstrick, denn Du sinnst nicht, was göttlich ist, sondern was menschlich ist.« Hier sieht man wirklich, dass Jesus nicht nur zwischen den Gedanken Gottes und den Gedanken des Menschen, zwischen der Individualität und der Personalität deutlich unterschied, sondern dass er erkannte, dass der Teufel ihn versuchte, denn er sagte: »Hinweg von mir,

Satan!« Dieser Kampf zwischen Individualität und Personalität wiederholte sich anschließend im Garten Gethsemane. Dieses Mal manifestierte sich die Personalität nicht durch Petrus, sondern durch ihn selbst. Und auch dieses Mal sagte er zu ihr: »Schweig!«, und zum Herrn: »Nicht wie ich will, sondern wie Du willst!« Und das genügte. Er musste leiden, er musste sterben, und trotzdem sagte er: »Dein Wille geschehe!« Er stieß die Personalität zurück und beugte sich vor der Gottheit. Aber wer erklärt euch die Dinge auf diese Weise? Man sagt immer: »Im Garten Gethsemane begann Jesus die Angst vor dem Tod zu spüren.« Als er gekreuzigt wurde, sagte er: »Vater, vergib ihnen, denn sie wissen nicht, was sie tun.«, doch man sieht nicht die initiatischen Wahrheiten, die in diesen Augenblicken seines Lebens enthalten sind. Man sieht weder dass es sich um psychische Vorgänge handelt, um sich feindlich gegenübertretende Kräfte und wie diese miteinander kämpfen, noch um welchen Anteil der Person selbst es sich bei diesem Kampf handelt.

Die Worte Jesu am Kreuz: »Vater, vergib ihnen, denn sie wissen nicht, was sie tun«, lassen sich nur durch einen Kampf zwischen Personalität und Individualität erklären. Und aus diesem Kampf ging die Individualität siegreich hervor. Glaubt nicht, dass es Jesus so leicht fiel, Leuten zu vergeben, die ihn verhöhnt, geschlagen, mit Dornen gekrönt und gekreuzigt hatten! Er verband sich mit seiner Individualität, mit seinem Himmlischen Vater, und erst durch Ihn hindurch, durch die unermessliche Liebe und das Licht Gottes, konnte er seinen Feinden und Henkern verzeihen. Glaubt mir, nur derjenige, der sein Leben lang an der Vereinigung mit Gott gearbeitet hat, daran, Ihn in sich aufzunehmen und der nun von der Gottheit bewohnt ist, kann wirklich so vergeben, wie Jesus es tat.

Und ihr, meine lieben Brüder und Schwestern, als Anhänger dieser Lehre, als Mitglieder der Bruderschaft, habt schon so viele Kontakte und Erfahrungen mit der göttlichen Welt erlebt, dass ihr euch als äußerst bevorzugt und reich betrachten und wissen solltet, wie ihr diese Reichtümer nutzen könnt. Wenn euch jemand etwas Böses antut, solltet ihr euch sagen: »Mein Gott, wie unwissend, arm und schwach dieser Mensch ist! Ich muss ihm vergeben, weil mir der Himmel so viel gegeben hat, und ihm nichts... Er verdient wirklich, dass ich ihn bedauere und sogar etwas für ihn tue.« In diesem Moment wird alles umgewandelt; statt Groll und Rachegelüste zu nähren, wird sofort alles gelöscht. Warum? Einfach weil es euch unmöglich ist, jemandem, der so arm und unglücklich dasteht, etwas übel zu nehmen... Weshalb solltet ihr auf einen Menschen, der überhaupt nichts mehr besitzt, losschlagen? Er liegt schon am Boden, warum solltet ihr ihn niederschlagen? So etwas tut man nicht, das ist nicht edel. Da ihr selber im Licht seid, warum solltet ihr ihn niederschmettern? Zeigt eine Geste der Großzügigkeit, und dankt dem Herrn!

Ohne dieses Wissen werdet ihr euer Leben lang keine Ruhe finden. Da ihr euren Feind nicht vernichten könnt, werdet ihr mit dauerndem Groll im Herzen leben, und euer ganzes Dasein wird dadurch vergiftet. Euer Feind aber wird in aller Ruhe weiterleben, spazieren gehen, essen, trinken und schlafen und seinen Geschäften nachgehen, während ihr euch zugrunde richtet. Man muss also vergeben können. Wie sollte man das aber können, wenn man dumm und unwissend ist! Man braucht dazu dieses Wissen. Versteht ihr mich?

Licht und Friede seien mit euch!

Sèvres, den 3. Januar 1968

Anmerkungen

1. Siehe Band 31 der Reihe Gesamtwerke »Leben und Arbeit in einer Einweihungsschule«, Kapitel 8: »Wie man über die Vorstellung von Gerechtigkeit hinauswächst« und Band 15 der Reihe Gesamtwerke »Liebe und Sexualität«, Kapitel 27: »Die wahren Waffen: Liebe und Licht«.
2. Siehe Band 241 der Reihe Izvor »Der Stein der Weisen – Von den Evangelien zur Alchimie«, Kapitel 1: »Über die Deutung der Schriften«.
3. Siehe Band 240 der Reihe Izvor »Söhne und Töchter Gottes«, Kapitel 7: »Der Mensch Jesus und das kosmische Prinzip des Christus«.
4. Siehe Band 215 der Reihe Izvor »Die wahre Lehre Christi«, Kapitel 2: »Ich und der Vater sind eins«.
5. Siehe Band 241 der Reihe Izvor »Der Stein der Weisen – Von den Evangelien zur Alchimie«, Kapitel 6: »Ihr seid das Licht der Welt«.
6. Siehe Band 308 der Reihe Broschüren »Das Osterfest – Die Auferstehung und das Leben«.
7. Siehe Band 8 der Reihe Gesamtwerke »Sprache der Symbole, Sprache der Natur«, Kapitel 4: »Zeit und Ewigkeit«.

*Kapitel 10*

# Die Sünde wider den Heiligen Geist ist die Sünde wider die Liebe

## Freier Vortrag

Frage: Meister, im Matthäusevangelium heißt es: »Und wenn einer ein Wort gegen den Menschensohn sagt, wird ihm dies verziehen werden, aber wenn er gegen den Heiligen Geist spricht, wird ihm dies weder in dieser noch in der anderen Welt verziehen werden.« Können Sie uns sagen, was mit dieser Sünde wider den Heiligen Geist gemeint ist?

Sie haben eine sehr wichtige Frage ausgewählt! – Stellt mir noch andere, denn es kommt oft vor, dass ich in meiner Antwort auf mehrere Fragen gleichzeitig eingehe, etwa so, wie man mehrere Fliegen mit einer Klappe schlägt!

Fragen:
»Meister, können Sie uns sagen, warum die meisten Kathedralen des Mittelalters der Madonna geweiht sind?«
»Warum muss der Mensch im Leben Leid erfahren?«
»Meister, inwiefern ist die Mondforschung von Bedeutung für die heutige Zeit, aus der Sicht der Einweihungswissenschaft?«

Bevor ich auf die erste Frage antworte, möchte ich einige Zitate vorlesen, in denen Schriftsteller und Denker ihrer Meinung über die Frau Ausdruck verleihen. Ihr werdet sehen, dass sie mit der ersten Frage von der Sünde wider den Heiligen Geist in Beziehung stehen.

Hören wir zuerst, was **Mohammed** sagte: »Frauen und Düfte sind flüchtig, man muss sie daher gut einschließen.«

**Plautus:** »Unter den Frauen braucht man nicht zu wählen, keine ist der Mühe wert.«

**Konfuzius**: »Die Frau ist so korrupt und korrumpierend wie nichts sonst auf der Welt.«

**Euripides**: »Ein Tor, der aufhört, Schlechtes über die Frauen zu sagen!«

**Salomon**: »Unter tausend Männern fand ich einen guten und unter den Frauen nicht eine!«

Der heilige **Hieronymus**: »Wollt ihr wissen, was eine Frau ist? Sie ist der geschworene Feind der Freundschaft, ein jämmerliches Geschöpf, ein notwendiges Übel, die personifizierte Versuchung, eine häusliche Gefahr: Sie ist das mit dem Schein des Guten gezierte Böse.«

**Milton**: »Des Mannes Unglück geht auf die Geburt der Frau zurück.«

**Sokrates**: »Die Liebe einer Frau ist mehr zu fürchten als der Hass eines Mannes.«

**Montaigne**: »Die Frau ist der natürliche Feind des Mannes.«

**Kierkegaard**: »Von hundert Männern, die sich in der Welt verirren, werden neunundneunzig von einer Frau errettet, ein einziger durch die unmittelbare Gnade Gottes.«

**Ronsard**: »...die Frau, deren so vollkommener Körper von der Vollkommenheit der Seele und deren göttlicher Herkunft kündet, gibt Zeugnis davon, dass sie von den schönsten Gottheiten des Himmels abstammt.«

**Chateaubriand**: »Ohne die Frau wäre der Mann derb und ungeschliffen und wüsste nichts von der Anmut, die nichts anderes ist als das Lächeln der Liebe.«

**Jean-Jacques Rousseau**: »Ein Haus, in dem die Herrin fehlt, ist einem Körper ohne Seele vergleichbar: Er verwest alsbald.«

**Dante**: »Oh Frau, in der all meine Hoffnung blüht. Du, die Du die Güte hattest, zu meiner Errettung Deines Schrittes Spur auf der Schwelle der Hölle zurückzulassen. Du hast mich aus der Knechtschaft in die Freiheit geführt! Die Erde birgt für mich keine Gefahr mehr! Ich bewahre im Herzen das lebende Bild Deiner Reinheit, damit sich meine Seele in der Sterbestunde Deinem Auge angenehm von meinem Körper löse.«

**Schiller**: »An der Seite aller großen Männer findet man eine liebende Frau. Die Liebe ist die Sonne des Genies.«

**Lessing**: »Die Frau ist das Meisterwerk des Universums.«

Der heilige **Ludwig**: »Schenkt ihr einer Frau in wichtigen Angelegenheiten Gehör, so bringt sie euch unweigerlich zu Fall.«

Und **Lamartine**: »Am Anfang aller großen Dinge steht immer eine Frau.«

**Moliere**: »Es ist aus vielen Gründen nicht schicklich, dass eine Frau studiert und so viel weiß.«

**Michelet**: »Eine gültige Wissenschaft wird es erst geben, wenn auch die Frau zu Wort gekommen ist.«

**Erasmus**: »So wie ein Affe stets ein Affe ist, bleibt auch ein Weib, welche Rolle es auch spielen mag, stets ein Weib, nämlich dumm und leichtsinnig.«

**La Rochefoucauld**: »Bei den meisten Frauen bestärkt der Geist eher ihre Launen als ihre Vernunft.«

**Juvenal**: »Mut beweisen die Frauen nur, wenn es darum geht, sich zu entehren.«

**Baudelaire**: »Ich habe mich immer gewundert, dass man Frauen in die Kirchen hineinlässt: Welche Gespräche können sie schon mit Gott führen?«

**Leon Bloy**: »Je heiliger eine Frau, desto weiblicher ist sie.«

**Voltaire**: »Die Gesellschaft hängt von den Frauen ab. Alle Völker, die den Fehler begehen, sie einzusperren, sind nicht gemeinschaftsfähig.«

**Diderot**: »Zieht der Genius in eine Frau, dann zeigt er sich origineller als bei uns.«

**Balzac**: »Was bei großen Männern der Scharfblick, ist bei Frauen der Instinkt.«

**Taine**: Einer Frau Verstand, Ideen, Geist schenken, heißt einem Kind ein Messer in die Hand geben.«

Noch einmal **Lamartine**: »Die Frauen sind von Natur aus heldenhafter als die Helden, und wenn dieser Heldenmut sich bis ins Wunderbare steigert, wird das Wunder stets von einer Frau vollbracht.«

**Schopenhauer**: »Die Frau hat weder Gefühl noch Verstand für die Musik, ebenso wenig für die Poesie und die bildenden Künste. Bei ihr ist alles nur Albernheit, Vorwand, Affektiertheit, um anderen zu gefallen.«

**Paul Claudel**: »Die Frau, die Dienste, die sie einst durch ihren Ungehorsam im Garten Eden Gott erwies, dieses tiefe Einverständnis zwischen ihr und Ihm, dieses Fleisch, das sie dank ihrer Schuld der Erlösung zur Verfügung stellte...«

**Voltaire**: »Die Frauen sind zu all dem fähig, was wir tun: Was sie von uns unterscheidet, ist ihre größere Liebenswürdigkeit.«

Selbstverständlich könnte man noch andere Denker und Schriftsteller anführen, aber für den Augenblick ist das genug.

Alle diese Gedanken sind sehr verschieden, nicht wahr? Einige sprechen für die Frau, andere richten sich gegen sie. Mögen sie auch großartige, tiefgründige Schriftsteller gewesen sein, die zu intellektuellem oder philosophischem Ruhm gelangten, so scheint mir doch, dass sie nicht viel über die Frau gewusst und sich zum Teil geirrt haben. Seht, was Euripides sagt: »Ein Tor, wer aufhört Schlechtes über die Frau zu sagen!« Sind denn die Männer nur auf die Erde gekommen, um zu verleumden und zu hassen? Was für eine Vorbestimmung schreibt Euripides den Männern zu! Seine Worte beweisen, dass er weit von dem Wissen der Eingeweihten entfernt war. Dass etwas Wahres daran ist, will ich nicht leugnen, doch ist das nur der Schein. Und sehr oft liegt die Schuld bei den Männern, weil sie den Frauen nicht die Bedingungen und die Möglichkeiten schufen, dass sie sich weiterentwickeln und zeigen konnten, wozu sie fähig sind. Warum sehen sie nicht ihre Grausamkeit, ihre Bosheit, ihren Egoismus, ihre Herrschsucht und Ungerechtigkeit den Frauen gegenüber? Wie sehr sie die Frauen ausgebeutet und ausgenutzt haben, darüber sprechen sie nicht, nicht wahr? Sie stellten lediglich den Hang der Frauen zu Verschwendung und Leichtsinn fest, übersahen aber das Wesentliche.

Jetzt hingegen werden die Frauen den Männern beweisen, dass sie ihnen auf allen Gebieten überlegen sind. Jahrhundertelang kämpften sie im Stillen, brachten Opfer, gehorchten und fügten sich, und jetzt haben die Frauen die Fähigkeit erworben, die ganze Welt umzugestalten! Warum haben diese Schriftsteller die Bestimmung der Frau sowie die Rolle, die ihr zukommt, und die symbolische Bedeutung der beiden Prinzipien nicht begriffen? Gott hat nicht nur den Mann, sondern auch die Frau erschaffen. Doch wenn ich alle diejenigen studiere, die der Menschheit bedeutende Schriftwerke schenkten, stelle ich fest, dass sie die Frau falsch eingeschätzt haben. Sie haben nichts verstanden und ließen sich von ihren eigenen Gefühlen, ihren eigenen Hirngespinsten und Verblendungen irreleiten und äußerten letzten Endes eine falsche Philosophie.

Manche denken, ein Fehlurteil in dieser Hinsicht sei nicht von Bedeutung. Ich aber betone, dass das sehr bedeutsam ist, dass die Zukunft der ganzen Welt von der Anschauung abhängt, die man über die Frau hegt, dass Gedeih oder Verderb davon abhängen, wie der Mann über die Frau denkt. Weshalb wurde eine so folgenschwere Frage nie ernst genommen? Warum hat man die Stellung der Frau dem Mann gegenüber nicht verstanden? Weil die Männer nicht in den Einweihungsschulen unterwiesen wurden. Denn nur dort wird die Bedeutung des männlichen und weiblichen Prinzips gelehrt. Philosophen und Denker haben nur von ihrem Verstand oder ihrem Gefühl ausgehende Theorien aufgestellt, und als Folge ihrer Vergleiche und Beobachtungen zogen sie Fehlschlüsse und bauten darauf viel zu viele philosophische Systeme auf. Die von uns öfters erwähnten Eingeweihten und großen Meister gehen nicht in dieser Weise vor; selbstverständlich bedienen sie sich ihres Intellektes, denn der Intellekt ist ein außerordentlich nützliches, ja unentbehrliches Werkzeug, mit dem alle Entdeckungen auf allen Gebieten erst möglich waren, aber sie sind sich alle darüber einig, dass der Intellekt begrenzt und nicht in der Lage ist, die feinstofflichen Bereiche zu erforschen; er tut dank der fünf

Sinne das ihm Mögliche, das begrenzt sich jedoch auf die objektive Seite der Dinge, er kann keinen Einblick in die feinstoffliche Wirklichkeit des Kosmos oder des Menschen gewinnen.

Es existieren Wirklichkeiten von derart feinstofflicher Beschaffenheit, dass sie selbst den überragendsten Philosophen und Gelehrten entgehen, deren Wahrnehmungsvermögen und deren Apparaturen nicht fein genug sind, um alle diese Schwingungen, Wellen und Teilchen aufzuspüren. Immerhin gelingt es ihnen, bestimmte Kräfte wie die Alpha-, Beta- und Gammastrahlen zu berechnen oder auch die Wellenlänge aller Farben des Farbspektrums zu messen. Um die kosmische Strahlung oder die Schwingungen von Gedanken und Gefühlen zu messen, fehlen ihnen jedoch die Instrumente. Nun herrscht aber gerade dort ein Leben von besonderer Intensität, von unendlich schnellen und feinen Schwingungen, die zu erforschen sich lohnte. Ich besitze dazu mehrere Berechnungen, Systeme und Schemata, die ich euch bei Gelegenheit zeigen werde. Dann werdet ihr staunend feststellen, wie weit die Schulwissenschaft noch davon entfernt ist, den Bereich des Psychischen, Spirituellen und der Intuition zu kennen!

In den Einweihungsschulen verfügten die Eingeweihten zur Erforschung von Natur und Leben über andere Mittel und Möglichkeiten, indem sie höhere Fähigkeiten entwickelten, die weit über den Intellekt und die fünf Sinne hinausreichen. Durch das Heraustreten aus ihrem Körper konnten sie durch die dichte Materie hindurch sehen, hören, fühlen und andere Sphären schauen, Wesenheiten wahrnehmen und so wundersame Wirklichkeiten erleben, dass sie sich gezwungen sahen, all dies den gewöhnlichen Sterblichen nicht preiszugeben, da diese Wirklichkeiten für sie noch unfassbar, unerklärlich, unerreichbar sind.[1] Deshalb verbargen sie ihr Wissen, und so ist die Mysterienlehre, die esoterische Wissenschaft, die Geheimwissenschaft entstanden. Diese

Wissenschaft gibt es. Manche Menschen hatten das Privileg, in diese Schulen aufgenommen zu werden, wo man ihnen Wissen enthüllte über die Erschaffung des Weltalls, die darin wohnenden Entitäten und die Hierarchien, von denen die Menschen keinerlei Vorstellung haben, von der Universalseele und dem Weltengeist. Auch ich habe lange Jahre hindurch diese Wissenschaft studiert. Will man jedoch heutzutage darüber sprechen, rennt man oft nur gegen Mauern. Übrigens, es ist nicht ratsam, diese Geheimnisse denjenigen zu offenbaren, die noch nicht aufnahmebereit sind.

Doch kommen wir zurück auf das tiefgründige Wissen über die beiden Prinzipien, das nur die Eingeweihten besitzen. Ich habe schon viel über dieses Thema gesprochen, denn ich habe entdeckt, dass alle Fehler in Bezug auf diese beiden Prinzipien, dem männlichen und dem weiblichen, die Menschheit in ihrer Entwicklung hemmen. Natürlich erfordert es viel Zeit, viele Fähigkeiten und eine wache Intelligenz, um diesen nur wenig bekannten Bereich zu erforschen. Einige Rischis und Eingeweihte sind indessen hinsichtlich der Vertiefung dieser Frage so weit vorgedrungen, dass es ihnen gelang, zu verstehen wie Gott das Universum erschuf, und dieses Universum zu erkennen, mit seinen verschiedenen Phasen und Perioden, den Welten, aus denen es besteht, und den Geschöpfen, die darin wohnen. Diese Eingeweihten lehrten uns also, dass am Anfang der Welt allein das Absolute existierte; und dieses Absolute, Ain Soph Aur genannt (das heißt unermessliches Licht), unergründlich war und das Einzige, was sie nicht erfassen konnten: Das Alleinige, das zugleich war und nicht war, existierte und nicht existierte, das Unaussprechliche, das weder Zeit noch Ewigkeit, weder Licht noch Finsternis, sondern absolute Stille war.[2]

Ursprünglich existierte nichts außer diesem Absoluten. Aber als sich Gott, der Absolute, der potentiell alles in sich vereinte, manifestieren wollte, strömte Er einen Teil Seiner Selbst aus. Diese Manifestation, das war immer Gott Selbst, aber der manifestierte Gott, genannt Gott Vater oder zum Beispiel in der hinduistischen Religion, Brahma. Damit Er sich manifestieren konnte, musste Gott sich polarisieren. Diese Polarisierung in Positiv und Negativ, Männlich und Weiblich war notwendig, sonst wäre keine Manifestation möglich gewesen. Demnach sind die beiden Prinzipien aufgrund der Polarisierung hervorgegangen, und Gott hat mit genau diesen beiden Prinzipien alles erschaffen. Diese Frage ist sehr schwer zu verstehen und erfordert lange Erklärungen. Aber mit wenigen Worten ausgedrückt, kann man sagen, dass die feinstoffliche, organisierte und aus Licht bestehende Welt, ausgeströmt vom Absoluten, die Welt der »Schöpfung« ist, der Geist, der Himmel; und dass diese unermesslich Licht strahlende, subtile Welt der Schöpfung vom Absoluten kondensiert, konkretisiert wurde, was die Welt der »Formgebung«, die Materie, die physische Ebene ergab.

Hermes Trismegistos brachte diese Wahrheit zum Ausdruck mit den Worten: »Alles, was unten ist, ist wie das, was oben ist«. Auf diese Weise wollte er zeigen, dass man begreifen kann, was oben ist – das heißt im Bereich der Ideen und Kraftströme, alles im Bereich des Unsichtbaren und Feinstofflichen –, sofern man aus dem, was unten ist – auf der physischen Ebene –, die zutreffenden Schlüsse zieht und es richtig versteht. Mithilfe der Analogie, der Entsprechung, kann man alles erkennen. Deshalb wird in der esoterischen Wissenschaft die Analogie als ein Schlüssel betrachtet, als eine der wirksamsten Methoden, um Wirklichkeit und Wahrheit zu erschließen, nur muss man damit umzugehen wissen, um nicht Täuschungen zu erliegen.

Auf der physischen Ebene gibt es Mann, Frau und Kind, und nichts kommt zustande ohne Mann und ohne Frau. Der eine wie der andere ist also ein sehr wichtiger Faktor. Warum sollte einer der beiden dieses Gesetz übertreten, diese Ausgewogenheit, diese Wahrheit missachten, indem er die Bettdecke allein für sich beansprucht? Warum sollte der Mann seine Vorrechte missbrauchen und die Frau unterschätzen, wo doch die Frau ebenso bedeutend ist wie der Mann?

Ich kenne die Meinung der Frauen nicht, denn über die Männer sprechen sie nur unter sich – und nur Gott weiß, was sie über sie sagen! Aber wenn sie sich vor ihnen zeigen, verhalten sie sich überaus liebenswürdig, wie Voltaire sagt. Das Verhalten der Frauen unterscheidet sich von dem der Männer darin, dass sie, was immer sie auch den Männern vorwerfen, diese weiterhin ihrer Kraft und Überlegenheit wegen bewundern und schätzen.

Laut der wahren Einweihungswissenschaft ist nichts wichtiger als das männliche und das weibliche Prinzip, der Mann und die Frau. An dem Tag, da sich beide ihrer Bedeutung bewusst werden, wird sich das Leben, das soziale, ökonomische, ja selbst das kosmische Leben vollkommen ändern, und ich bin mir absolut sicher, dass dann das Reich Gottes auf Erden verwirklicht wird. Weshalb ist es im Moment noch nicht möglich? Weil Männer und Frauen nicht wissen, wie sie sich gegenseitig betrachten, schätzen, anerkennen und sich verhalten sollen, vor allem sich verhalten, denn das Verhalten hängt davon ab, was sie denken und wie sie die Dinge ins Auge fassen. Mohammed sagte: »Frauen und Düfte sind flüchtig, man muss sie gut einschließen«. Seht, wie hart die türkischen Frauen aufgrund der Religion behandelt wurden: ständig eingeschlossen die Armen, wie Sklaven. Es war ein Kemal Atatürk nötig, damit sie endlich etwas freier wurden.

Da Mann und Frau zwangsläufig einen Austausch haben müssen, um ein Kind zu zeugen, kann keiner auf den anderen verzichten; und da das Werk den Schöpfern gleicht, müssen diese Schöpfer sich erst bessern, damit auch ihre Schöpfungen besser sind. Sonst wiederholen sich ewig dieselben Irrtümer und das Reich Gottes wird niemals kommen, da die Kinder ihren Eltern gleichen!

Was ist nun aber dieses Reich Gottes, nach dem wir alle trachten und uns sehnen? Das Reich Gottes ist ein Leben der Vollkommenheit, in dem es keine Kriege, kein Elend, keine Leiden, keine Gefängnisse oder Verbrechen mehr gibt, in dem alle Menschen lernen, singen, kontemplieren, reisen und einander lieben: Das ist das Reich Gottes! Warum kann es nicht kommen? Weil die Menschen nicht richtig denken! Ich will nicht in Einzelheiten gehen, doch bin ich sehr wohl unterrichtet über das, was im Kopf der Frau vor sich geht in Bezug auf den Mann und umgekehrt. Natürlich, würde man heutzutage der Frau raten, vertrauensvoll, nachsichtig, freundlich, voller Güte und Liebe zu sein, wie viel Missbrauch würde es geben! Denn die Männer würden die Gelegenheit nutzen und die Situation wäre noch schlimmer; darum müssen sich die Frauen misstrauisch, argwöhnisch und zurückhaltend verhalten. Diese anormalen Zustände bestehen nur, weil es im Kopf der Männer und Frauen keine tragfähige Lebensanschauung gibt. Und selbst wenn man ihnen wertvolle Ratschläge erteilt, werden diese falsch ausgelegt, weil weder die einen noch die anderen bereit sind, euch zu verstehen.

Männer und Frauen sind eine Widerspiegelung der oben wirkenden beiden Prinzipien; folglich ist die Familie nichts Anderes als die Widerspiegelung einer Familie, die oben, in der göttlichen Welt existiert. Es heißt, Gott habe einen Sohn, doch in der christlichen Religion wird nicht gesagt, dass Er auch eine Gattin hat. In allen Religionen indessen hat Gott, der kosmische Geist, eine Gattin: In der Kabbala nennt man sie Schekinah. Die Gattin Gottes, das ist die Natur; und der kosmische Geist und seine Frau, die Natur, haben Kinder. In sämtlichen Religionen findet man diese Dreiheit wieder. In Indien mit Brahma, Prakriti und Purusha; in der ägyptischen Religion mit Osiris, Isis und Horus. Nur die christliche Religion macht eine Ausnahme. Warum? Weil sich die irrige Anschauung verbreitete, nur das Männliche sei vollkommen, das Weibliche hingegen nicht. Früher waren oft die Väter wütend, wenn ihnen ein Mädchen geboren wurde, weil die Ansicht verbreitet war, dass alles Männliche dem Weiblichen überlegen sei. Und selbst für viele Christen versinnbildlicht die Frau noch die Hölle, das Böse, weil sie, Eva, einst Adam verführte! Aber auch diesbezüglich hat man nichts von dem verstanden, was in der Bibel steht. Diese irrige, besonders in der Christenheit verbreitete Meinung, muss korrigiert werden. Auch Gott hat eine Gattin, andernfalls wären wir nicht nach Seinem Bild und Ebenbild erschaffen worden! Ohne das weibliche Prinzip wäre die Schöpfung unvollständig, denn ohne die Mitwirkung beider Prinzipien, des männlichen und des weiblichen, kann nichts in der Natur leben oder gedeihen. Und wäre der Mann Gott Selbst, er wäre ohne die Frau außerstande, ein Kind zu zeugen. Und die Frauen, wer immer sie sind, können kein Kind ohne den Mann bekommen. Sprechen wir nicht von den neuen Methoden, welche die Wissenschaft sucht, damit Kinder ohne die Mitwirkung des Mannes auf die Welt kommen. Diese Frage der Parthenogenese würde uns zu weit führen.

Wenn man nicht akzeptiert, dass die heilige Dreifaltigkeit aus einem männlichen, einem weiblichen und einem dritten Prinzip, dem Kind, besteht, das entweder Mädchen oder

Junge sein kann, wird man nichts, weder von der Philosophie noch vom Leben verstehen. Ausnahmslos alle Religionen sagen, dass wir nach dem Bilde Gottes erschaffen sind, also muss man diesem weiblichen Prinzip, das Herrlichkeit und Vollkommenheit ist, seinen wahren Platz wieder zugestehen. Wenn man eine klare Vorstellung davon hätte, wie Mann und Frau oben aussehen und nicht nur davon, wie sie auf der Erde erscheinen, würde sich alles ändern. Auf der Erde haben sich Mann und Frau durch eine lange Reihe von Inkarnationen verformt, etwas Fremdes ist in sie eingeflossen, sodass sie jetzt unkenntlich sind und es beinahe unmöglich ist, noch Vollkommenheit auf der Erde zu finden.

Alle Eingeweihten sagen uns, dass man die Schönheit, die Herrlichkeit, die Sanftmut und das Licht der Frau, und die Kraft, die Intelligenz und die Stärke des Mannes nur oben finden kann, und dass man dies nicht in Worte zu kleiden vermag! Hier jedoch, auf der Erde werden Männer und Frauen nur in dem Maße strahlend und schön, wie es ihnen gelingt, die himmlische Vollkommenheit in ihrem Denken, Fühlen und Verhalten zu manifestieren. Wenn Dichter, Maler oder Bildhauer solch einem Menschen, sei es ein Mann oder eine Frau, begegnen, machen sie ihn in einem Kunstwerk unsterblich, so wie es zum Beispiel im alten Griechenland war. Je mehr die Menschen sich von einer bestimmten Art zu leben, zu denken, zu fühlen, zu handeln und zu verstehen entfernen (und ich werde euch gleich sagen, was ich mit verstehen meine), desto tiefer fallen sie und verlieren ihre Form; das ist ein absolutes Gesetz. Alle, die sich weigern, auf die richtige Art und Weise zu leben, im Einklang mit den physischen Gesetzen der Ernährung und der Atmung, wie mit den Gesetzen, welche die Welt der guten Eigenschaften und der Tugenden regieren, bereiten den Weg für ihren eigenen Verfall. Darauf kommen wir später noch zurück. Heute geht es uns vor allem darum, eine klare Vorstellung von der Frau zu gewinnen. Hier auf der Erde ist sie natürlich eine sehr unvollkommene Widerspiegelung von dem, was sie oben ist, sodass man unmöglich eine wirkliche Vorstellung von ihr haben kann. Es mag sein, dass manche Männer einer sehr gewöhnlichen, bösen, grobschlächtigen oder hässlichen Frau begegnet sind und nicht wussten, dass es daneben auch wunderhübsche, sanftmütige und gute junge Frauen gibt. Das bedeutet aber nicht, dass man alle Frauen, nur weil man wie Sokrates an eine Xanthippe geraten ist, in denselben Topf stecken darf; Sokrates hatte sie, in Kenntnis der Dinge, übrigens absichtlich ausgewählt!

In Wahrheit ist nichts schöner, lichtvoller, poetischer und vollkommener als die Frau, und zugleich ist nichts abschreckender, ekelhafter und enttäuschender als sie, wenn der Mann zu tief in die niederen Schichten hinuntersteigt, um sie kennenzulernen. Und was soll man vom Mann denken? Dass es nichts Strahlenderes, Kraftvolleres, Göttlicheres gibt als ihn, und zugleich nichts Widerlicheres, Grausameres, Abscheulicheres, wenn man auch ihn zu weit unten sucht.

Warum soll man die Meinung von Euripides über die Frau annehmen? Nur weil er Tragödien geschrieben hat? Es wäre besser, keine Tragödien geschrieben zu haben und in der Wahrheit zu stehen! Wenn ich in der Wahrheit stehe, gibt mir das die Möglichkeit, sehr viel schönere Werke zu erschaffen, als die aller Künstler zusammen, auch wenn sie nicht sichtbar sind. Dann bin ich ein Maler, dessen Bilder man niemals sehen wird, und ein Bildhauer, dessen Statuen man niemals sehen wird, doch es werden Abertausende von Statuen sein, und sie werden lebendig sein! Wozu irgendwo auf der Erde tote Werke erschaffen und die Menschen auffordern, sie anzuschauen? Wenn ich in der Wahrheit bin, werde ich malen, doch nicht auf Leinwand; ich werde Bildhauer werden, doch nicht mit Stein oder

Holz, sondern mit lebendiger Materie. Ich will Menschen bearbeiten, nicht Steine! Heutzutage ist kaum mehr zu erkennen, was ein Bild darstellt. Es soll eine Frau zeigen; doch wo sind ihre Augen, Beine, Brüste? Es ist unmöglich, daraus schlau zu werden, denn ihr versteht, es handelt sich um abstrakte Kunst! Alles wurde verformt und entstellt. Welch ein Verfall des ästhetischen Geschmacks! Gegenwärtig stürzt man sich auf alles Ekelhafte, Naturwidrige, Ungeheuerliche, das allein mag man. Für das Schöne und Sinnvolle ist man abgestumpft und seiner überdrüssig; man will es sogar abschaffen. Wollt ihr einen Beweis dafür? In einer Zeitschrift gab ein junges Mädchen folgende Erklärung ab: »Ich befriedige hemmungslos alle meine Wünsche«! Es hat sich somit der »Hemmungen« entledigt, das heißt, der Weisheit, der Selbstbeherrschung, der Vernunft, des Unterscheidungsvermögens, der Kontrolle. Ja, denn das alles sind Hemmungen, und man muss sich ihrer entledigen! Um wohin zu gehen? Was zu finden? Was zu tun? Irgendetwas, alles, was einem gerade in den Sinn kommt.

Nun aber stelle ich diesen so klugen Jungen und Mädchen die Frage: »Wenn ihr in der Fabrik vor einer Maschine steht oder einen Zug oder ein Auto steuern müsst, überwacht ihr da euren Motor nicht? Übt ihr keine Kontrolle über ihn aus? Warum achtet ihr in jedem Bereich, sei es beim Kochen, beim Zubereiten von Tee oder Kaffee auf die Dosierung von Zucker, von der Wärmezufuhr und aller Zutaten«? Also merkt euch, dass es sich mit den Motoren und Instrumenten in euch ebenso verhält. Seid ihr nicht achtsam und Herr darüber, werdet ihr sehen, was euch widerfährt! Warum sagten die Weisen immer: »Man muss sich beherrschen, das Richtige wählen, abwägen und erst dann handeln.« Wozu denn die Vernunft abschaffen? Werdet ihr euch dann besser fühlen? Nein, ihr werdet zermalmt werden! Sich nach der Ansicht, dem Urteil einer Jugend richten, die wirklich nicht sieht, wie die Dinge im Leben sind, das ist doch das Ende von allem! Ich bin nicht gegen das Vergnügen, gegen die Liebe, gegen die Frau eingestellt, doch muss das wahrhaft Schöne, Intelligente und Erhabene gefunden werden. Sich gehen zu lassen und irgendjemanden in seinen Kopf und in sein Herz hineinzulassen, das ist nicht ratsam!

Die Einweihungswissenschaft will Liebe und Schönheit nicht unterdrücken, sie will Dummheit, Schwäche und vor allem den Mangel an Beherrschung, an Selbstbemeisterung und Einsicht unterdrücken, weil diese sich katastrophal auswirken. Deshalb wird man früher oder später zu dieser Weisheit, dieser Selbstbemeisterung zurückkehren müssen. »Ja«, werdet ihr sagen, »es gibt aber doch die Pille... die Betäubungsmittel... die Drogen.« Über diese Frage bin ich vielleicht besser auf dem Laufenden als ihr, denn Drogensüchtige sind zu mir gekommen und haben mich um Rat gebeten. Doch will ich dieses Thema nicht anschneiden, weil es zu weit führen würde. Mich interessieren nur die Folgen dieser gefährlichen Praktiken. Ich sehe nämlich voraus, dass es bald noch schlimmer werden, zu noch viel erschreckenderen Ergebnissen kommen wird![3]

Aber auch ins andere Extrem zu verfallen, ist nicht ratsam. Betrachtet man Puritaner und manche Mystiker, stellt man fest, dass sie eine Moral vertraten, die nicht der Wahrheit und der Wirklichkeit entspricht und die letzten Endes zu Anomalien, Krankheiten und Komplexen führt, denen die Psychoanalytiker heute Abhilfe schaffen müssen. Es mag sein, dass ihr Werke angeblicher Mystiker gelesen habt, die vielleicht verhaltensgestört waren und denen auf jeden Fall nicht die ganze Welt folgen kann. Ich bin weder für Ausschweifung noch Kasteiung und empfehle, sich weder dem einen noch dem anderen hinzugeben. Jede Regung unterdrücken heißt, den Zweck zu verkennen, aus dem Gott Mann und Frau geschaffen hat.[4] Ich sprach schon oft über die Liebe, die Frau, die Schönheit, die Nudisten und wies darauf hin, dass es nichts Schöneres gibt als das Lieben, und dass von allen Dingen, die Gott erschaffen hat, die Liebe das einzig Lebenswerte ist. Nur geht es darum, die Liebe richtig zu verstehen, zu wissen, wie man sie lebt und wie man sie dosiert. Wir müssen alle Menschen, vom jüngsten bis zum ältesten, über dieses wichtige Thema aufklären, wir dürfen sie jedoch nicht daran hindern, sich zu lieben!

Ich habe andere Auffassungen über die Frau und die Liebe, ein ganzes philosophisches System. Wenn ihr wüsstet! Welche Herrlichkeit, welche Schönheit und Vollkommenheit! Die Art und Weise des Denkens verhilft dem Menschen zu Entfaltung und Glück. Aber wie soll man das der Jugend beibringen? Sie werden nicht auf mich hören. »Was sollen diese homöopathischen Dosen, von denen Sie sprechen«, sagen sie und nehmen weiterhin Tag und Nacht allopathische Dosen, bis sie voneinander angewidert, ernüchtert fragen: »Ist das die Frau? Ist das der Mann«? Nein, das sind die Frau und der Mann nicht! Ihr seid lediglich in die Gosse gegangen, um euch kennenzulernen und zu befriedigen, wo ihr doch hättet höher hinaufgehen sollen!

In der esoterischen Wissenschaft repräsentiert der Himmlische Vater die Quelle des Lebens, die Allmacht, das Absolute, den Schöpfer aller Welten. Als sich das Absolute polarisierte – in der christlichen Religion wird jedoch nichts von dieser Polarisierung Gottes gesagt –, erschienen zwei Prinzipien, die ein drittes hervorbrachten. Aus der 3 ging sodann die 4 hervor, die Tetralogie, wie Pythagoras sie nennt; und die 4 ist die Zahl der Familie. Eine Familie ist nicht nur eine Dreiheit aus Vater, Mutter und Sohn. Damit die Familie vollständig ist, muss noch eine Tochter hinzukommen. Anschließend kann sich die Familie noch vergrößern, muss aber aus mindestens 4 Mitgliedern bestehen. Das ist das große Geheimnis der 4, die in der Lehre des Pythagoras eine so wichtige Stellung einnahm. Beinahe in allen Sprachen besteht der Name Gottes aus 4 Buchstaben. Im Hebräischen wird er יהוה geschrieben. Diese 4 Buchstaben stellen die Familie dar. Der erste Buchstabe י (Jod) repräsentiert Gott Vater, der zweite ה (He) die Mutter, der dritte ו (Vau) den Sohn, und der vierte ה (He) die Tochter. Das ist die Familie. Wie wird aus der 3 eine 4? Wie wird die Dreiheit zur Vierheit? Dies zu erklären erfordert viel Zeit, übrigens habe ich dieses Thema bereits in einem früheren Vortrag behandelt.[5]

Lasst uns nun auf die drei Personen der Heiligen Dreifaltigkeit zurückkommen, die in der christlichen Religion aus dem Vater, dem Sohn und dem Heiligen Geist besteht. Das erste Prinzip, der Vater, ist die Kraft, die Macht, der Wille, der Urquell. Das zweite Prinzip, Christus, ist das Licht, die Weisheit, und das dritte Prinzip, der Heilige Geist, ist das Prinzip der Liebe. Der Heilige Geist ist das Feuer der Liebe, so wie Christus das Licht ist. Das bedeutet, dass Christus und der Heilige Geist, – der eine das Licht und der andere das Feuer – beinahe von gleicher Beschaffenheit sind.

Wie kommt es nun, dass die wider den Heiligen Geist, das heißt wider die Liebe begangene Sünde nicht vergeben wird? Weil diese Sünde, dieses Verbrechen sich so verheerend auswirkt, und es keine Vergebung dafür geben kann: Man wird bestraft, gegeißelt und ist gezwungen, den Schaden zu ertragen. Noch nie wurde erklärt, worin dieses Verbrechen gegen den Heiligen Geist besteht noch warum es nicht vergeben wird. Doch heute erkläre ich es euch und übernehme die Verantwortung dafür. Jeder weiß, dass im Leben die Vernunft von grundlegender Bedeutung ist, dass man Täuschungen und Trugschlüssen erliegt, wenn sie einem fehlt, und viel Schaden die Folge davon ist. Man begeht Dummheiten, mit den Geschäften geht es bergab usw. Der Mangel an Vernunft wird also bestraft. Und wie ist es, wenn auch noch euer Wille zu schwach ist? Jeder tritt euch mit Füßen, lacht euch aus und ihr werdet beiseite geschoben. Somit wird auch eure Willensschwäche bestraft. Ihr habt immer das Nachsehen! Und nun in der Liebe, diesem wesentlichen Lebensbereich, sollte da eine unrichtige Auffassung, ein unangemessenes Verhalten nicht ebenso bedauerliche, katastrophale Folgen nach sich ziehen? Dumm und schwach sein ist schlimm, und irgendwann, irgendwie, irgendwen zu lieben, das sollte nicht schlimm sein? Wie dumm, so zu denken! Genau dieser Fehler ist es, der nicht vergeben wird.

Das ist der Grund, weshalb die Jugend die Bedeutung der Liebe lernen muss. Sie soll lieben, nur muss sie wissen wie. Ich denke, Gott Selbst hat uns zum Lieben geschaffen. Im Augenblick weiß man noch nicht, was Lieben ist und macht allerlei beklagenswerte und kostspielige Erfahrungen. Doch nach und nach sollte man zur Vollkommenheit zurückfinden und lernen, wie man Liebe bezeigt. Denn die Liebe, genauso wie die Vernunft, ist eine göttliche Tugend.

Und nun seid nicht empört, wenn ich euch etwas mehr über die eigentliche Sünde wider den Heiligen Geist sage. Der Himmlische Vater ist mit dem Gehirn verbunden, wo Wille, Beherrschung, Selbstbemeisterung wohnen. Christus ist mit dem Solarplexus, dem wahren Herzen, verbunden. Und der Heilige Geist steht mit den Fortpflanzungsorganen in Verbindung. Zum ersten Mal offenbare ich euch dieses Geheimnis. Der Heilige Geist ist verbunden mit der Liebe und den Geschlechtsorganen. Darum ist es notwendig, diese von Gott geschenkten Organe eingehend zu studieren, damit man keinen Fehler begeht und bestraft wird. Welch ein Wunderwerk! Kein Wissenschaftler und kein Philosoph vermag die tiefgründige Bedeutung und die Intelligenz dieser erhabenen Schöpfung zu erfassen. Ein Wunder! Warum müssen diese Organe verunglimpft, herabgewürdigt werden, wo sie doch das Edelste und Erhabenste sind, was Gott erschaffen hat! Wie viel Zeit war zu ihrem Entstehen erforderlich? Es sind sich alle darin einig, dass man sorgsam mit allem umgehen muss, und das Einzige, das man sich zu verunglimpfen erlaubt, sind diese ebenso von Gott erschaffenen Organe! Man bildet sich ein, man dürfe jeden Unfug mit ihnen treiben, obwohl man sie natürlich für widerlich, ekelhaft und schändlich hält und manch einer sich sogar fragt, wie man sich ihrer entledigen könne! Was ist nicht alles gegen diese Organe gesagt worden! Und trotzdem werden sie bis zum Überdruss benutzt! Die meisten sprechen nur mit Spott darüber, als ob sie eine schändliche Sache wären, mit der sie nichts zu tun haben; dennoch bedienen sie sich ihrer weiterhin, wenn auch heimlich! Es wäre viel aufrichtiger, nichts darüber zu sagen, wenn man sich ihrer doch bedient! Man sollte wenigstens die Wahrheit sagen, und etwas weniger scheinheilig tun!

Ich vertrete die Ansicht, dass es nichts Wundervolleres, Intelligenteres und Tiefgründigeres gibt, als die Organe des Mannes und der Frau. Ich sage dies in aller Öffentlichkeit. Diese Organe müssen geschätzt, gewürdigt, ja, selbst der Gottheit geweiht werden. In der Einweihungswissenschaft macht man sich nicht über all diese Kräfte, all diese Energien und diesen Strom lustig, der vom Himmel herunterkommt und sich in diesen Organen vielleicht nur unvollkommen manifestiert, aber dennoch von oben kommt. Ich bin gegen alle jene Moralvorstellungen, die sagen, die Liebe sei nichts anderes als die Reibung zweier Hautflächen! Man hält sich lediglich bei den Folgen auf, und weil die Ursachen in weiter Ferne liegen, bleiben sie unbekannt. Tatsächlich könnten die Leute sich »reiben« so viel wie sie wollen, wenn diese Kraft sich nicht einfindet, ereignet sich überhaupt nichts. Ja, die Liebe ist eine göttliche Kraft, die von oben kommt, und man muss sie mit Achtung betrachten, sie bewahren und sogar darauf bedacht sein, sie wieder zum Himmel zurückkehren zu lassen, anstatt sie in Richtung Hölle zu senden, wo sie verschlungen, zerstreut und von Ungeheuern, Larven und Elementalen erfasst und benutzt wird. In diesem Fall kann sie kein Ergebnis hervorbringen, es sei denn Verfall. Man muss fähig sein, diese Kraft zurückzusenden, doch das erfordert ein besonderes Wissen, und die Leute, die es immer sehr eilig haben, werden das nie verstehen, sie denken nur daran, sich dieser Kraft schnell zu entledigen. Weshalb? »Weil es drückt« sagen sie, »es ist eine große, schreckliche Spannung«. Wisst ihr denn nicht, dass eben diese Spannung der wunderbarste Reichtum ist?

Der Mensch gleicht einem Hochhaus mit fünfzig, hundert oder sogar einigen Tausend Etagen. Nun wird man verstehen, dass eine ungeheure Spannung, ein großer Druck erforderlich ist, damit die Bewohner bis in die höchsten Stockwerke mit Wasser versorgt werden. Druck muss sein, sonst könnte das Wasser nicht bis in die letzte Etage hinaufsteigen! Und nur weil die jungen Menschen ein wenig Spannung spüren, meinen sie, sie müssten sich sofort davon befreien, sich Erleichterung verschaffen. Welch ein Mangel an Einsicht! Welch ein Mangel an Wissen und Willenskraft! Wüsste die Jugend, was diese Spannung bedeutet, wie sie genutzt werden kann, wäre sie in der Lage, die Zellen ihres Gehirns zu nähren, denn diese Kraft vermag durch besondere Kanäle, die die vernünftige Natur eigens dafür eingerichtet hat, bis zum Gehirn hinaufzusteigen. Doch weder die Jugend noch die Erwachsenen wissen etwas davon! Es wäre so viel darüber zu sagen, dass ich abkürzen muss.

Wenn Mann und Frau diese heilige Energie im Staub und in der Gosse verschwenden, wenn sie sich ihrer ehrfurchtslos, ohne wahre Liebe, ohne den Willen zu einer erhabenen Schöpfung bedienen, dann begehen sie die Sünde wider den Heiligen Geist. Diese Sünde ist heutzutage die am weitesten verbreitete, weil Mann und Frau in der Liebe nicht mehr eine Kraft sehen, die es ihnen ermöglicht, gesund und stark zu werden, den Weg zum Himmel zu finden und wahrhaft zu Gottheiten zu werden. Mithilfe der Liebe haben wir die Möglichkeit, ins Paradies zurückzukehren, aber leider entfernen sich heute die Menschen durch sie mehr und mehr davon. Weshalb? Weil die Liebe völlig falsch verstanden wird. Die Menschen verhalten sich in diesem Bereich schlimmer als die Tiere. Die Tiere haben wenigstens ihre Paarungszeiten, während die Menschen weder auf Zeit noch auf Maß noch auf Ästhetik achten: wann es ihnen gefällt und so oft es ihnen gefällt, Tag und Nacht nur zu ihrem Vergnügen!

Je nach der Einstellung der Liebe und den Geschlechtsorganen gegenüber (das heißt nach der Einstellung des Mannes der Frau gegenüber und umgekehrt), kommt man in Harmonie – oder auch nicht – mit jenem erhabenen Wesen, dem kosmischen Heiligen Geist. Man findet wieder zum Reich Gottes in sich zurück oder aber man übertritt diese Gesetze. Daraus lässt sich eine Schlussfolgerung ziehen: Die gleichen Organe sind imstande, uns bis in die Hölle hinunterzuziehen oder aber uns bis in den Himmel aufsteigen zu lassen, das hängt von uns ab. Die Organe an sich sind schuldlos. Stellt euch einen Wasserhahn, einen Springbrunnen oder eine Quelle vor: Was dabei zählt, ist die Reinheit des herausfließenden Wassers. Wenn das Wasser nicht rein ist, ist das nicht die Schuld des Wasserhahns. Noch hat die Wissenschaft nicht festgestellt, dass das, was durch diese Organe hervorkommt, nie dieselbe Quintessenz besitzt, obgleich es scheinbar immer dasselbe ist. Es ist rein oder widerlich, je nach dem Denken, den Gefühlen oder dem Grad des Bewusstseins des jeweiligen Menschen. Diese Quintessenz ist niemals dieselbe, aber die Wissenschaftler kennen sie nicht, sie wissen nicht, dass sie Kräfte, Energien, Mächte, Wesenheiten, Schwingungen, Partikel enthält, die in der Lage sind, fantastische Wirkungen hervorzubringen.

Was schenkt der Mann einer Frau? Schmutziges oder sauberes Wasser? Das ist die wichtigste Frage. Ihr beginnt, mich zu verstehen? Umso besser! Ja, es muss eine Schule eröffnet werden, in der man sich mit dieser Frage eingehend befasst. Dabei muss ganz von vorne angefangen werden, damit endlich klare und deutliche Vorstellungen von diesem überaus wesentlichen Problem existieren, ja, es müssten sogar mehrere Bücher über dieses Thema herausgegeben werden. Bis jetzt ist das nicht möglich gewesen. Das liegt nicht an mir, denn ich bin stets zu helfen bereit, doch man weiß nie, wie man verstanden oder interpretiert oder gar kritisiert wird! Heutzutage hat jeder ein Anrecht auf sexuelle Unterweisung von irgendwoher, von Unwissenden, die sich nur mit dem mechanischen, physischen und technischen Aspekt dieser Frage beschäftigen, ohne dass sie ihren feinstofflichen, lichtvollen, esoterischen Aspekt kennen. Sie sind in ihrem Fach alle sehr tüchtig, vermitteln euch einen Haufen von physiologischen und anatomischen Ratschlägen, aber tatsächlich wird die Frage nicht wirklich behandelt, weil sie nichts von der unsichtbaren Seite, der energetischen und dynamischen Seite wissen. Jeder Mensch besitzt eine sehr feinstoffliche Quintessenz, und um genau diese geht es uns. In wie vielen Jahren werden die Wissenschaftler das alles studieren, was ich mithilfe der esoterischen Wissenschaft studiert habe?

Damit ist die erste Frage nach der Sünde wider den Heiligen Geist beantwortet. Die göttlichen Gesetze entschuldigen in der Liebe keine Übertretungen, weil die Liebe das Kostbarste ist, was man uns gegeben hat. Ohne die Liebe verliert das Leben seinen Sinn. Wird die physische Liebe unterbunden, verliert sogar für manche das Leben seinen Sinn und sie fragen sich, wozu sie noch leben sollen! Denn selbst die sinnliche Liebe in ihrer gröbsten Form bringt uns etwas; eine Hoffnung, einen Elan, die Vorstellung von Hingabe und Aufopferung. Was bleibt, wenn ihr die Liebe abschafft? Wissenschaft, Religion und Kunst, antwortet ihr. Nein, ohne die Liebe gibt es weder Kunst noch Religion noch Wissenschaft. Die Liebe drängt die Menschen dazu, Kultur zu schaffen. Wenn Lamartine oder Schiller sagten, dass den bedeutendsten Persönlichkeiten, den Genies stets eine sie inspirierende Frau zur Seite stand, so hatten sie recht (denn der Mann allein lässt sich sehr schnell entmutigen). Ja, die schmächtigste, schwächste Frau übertrifft, wie man öfters festgestellt hat, den Mann an Unerschrockenheit; sie ist es, die ihn tröstet und in kritischen Augenblicken stützt und seine Hoffnung aufrechterhält.

Wenn alle Menschen sich eingehend mit der wahren Liebe befassen wollten, wahre Liebe erfahren und kennenlernen wollten, dann würde sich das Reich Gottes sofort verwirklichen. Es gibt keine andere Lösung. Weder Wissenschaft noch Religion noch Kunst werden das Reich Gottes auf der Erde herbeiführen, nichts außer der Liebe! Denn in Wirklichkeit ist die Liebe der Ursprung dieser drei Bereiche. Ohne Liebe kommt nichts zustande. Ohne die Liebe kann man nicht zu Gott finden. Ohne Liebe kann man weder malen noch singen noch tanzen. Ohne Liebe kann man keine Blumen, keine Insekten, keine Tiere erforschen. Meiner Meinung nach ist die Liebe die Grundlage für das ganze Universum.

Darum darf nichts Schlechtes über die Frau gesagt werden. Ich bin Ordensleuten, Mystikern und Okkultisten begegnet, die sich die Frau, in der Hoffnung damit vor allen Versuchungen sicher zu sein, hässlich, von Aussatz und scheußlichen Wunden bedeckt vorstellten. Ein solches Denken ist sehr gefährlich. Deshalb sagte ich zu ihnen: »Seid ihr weiße Magier? Seht ihr nicht ein, dass ihr auf dem besten Wege seid, Schwarzmagier zu werden? Ihr beleidigt die Göttliche Mutter! Sie selbst hat alle diese jungen Mädchen, alle diese Frauen geschaffen, sie sind ihre Kinder, und wenn ihr sie euch derart hässlich vorstellt, arbeitet ihr gegen die Schönheit der gesamten Nachkommenschaft«. Es sollte im Gegenteil jeder sein Bestes tun, damit die Schönheit sich auf der Erde inkarniert, und ich bin der Einzige, der die Eitelkeit der Frauen und ihren Wunsch, sich schön zu machen, nicht verurteilt. Die Frau muss die Schönheit lieben, sie aufrechterhalten und pflegen, damit diese sich auf ihre Kinder überträgt. Denn wenn sich die Frau gehen lässt wie der Mann, der sich für diese Frage nicht interessiert, wird die Nachkommenschaft unglaublich hässlich. Die Frau ist es, welche die Schönheit in der Welt aufrechterhält. Gewiss, anstatt ihre ganze Zeit in Geschäften und Schönheitsinstituten zu verbringen, um nach äußerer Schönheit zu suchen, sollte sie diese im Inneren suchen.[6] Aber auch das ist ein umfassendes Wissensgebiet, das nirgends gelehrt wird. Die äußere Schönheit hält, ungeachtet der vielen Cremes, Gurkenscheiben und Fleischstücke, die die Frauen aufs Gesicht legen, nicht lange vor.

Nun ist also eure erste Frage beantwortet. Die Sünde wider den heiligen Geist, ist die Sünde wider die Liebe. Man muss lieben lernen, damit man nicht gegen die Gesetze der Liebe verstößt; man muss lernen, die Liebe zu verherrlichen, um den Gott der Liebe zu verherrlichen.

Wenn ich die Ereignisse in der Welt betrachte, stelle ich fest, dass sämtliches Unglück – Katastrophen, Kriege, Unfälle, Selbstmorde – durch die Liebe verursacht werden. Dennoch heißt es: »Gott ist Liebe«. Wie ist es dann möglich, dass sie so viele Katastrophen bringt? Nun, die Menschen sind es, die alles durcheinanderbringen. Auf der Welt herrscht eine falsch verstandene und falsch gelebte Liebe, und diese ist die eigentliche Ursache aller Racheakte, jeder Eifersucht und jeder Trennung. Wir sollten jedoch versuchen, der wahren Liebe, der Liebe Gottes näherzukommen. Wir sollten versuchen, sie kennenzulernen, sie zu erforschen und durch unser Verhalten zur Vollkommenheit zu gelangen.

Ich bin aber versucht, noch einige Worte hinzuzufügen. Wir wissen, dass alle Phänomene im Universum aus der Zusammenarbeit von Geist und Materie hervorgehen. In der Symbolsprache ist der Geist der Mann und die Materie die Frau: Mater, Matrize, Materia, Materie, alle diese Wörter haben die gleiche Wurzel. Mater bedeutet die Mutter, das heißt die Frau. Nun, was studieren die heutigen Wissenschaftler? Die Materie, die Frau also. Weshalb haben sie so viele Erfolge? Warum machen sie so große Fortschritte? Weil sie mit ihrem Erforschen der Frau auf dem richtigen Weg sind. Und warum erreichen die Spiritualisten keine nennenswerten Ergebnisse? Weil sie die Materie, die Frau verachten, das weibliche Prinzip vernachlässigen. Da der Geist jedoch ohne die Materie nichts vermag, bringen sie nichts zuwege. Die Materialisten ihrerseits täten gut daran anzuerkennen, dass der Geist es ist, der die Formen modelliert, gestaltet und erfindet; dass nicht die Materie, sondern der Geist die Vernunft hervorbringt, denn in diesem einen Punkt irren sie sich. Dennoch sind sie insofern auf dem richtigen Weg, als sie sich mit der Materie befassen. Darin sind sie den Spiritualisten und Mystikern überlegen, weil sie greifbare Ergebnisse erzielen!

In diesem Zusammenhang werde ich euch jetzt ein großes Geheimnis offenbaren. Ihr wisst, die Frauen symbolisieren die Materie, sie sind deren Verwahrer. Und weil der Geist sich ohne diese Materie nicht manifestieren und sichtbar werden kann, sich verdichten und konkret werden kann, muss er sich in Gewänder hüllen, die allein die Frau ihm geben kann, denn sie ist in diesem Bereich allmächtig. Sie liefert dem Geist die notwendigen Partikel und Materialien, damit er »bekleidet« ist, und das Kind wird geboren. Das Kind ist ein Geist, der dadurch sichtbar wird, dass eine Mutter ihn mit ihrer eigenen Materie einhüllt. Viele Spiritualisten, Philosophen und Ordensleute haben diese Frage absolut nicht verstanden. Derselbe Vorgang wiederholt sich seit Jahrtausenden vor unser aller und auch vor ihren Augen, und sie haben dennoch nichts verstanden. Der Schlüssel fehlte ihnen, mit dem sie entziffern und verstehen könnten, dass das, was unten ist, wie das ist, was oben ist. Viele Ordensleute und Mystiker haben die Frau verachtet und aus diesem Grund das Reich Gottes nicht verwirklicht.

Das Reich Gottes kann nur durch die Frauen verwirklicht werden, weil die Frau zu seiner Sichtbarwerdung die Materie liefern muss. Alle Frauen zusammen werden die dazu notwendigen Materialien liefern. Ihr fragt: »Wie? Wodurch?« Die Frauen strömen überaus feine Partikel aus, eine nicht greifbare Materie; und diese kann genau nach der Form modelliert werden, die ihr jemand geben will. Da nun alle Frauen innerhalb der Menschheit kollektiv eine Einheit bilden, gibt es demnach hier auf der Erde nur eine einzige Frau, genau wie es oben auch nur eine gibt. Und wenn diese kollektive Frau hier auf der Erde beschließt, einen Teil der von ihr ausströmenden feinstofflichen Materie der Formung eines Kindes, eines vollkommenen Wesens zu widmen, so wird dieses Kind das Reich Gottes sein. Ich spreche hier nicht von der physischen Ebene. Auf der psychischen Ebene müssen alle Frauen sich vereinigen, um die Mutter dieses Kindes zu werden – die Mutter, die ein Vollendeter mit einer erhabenen Idee befruchten wird. Was ich euch da offenbare, ist sehr subtil, sehr rein und göttlich. Diese kollektive Frau wird ein Kind zur Welt bringen, und das wird das Reich Gottes sein.[7]

Noch nie hat jemand dies ins Auge gefasst, und dennoch enthülle ich euch die reine Wahrheit, die einfache Wahrheit. Darum wiederhole ich noch einmal, dass diejenigen, die über die Frauen sprechen, nichts begriffen haben, vor allem, wenn ich die Tiefe, die Größe und die Unermesslichkeit dessen, was ich euch soeben dargelegt habe, mit dem Unsinn und den Hirngespinsten vergleiche, die aus persönlicher Rache seit Jahrhunderten über die Frau verbreitet wurden. Die einzige Philosophie, die eines Tages Bestand haben wird, die in alle Ewigkeit andauern wird, ist die Philosophie, die ich euch bringe, und die nicht die meine ist, sondern die vieler anderer vor mir. Bald werden die Männer gezwungen sein, ihre Meinung über die Frauen zu ändern und umgekehrt, denn Mann und Frau sind göttliche Wesen, nur nähren die einen wie die anderen allzu niedere Gedanken und können sich deshalb weder sehen noch erkennen. Sie machen sich gegenseitig kaputt, zerreißen sich und richten sich zugrunde, und anschließend wagen sie es, Schlüsse zu ziehen! Welch ein Jammer! Warum erhebt man sich nicht mithilfe des Denkens, um die in den Symbolen dort oben enthaltene Wahrheit zu sehen? Ich erfinde nichts, ich entziffere. Die Wahrheit ist einfach. Betrachten wir die Dinge so: Der Mann ist eine Kraft, denn nur er allein und sonst niemand, besitzt den Samen, den wahren Reichtum. Und dennoch ist diese Kraft außerstande, ein Kind in die Welt zu setzen, außerstande, etwas zu erschaffen, weil ihm eines fehlt: die Materie. Diese Wahrheit findet man überall wieder, in der Arbeit des Bäckers, des Bauern, des Bildhauers, in den geringsten Tätigkeiten, doch man hat nichts gesehen! Wenn ihr esst, wiederholt ihr denselben Vorgang, indem ihr die Nahrung in den Mund steckt. Derjenige, der die

Nahrung in den Mund führt, der ist der Mann; der Mund ist die Frau, und das daraus hervorgehende Leben, das ist das Kind. Wenn ihr atmet, vollzieht sich der gleiche Vorgang. Überall hat der Schöpfer seine Wahrheiten eingeprägt. Warum hat

Jetzt will ich auf die zweite Frage bezüglich des Leidens antworten.

Wisst ihr, dass eigentlich das Leid den Menschen niemals geschickt wurde, um sie leiden zu lassen? Nicht der Schöpfer, wir selbst haben es erschaffen! Wie sollte es ohne Leid abgehen, wenn wir gegen eine Mauer rennen, wenn wir eine unbekömmliche Speise zu uns nehmen oder zu viel trinken? Da ist es kein Wunder, wenn man leidet! Körperliche und seelische Leiden sind stets die Folge unvernünftigen Verhaltens. Eigentlich sollte es das Leid nicht geben. Wenn es dennoch existiert, dann nur deshalb, weil wir nicht so sind, wie wir sein sollten. Durch Leid lernen wir, es hat einen Sinn, es ist ein Mittel, uns wieder auf den rechten Weg zu führen, und deshalb ist es ein Segen. Sind wir wieder auf dem rechten Weg, werden wir nicht mehr leiden. Es gibt Menschen, die nicht mehr leiden. Sie leiden deshalb nicht mehr, weil sie intelligent sind, weil sie wissen, wie sie sich ausrichten und welche Richtung sie einschlagen sollen. Die anderen hingegen befinden sich unaufhörlich im Leid, und ihrer Meinung nach ist Gott die Ursache dafür. Nein, keineswegs.

Doch wisst ihr, wer eine Wohltäterin der Menschheit ist? Eva, weil sie die Frucht aß. Vielleicht wäre es den Menschen sonst im Paradies beim Essen, Trinken und Nichtstun langweilig geworden! Eva aber dachte nach und sagte sich im Gedanken an den Mann: »Der arme Tropf, ich muss dafür sorgen, dass er sich weiterentwickelt«, und sie aß den Apfel! Sie gab den Elan zur Weiterentwicklung. Natürlich wurde ihr vorgeworfen, den

Sündenfall verursacht zu haben. Man darf ihr aber ihre Neugier nicht vorwerfen, denn der Ursprung von Wissenschaft und Intelligenz ist Neugier. Der arme Adam war nämlich nicht sehr neugierig! Eva hingegen drängte es, alles zu kennen, alles zu wissen, und die Folge war, dass die Menschen aus dem Paradies vertrieben wurden. Sie wurden deshalb verjagt, damit sie fernab vom Paradies eine finstere und kalte Gegend kennenlernten: die dichte Materie. Aber in den Heiligen Schriften heißt es, dass die Frau ihren Fuß auf den Kopf der Schlange setzen und sie zermalmen wird. Ihr seht, es ist nicht der Mann. Die Frau riss einst die Menschheit in den Abgrund und sie wird sie jetzt in die Höhen mitziehen, dessen bin ich mir absolut sicher.

So viel zum Thema Leid. Die Antwort ist kurz, denn es ist nicht möglich, an einem einzigen Abend alles darüber zu sagen. Wollt ihr mehr erfahren, so lest die einige Tausend noch unveröffentlichten Vorträge und sie werden euch eine klare Vorstellung von der Frage vermitteln. Nun gut, wie lautete die dritte Frage?

»Sie entspricht dem, was Sie uns gerade gesagt haben, Meister: Sie bezieht sich auf die der heiligen Madonna geweihten Kathedralen.«

Ja, in der ganzen Christenheit wurde das weibliche Prinzip in der Gestalt der heiligen Jungfrau sehr verehrt und geliebt, sogar mehr als Jesus und mehr als Christus. Nur bin ich gezwungen, euch zu sagen, dass eine Verwechslung besteht. Man hat die Mutter Jesu und die kosmische Mutter, die Göttliche Mutter (die auch in allen anderen Religionen verehrt wird) verwechselt. Alle Mütter, die einen Welterleuchter, einen vom Heiligen Geist Gezeugten zur Welt brachten, wie Krischnas Mutter zum Beispiel, die reine Devaki (und es gibt ihrer noch viele andere), wurden nie mit der Göttlichen Mutter verwechselt. Sie galten als deren Stellvertreterinnen. Das Christentum hingegen hat Maria in einen ausnehmend hohen Rang erhoben: Sie wurde zur MUTTER, zur Muttergottes, zur Göttlichen Mutter, was in Wirklichkeit nicht der Wahrheit entspricht, denn Christus, die zweite Person der Dreifaltigkeit, ist ein Geist, der von keiner Frau geboren wurde. Bei Jesus ist es anders. Er wurde von einer Frau geboren, Christus jedoch kann von keiner Frau geboren werden, sonst wäre er nicht mehr Gott Selbst. Gott wurde nicht von einer Frau geboren. Christus kennt weder Geburt noch Tod. Also gab es hier eine Verwechslung und ich habe schon mehrmals darauf hingewiesen.

Man braucht immer eine Mutter. Ihr wisst ja, dass Kinder nie die Zärtlichkeit, die Fürsorge, die Sanftmut und Aufopferung ihrer Mutter vergessen, selbst jene Kinder nicht, die schlecht behandelt wurden. So haben sich die Christen dann auch in den Jungfrauenkult geflüchtet. Sie sprachen nicht mehr von der Welten bildenden Mutter, der Kosmischen Mutter, der Göttlichen Mutter, sondern nur noch von der Jungfrau Maria, und es wurden überall Liebfrauenkirchen errichtet. Doch ich habe euch schon einmal in einem Vortrag dargelegt, dass Maria, die heilige Jungfrau, ungeachtet der Verkündigung durch den Erzengel Gabriel, dass ihr Kind der Sohn Gottes sein würde – wobei sie erfuhr, welchen Namen er tragen sollte –, Jesus gar nicht so betrachtete, wie sie es später tat, nach der Auferstehung. Sie glaubte nicht an ihn und war auch nicht besonders freundlich zu ihm. Sie veranlasste auch seine Brüder (denn Jesus hatte Brüder), ihm Vorhaltungen zu machen, da er ihrer Ansicht nach unbesonnen war und in seinem Verhalten zu weit ging. Darum fühlte sich Jesus auch nicht besonders stark zu ihr als seiner Mutter hingezogen. Einmal, als seine Mutter und seine Brüder gekommen waren, um mit ihm zu sprechen, antwortete ihnen Jesus: »Wer ist meine Mutter und wer sind meine Brüder«? Wer immer den Willen Gottes erfüllt, der ist mir ein

Bruder, eine Schwester und eine Mutter«! Erst am Kreuz sagte Jesus zu seiner Mutter, als er seinen geliebten Jünger neben ihr stehen sah: »Weib, siehe da, deinen Sohn«, und zu Johannes: »Siehe da, deine Mutter« Darauf führte Johannes sie in sein Haus. Erst viel später begann sie jedoch zu glauben. Den Christen sind diese Einzelheiten unbekannt, denn die Kirche stellte ihnen die Dinge immer anders dar.

Alle Jünger zweifelten an Jesus und verließen ihn. Sogar der angeblich so treue Petrus, selbst er verriet Jesus, verleugnete ihn dreimal. Sie alle warteten darauf, dass Jesus zum König gekrönt und sie selber zu hohen Würdenträgern dieses Königs ernannt würden. Und auch als er gefangen genommen, gegeißelt und gedemütigt wurde, verloren sie völlig den Glauben an ihn. Erst nach der Auferstehung vollzog sich in ihnen eine plötzliche Wandlung. Petrus war ab diesem Moment bereit, sein Leben zu opfern, sich furchtlos für die Wahrheit einzusetzen, die Menge anzufeuern, sich schlagen, einkerkern und sogar kreuzigen zu lassen. Vor der Auferstehung jedoch war das ganz anders. Die Auferstehung hat sie alle aufgerüttelt und verwandelt. Erstaunlich ist jedoch, dass Jesus sich gleich danach weder Petrus noch Johannes, sondern Maria Magdalena, dieser Sünderin, zeigte. Darüber wäre viel Interessantes zu berichten, aber wie würdet ihr mich verstehen?

Maria hatte mehrere Kinder, wird aber verehrt, als wäre sie immer jungfräulich geblieben. Nehmen wir an, dem sei so, zumindest für die Empfängnis Jesu, denn es hat in der Geschichte andere ähnliche Fälle gegeben. Man weiß, dass eine Befruchtung anders als durch einen Mann erfolgen kann, und es wäre möglich gewesen, dass Jesus ohne Wehen und nicht mittels des weiblichen Organs geboren wurde. Ihr fragt: »Wie ist das möglich?« Von spiritistischen Sitzungen her sind erstaunliche Fälle bekannt, wo zum Beispiel in Behältern eingeschlossene

Gegenstände wieder hervorkamen und sich materialisierten. Weshalb hätte ein Geist, wie Christus – Jesus nicht in Form von Licht aus dem Körper seiner Mutter heraustreten und sich außerhalb als kleines Kind verdichten können? Ich behaupte nicht, dass dies stattgefunden hat, doch warum nicht? Ich habe schon mehrmals den Weinstock als Beispiel erwähnt. Wie kommen die Kerne in die Weintraube hinein? Weil der Weinstock einen alchimistischen Prozess beherrscht. Der Weinstock weiß, wie er die ätherische Form des Kernes mithilfe des Pflanzensaftes bis in die Weintraube führen kann. Dann fährt er fort mit seiner Arbeit, fügt die Partikel zusammen, verdichtet sie, sodass sie gasförmig, dann flüssig und schließlich fest werden und die Kerne erscheinen. Auf diese Weise sind die Kerne im ätherischen Zustand durch die Gefäße hindurch gelangt und haben sich verdichtet. Die größten Geheimnisse liegen seit Tausenden von Jahren dort vor unseren Augen, doch man befasst sich nicht damit. Was ist eine Weintraube? Genau das muss man lernen! Der Baum kennt das Geheimnis, wie sich die Materie auflösen und wieder verdichten lässt. Wenn aber der Baum ein solches Geheimnis kennt, warum sollte es dann der Mensch nicht kennen?

Jetzt möchte ich euch noch etwas anderes offenbaren. Die Sexualkraft existiert zunächst in ätherischem Zustand, dann geht sie über in einen gasförmigen, dann in einen flüssigen und schließlich in einen festen Zustand in der Gebärmutter der Frau, bis das Kind erscheint. Der Mann indessen kann diese Kraft von Neuem reduzieren, vom flüssigen in den gasförmigen und dann in den ätherischen Zustand, um sie dann bis zum Himmel zurückzuschicken. Das wissen die Menschen nur nicht, ja, vermuten es nicht einmal, da sehen wir, dass die Weinstöcke ihnen weit überlegen sind. Wie kommt es, dass der Baum die Chemie bis zur Vollkommenheit beherrscht und der Mensch dazu nicht fähig ist?

Noch eine andere Tatsache ist in den Köpfen der Religionsvertreter nicht klar, das ist die Existenz der schwarzen Madonnen. In Chartres zum Beispiel steht eine schwarze Madonna, die ich selber gesehen habe. Woher kommen diese schwarzen Madonnen? Ihre Existenz steht im Zusammenhang mit den alchimistischen Geheimnissen von der Verwandlung der Materie. Der Grundstoff, den der Alchimist bearbeiten soll, wird zunächst als eine rohe, unorganisierte, schwarze Materie dargestellt, das Chaos. Mit diesem alchimistischen Grundstoff stehen die schwarzen Madonnen in Verbindung. Deshalb wurden diese Statuen meistens unter der Erde, in Krypten aufgestellt, weil die Materie, die sie versinnbildlichen, der jungfräulichen, aber schwarzen Erde entnommen wurde. Die Alchimisten sagten außerdem, diese Materie bringe, ebenso wie die Jungfrau Jesus unter Schmerzen zur Welt brachte, nach langem Sieden im Feuer den Stein der Weisen zur Welt.

Gehen wir nun zu der letzten Frage, bezüglich des Mondes über. Von Seiten der Eingeweihten ist über dieses Thema noch ein strenges Verbot verhängt. Sie erlauben nicht, dass die tiefen Geheimnisse des Mondes enthüllt werden. Ich habe schon früher davon gesprochen. Sonne, Mond und Erde bilden eine Dreiheit, in der die Sonne den Geist, der Mond die Seele, die psychische Seite, und die Erde den Körper darstellt.

Aus welchem Grunde wollen die Eingeweihten nichts über den Mond enthüllen? Weil das Thema Mond die schwarze Magie berührt und die Schwarzmagier (zumindest diejenigen, die einige Kenntnisse über Magie besitzen), nach den Mondphasen arbeiten, um Böses zu tun. Den Hexen von Thessalien im alten Griechenland und auch denen anderer Kontinente waren mancherlei Geheimnisse bekannt. Der Einfluss des Mondes ist einmal günstig und einmal ungünstig.

Um Böses zu wirken, wählen die Hexen die Zeit des abnehmenden Mondes, indem sie bei Zeremonien magische Formeln und Beschwörungsformeln sprechen.[8]

Eine uralte Überlieferung berichtet, der Mond sei aus dem Weltall gekommen und habe sich auf eine die Erde umkreisende Bahn begeben. Dieser Ursprung des Mondes wird übrigens von manchen wissenschaftlichen Hypothesen bestätigt. In dieser Überlieferung heißt es auch, der Mond sei die Mutter der Erde und sei zu einer Zeit, die weit zurück in die Nacht der Entstehungsgeschichte reicht, ein sehr hoch entwickelter Planet gewesen, und die ersten vernunftbegabten Wesen auf der Erde seien vom Mond gekommen! Demzufolge würde die menschliche Kultur und Zivilisation vom Mond stammen. Heute ist der Mond ein toter Planet. Er hat der ihn aussaugenden Erde alles gegeben und wurde zu einem Leichnam. In dieser Überlieferung heißt es außerdem, dass die verborgene, dunkle Seite des Mondes alles Böse aufnimmt, was auf der Erde geschieht. Warum? Weil die Gedanken und Gefühle wandern und alle Gedanken und Gefühle der auf Böses sinnenden Menschen von dieser verborgenen Seite des Mondes, die von der esoterischen Wissenschaft der schwarze Kegel genannt wird, angezogen werden. Dieser schwarze Kegel schickt anschließend dieses Böse in Form von schädigenden Einflüssen auf die Erde zurück.

Der Mond hat seine Geheimnisse noch nicht enthüllt. In seinen Kratern warten sicher noch Überraschungen auf die Wissenschaftler. Was mag in ihren noch unerforschten Tiefen verborgen sein? Vielleicht ist es Mondbewohnern gelungen, sich nach atmosphärischen und geographischen Umwälzungen in deren Tiefen anzusiedeln. Der Tag, an dem die Astronauten auf dem Mond landeten und Steine zurückbrachten, bedeutet den Auftakt zu großen Ereignissen auf der Erde. Warum? Nun, Gott allein weiß, was die Astronauten mit diesen Mondsteinen auf die Erde brachten! Vielleicht wäre es besser gewesen, nichts mitzubringen! Ich darf euch darüber nicht mehr sagen. Jedenfalls wird es große Umwälzungen geben.

Die Explosion der ersten Atombombe von Hiroschima brachte alles in der Welt ins Wanken. Die erste Landung des Menschen auf dem Mond und das Mitbringen von Monderde ist jedoch ein ebenso folgenschweres Ereignis. Aus intuitivem Wissen heraus wurden die Astronauten bei ihrer Rückkehr unter Quarantäne gestellt, um die Erde vor Mondbakterien zu bewahren. Da die Wissenschaftler jedoch keine Eingeweihten sind, wissen sie nicht, dass man von einem anderen Planeten Wesenheiten oder Fluida mitbringen kann, die weder greifbar noch physikalisch erfassbar sind, die kein chemisches Produkt, auch wenn man sich vierzig Tage lang reinigen würde, zu entfernen vermag. Und außerdem machen sie sich über solche Dinge lustig. Doch auch in dieser Hinsicht wird es noch Überraschungen geben. Ich denke, es werden sich apokalyptische Dinge auf der Erde ereignen, denn der Mond steht in Verbindung mit der schwarzen Magie, mit Ungeheuern, Ausschweifungen und Wahnvorstellungen. Möge Gott uns alle schützen!

Nur ein reiner Lebenswandel wird uns davor schützen; das ist alles, was ich euch sagen kann. Der Mond birgt noch Geheimnisse, die nicht enthüllt werden dürfen. Ich füge einfach nur einige Worte aus der Sicht der Kabbala hinzu. Im Hebräischen heißt der Mond Levana. Auf dem Sephirothbaum befindet er sich in der Sephira Jesod, die Fundament, Grundlage bedeutet. In Jesods höherer Ebene wohnt Schaddai El Chai, der Allmächtige und Lebendige Gott. Erzengel Gabriel führt die Engelschar der Cherubim, das heißt der Starken, der Mächtigen an. Die Cherubim bringen das Leben und die Reinheit und befassen sich mit der Geburt der Kinder. Um diese Reinheit der Cherubim sollten wir immer bitten! Merkt euch für heute, dass ihr wachsam bleiben müsst und euch nicht von allen Lebensweisen und Zügellosigkeiten beeinflussen lassen sollt, die heutzutage in der Welt um sich greifen; dass man lieber nachdenken und studieren sollte, bevor man alles umstürzt, denn allein dadurch findet ihr zur höchsten Entfaltung, zu Glück, Freude, Klarsicht und vor allen Dingen zur göttlichen Liebe.

Lasst uns denn alle zusammen für die neue Epoche arbeiten, in der die Universelle Weiße Bruderschaft auf der Erde walten wird! Wenn ich einen Blick auf Zeitungsartikel und Bücher werfe, sehe ich, dass viele von denen, die hohe und verantwortungsvolle Posten bekleiden, beunruhigt und aufgeregt jetzt nur noch eines herbeiwünschen: die universelle Verbrüderung. Sie haben begriffen, dass nur diese die Menschheit retten kann. Auf der anderen Seite sieht es aber so aus, als hätten die Amerikaner enorm viele mit Atomköpfen versehene Raketen, die mehrere Städte auf einmal vernichten können, und als seien die Russen ihrerseits imstande, mehrere Regionen auf einmal zu zerstören, und als besäßen alle fernlenkbare Angriffs- und Abwehrgeschosse. Auch die Chinesen rüsten auf und fürchten nicht einmal einen Atomkrieg. Welch abwegige Gedanken im Kopf der Menschen! Seht, womit sie sich beschäftigen! Man sollte sich nur mit dieser Idee befassen: die universelle Bruderschaft! Warum lässt man mich allein in der Wüste rufen? Eines Tages werden alle die erhabene Idee, die wir zum Wohle der Menschheit im Auge haben, verstehen, und auch die Methoden, die wir besitzen, um das zu verwirklichen; aber wird es nicht zu spät sein? In Amerika, in Russland, auf der ganzen Welt arbeiten Tausende von Menschen, besonders die Wissenschaftler, an der Aufrüstung und geben Abermilliarden aus für diese Mordwerkzeuge. Und für diese Idee einer universellen Bruderschaft, wie viel wird dafür aufgewendet?

Wenn die ganze Welt die Philosophie der universellen Bruderschaft annähme, für sie arbeitete, sie verbreitete, bis von nichts anderem mehr gesprochen würde als von dieser großartigen Idee, bis sie selbst auf allen Straßen ausgerufen würde und überall nur noch der Aufruf ertönte: »Arbeitet für die universelle Bruderschaft, sonst droht die Vernichtung«, ja, dann vielleicht... Gegenwärtig wird auf ähnliche Weise mit Aufmärschen, Plakaten und Spruchbändern für den Frieden in Vietnam geworben, doch das genügt nicht. Die gesamte Menschheit müsste sich zusammenschließen! Warum wird mein Vorschlag nicht angenommen? Weil die Menschheit noch nicht genug gelitten hat. Sie brauchen das Leiden noch, und sie werden es bekommen! Würden sie wirklich ernsthaft diese universelle Bruderschaft bilden wollen und tagtäglich für diese Idee arbeiten, gäbe es schon in wenigen Jahren erstaunliche Ergebnisse. Doch diese Ideen werden beiseite gelassen, weil sie von dem angezogen werden, was man ihnen in Zeitschriften, in der Werbung, über die Reklame anbietet. Ich hingegen bringe euch ohne jede Reklame die wertvollste Philosophie: Wie man sich mithilfe der Ernährung, der Atmung, des Gebetes, der Meditation und vor allem mit dem Verhalten und dem Wissen über den Menschen verwandelt und wie es gelingt, in Übereinstimmung und in Harmonie mit den wunderbarsten Gesetzen des Universums zu leben.

Ich bin sehr froh, auf eure Fragen geantwortet zu haben. Die interessanteste und ausführlichste betraf die Sünde wider den Heiligen Geist. Ihr werdet eines Tages erkennen, wie wahr das ist, was ich darüber gesagt habe.

Viele Stellen der Heiligen Schrift wurden noch nicht erklärt. Über den Glorienleib zum Beispiel, der im Evangelium kaum erklärt wird, herrscht keine klare Vorstellung. Auch jene Stelle über die drei Weisen, die laut der Überlieferung Kaspar,

Melchior und Balthasar hießen und die dem Jesuskind Geschenke brachten, wurde noch nicht interpretiert. Demnächst werde ich euch enthüllen, was das Gold, der Weihrauch und die Myrrhe symbolisieren, die sie vor Jesus niederlegten und warum sie ihm gerade diese drei Gaben brachten. Das ist ein spannendes Thema. Aber wie soll man alles erklären? Zahlreiche Symbole und tiefgründige Wahrheiten werden in der Bibel kaum erwähnt und sind noch ungenügend erforscht. Ich habe neulich das Buch eines Okkultisten, eines sehr gebildeten und gelehrten Mannes gelesen und staunte, was er über das Gleichnis der fünf weisen und der fünf törichten Jungfrauen erzählte. Das ging völlig an der Frage vorbei; er hat weder herausgefunden, was das Öl und die Grausamkeit des Bräutigams bedeuten, noch was sich hinter diesem Gleichnis verbirgt. Daraus ersah ich, dass viele Themen, selbst von angeblich zuständigen Leuten, unverstanden bleiben. Das hat mich sehr verwundert und betrübt.[9]

Zusammenfassend möchte ich euch sagen, dass ihr das männliche und das weibliche Organ als heilig erachten solltet und wiederhole auch noch das Folgende: Wenn ihr den Menschen, den ihr liebt und bewundert, in euren Armen haltet, dürft ihr nicht vergessen, dass er ein Stellvertreter des Himmlischen Vaters, sie eine Stellvertreterin der Göttlichen Mutter ist. Vergesst ihr das, dann bedeutet es die Sünde wider den Heiligen Geist. Achtet darauf, dass ihr niemals die Verbindung zur Quelle abschneidet, sonst seid ihr durch eure Frau nicht mit der Göttlichen Mutter, sondern einfach mit einer Frau wie jeder anderen verbunden, und das bringt wenig. Es ist unerlässlich, unaufhörlich die Verbindung mit der göttlichen Liebe herzustellen und aufrechtzuerhalten. Was immer wir tun, muss vernünftig, rein, geweiht, geheiligt sein, damit es einer grandiosen Idee dient: dem Reich Gottes und Seiner Gerechtigkeit. Heutzutage jedoch herrscht im Kopf der Menschen nur eine Idee vor, nur eine: das Vergnügen! Alles muss dem Vergnügen geopfert werden. Nichts zählt mehr, weder ein Ideal noch der Himmel noch etwas Herrliches, außer dem Vergnügen. Wie soll unter solchen Umständen das Reich Gottes auf die Erde kommen? Es genügt nicht, dass einzelne Menschen erhabene Ziele anstreben. Die ganze Welt und vor allem die Frauen müssen ein Ideal haben. Anstatt nur daran zu denken, die Männer zu verführen und zu Fall zu bringen, sollen sie endlich einen Teil ihrer Energien dieser erhabenen Idee weihen, dem Reich Gottes auf der Erde. Wenn die Frau den Mann erheben, ihn erziehen und auf den rechten Weg zurückführen wollte, wäre ihr der Erfolg gewiss. Doch meistens denkt sie nicht daran, ihn aufzurichten, im Gegenteil, sie ist noch stolz darauf, wenn ihr selbst willensstarke Persönlichkeiten und Heilige in die Falle gehen.

Die Frauen könnten das Reich Gottes auf der Erde nur verwirklichen, wenn sie verstehen, worin ihre Aufgabe besteht. Mein sehnlichster Wunsch ist es, dass sich alle Frauen vereinen und den Entschluss fassen, ihr Ideal und ihr Verhalten zu ändern, um den Mann wieder aufzurichten und das Reich Gottes auf Erden herbeizuführen! – Licht und Friede seien mit euch!

Toulouse, den 11. Dezember 1969

Anmerkungen

1. Siehe Band 219 der Reihe Izvor »Geheimnis Mensch – Seine feinstofflichen Körper und Zentren«.
2. Siehe Band 236 der Reihe Izvor »Weisheit aus der Kabbala – Der lebendige Strom zwischen Gott und Mensch«, Kapitel 6: »Ain Soph Aur: Licht ohne Ende«.
3. Siehe Band 233 der Reihe Izvor »Eine Zukunft für die Jugend«, Kapitel 18: »Sexuelle Freiheit?«.
4. Siehe Band 15 der Reihe Gesamtwerke »Liebe und Sexualität«, Kapitel 8: »Materialismus, Idealismus, Sexualität«.
5. Siehe Band 8 der Reihe Gesamtwerke »Sprache der Symbole, Sprache der Natur«, Kapitel 11: »Der Heilige Geist«.
6. Siehe Band 223 der Reihe Izvor »Geistiges und künstlerisches Schaffen«, Kapitel 9: »Die Schönheit«.
7. Siehe Band 214 der Reihe Izvor »Liebe, Zeugung und Schwangerschaft – Die geistige Galvanoplastik und die Zukunft der Menschheit«, Kapitel 13: »Das Reich Gottes, Kind der Kosmischen Frau«.
8. Siehe Band 226 der Reihe Izvor »Das Buch der göttlichen Magie«, Kapitel 7: »Der Mond, Gestirn der Magie«.
9. Siehe Band 3 der Reihe Gesamtwerke »Die beiden Bäume im Paradies«, Kapitel 7: »Das Gleichnis von den fünf klugen und den fünf törichten Jungfrauen« und Kapitel 8 » Das Öl der Lampe «.

*Kapitel 11*

# Die Auferstehung und das Jüngste Gericht

Freier Vortrag

Meine lieben Brüder und Schwestern, heute werde ich euch eine Stelle aus dem zwölften Kapitel des Markusevangeliums vorlesen:

»... Da traten die Sadduzäer zu ihm, die lehren, es gebe keine Auferstehung; die fragten ihn und sprachen: Meister, Mose hat uns vorgeschrieben: »Wenn jemand stirbt und hinterlässt eine Frau, aber keine Kinder, so soll sein Bruder sie zur Frau nehmen und seinem Bruder Nachkommen erwecken.« Nun waren sieben Brüder. Der erste nahm eine Frau; der starb und hinterließ keine Kinder. Und der zweite nahm sie und starb und hinterließ auch keine Kinder. Und der dritte ebenso. Und alle sieben hinterließen keine Kinder. Zuletzt nach allen starb die Frau auch. Nun in der Auferstehung, wenn sie auferstehen: Wessen Frau wird sie sein unter ihnen? Denn alle sieben haben sie zur Frau gehabt. Da sprach Jesus zu ihnen: »Ist's nicht so? Ihr irrt, weil ihr weder die Schrift kennt noch die Kraft Gottes. Wenn sie von den Toten auferstehen werden, so werden sie weder heiraten noch sich heiraten lassen, sondern sie sind wie die Engel im Himmel. Aber von den Toten, dass sie auferstehen, habt ihr nicht gelesen im Buch des Mose, bei dem Dornbusch, wie Gott zu ihm sagte und sprach: »Ich bin der Gott Abrahams und der Gott Isaaks und der Gott Jakobs«? Gott ist nicht ein Gott der Toten, sondern der Lebenden. Ihr irrt sehr.«

Meine lieben Brüder und Schwestern, ich zweifle nicht daran, dass viele von euch sich schon mit dieser Stelle beschäftigt haben, um sie zu erforschen oder vielleicht sogar zu deuten. Ich habe aber bisher keine zufriedenstellende Erklärung zu diesem Thema gehört oder gelesen. Die Auferstehung der Toten, das Jüngste Gericht, das sind alles sehr verschwommene und unklare Begriffe. Heute ist Ostern, der Tag der Auferstehung; so werde ich euch diesbezüglich ein paar Worte sagen. Wird es aber klar werden für euch, werdet ihr mich verstehen? Dessen bin ich mir nicht so sicher, denn es handelt sich um eine sehr weitreichende und schwer begreifliche Frage.

Wir wollen uns jetzt mit einigen wichtigen Punkten dieser Stelle befassen. Jesus sagte: »Ihr irrt, weil ihr weder die Schrift kennt, noch die Kraft Gottes.« Jesus spricht von der Kraft Gottes; man hat sich aber mit diesem Satz nie befasst und nie bedacht, dass er vielleicht der Schlüssel zum Verständnis des Übrigen sein könnte. Ja, die Kraft Gottes, was hat sie mit der Auferstehung der Toten zu tun?... Das werdet ihr gleich sehen. Jesus sagt weiter: »Wenn sie von den Toten auferstehen werden.« Er leugnet die Auferstehung also nicht, sondern versteht sie nur anders. Es gibt eine Auferstehung, weil er ja selbst auferstanden ist, aber wie ist sie zu verstehen? »Wenn sie von den Toten auferstehen..., so werden sie weder heiraten noch sich heiraten lassen, sondern sie sind wie die Engel im Himmel.« Wie sind denn die Engel im Himmel? Sie sind geschlechtslos, sie haben keine Sexualorgane, sondern besitzen etwas weit höher Entwickeltes. Und wo? Ich werde es euch sagen. Auch die Engel tauschen etwas untereinander aus, denn Liebesaustausche finden im ganzen Universum statt; kein Geschöpf braucht sie zu entbehren. Alle tauschen Liebe aus, nur die Form dieser Austausche ist verschieden. Wenn ihr wüsstet, wie sehr sich die Engel untereinander lieben! Ihr meint: »Oh, wir dachten, sie seien so rein, dass sie keine Liebe brauchen!« Gott ist Liebe und Gott durchdringt alle Geschöpfe. Wie sollte man also der Liebe entgehen können? Man muss diese Liebe nur richtig verstehen.

Was die Auferstehung der Toten betrifft, damit ist Jesus, wie ihr seht, nicht einverstanden. Er sagt: »Gott ist nicht ein Gott der Toten, sondern der Lebenden.« Wieder eine Stelle, die nicht verstanden wurde... Hier gibt es also einige Punkte zu erforschen, die uns zum Verständnis dieses außerordentlich wichtigen Problems helfen werden, das seit 2000 Jahren im Dunkeln gebliebene Thema Auferstehung zu verstehen. Man spricht ständig von der »Auferstehung« und liest die Passagen in den Evangelien, in welchen von der Auferstehung Jesu berichtet wird. Ich lese euch nicht daraus vor, denn ihr kennt sie schon alle. Dass ein Engel beim Grab stand, aber Jesus nicht mehr da war. Später erschien er Maria aus Magdala, dann seinen Jüngern, und so weiter. Aber um nicht vom Thema abzukommen, wollen wir uns heute nicht mit diesen Einzelheiten befassen, sondern nur damit, was Jesus mit der Passage sagen wollte, die ich eben vorgelesen habe.

Sehen wir uns aber zuerst an, was die Christen unter der Auferstehung der Toten verstehen. Jemand stirbt und wird begraben; und man stellt sich vor, er werde nun Tausende und Abertausende von Jahren in seinem Grab warten. Also wären alle, die zur Zeit Jesu und schon lange davor starben, noch nicht auferstanden und würden warten... Die Zeit der Auferstehung ist noch nicht gekommen, sie wird erst am Ende der Zeit kommen. Nun, ich glaube nicht an eine Auferstehung, auf die alle Geschöpfe jahrhundertelang warten müssen. Warum? Weil sie dann nicht mehr da sind. Wenn sie begraben sind, geschieht mit ihnen ungefähr das Gleiche wie in einer Druckerei: Wenn ein

Buch gedruckt werden soll, werden seine Seiten mit Bleibuchstaben zusammengesetzt; wenn man damit fertig ist, sammelt man alle Buchstaben wieder ein und legt sie in kleine Kästchen zurück, aus denen man sie eines Tages für die Herstellung eines anderen Buches wieder herausholt. Das gleiche geschieht mit den Menschen. Die »Drucker« sind gekommen, ja, die vier Elemente, und aus Erde-, Wasser-, Luft- und Feuerteilchen haben sie den Körper des Menschen aufgebaut. Wenn dieser stirbt, zerfällt alles wieder. Nach einiger Zeit sind nur noch Knochen übrig, aber auch sie zersetzen sich bald. Wo sind alle diese Teilchen geblieben? Manche sind in die Erde, in die Felsen und Bäume eingegangen, andere in die Ozeane und Flüsse, wieder andere in die Atmosphäre und einige sind zur Sonne, zum Feuer zurückgekehrt. Wo also soll man alle diese Geschöpfe, die man begraben hat und unter denen viele Taugenichtse, Strolche, Mörder und Henker waren, nun suchen, um sie auferstehen zu lassen? Und noch dazu alle Kranken, Aussätzigen und Syphiliskranken? Und die sollten auferstehen? Schon gut, aber was für ein Spektakel wäre das, frage ich euch! Ein wahrer Ort der Wunder! Ihr solltet nach Indien fahren und sehen, was sich allein schon dort alles abspielt! All diese elenden Bettler ohne Nase, ohne Ohren, ohne Arme, ohne Beine, total verstümmelt!... Ja, und Milliarden und Abermilliarden Wesen wie sie sollen auferstehen? Denn wisst ihr, wie viele Menschen im Laufe von Jahrtausenden geboren und gestorben sind? Nein. Das kann man überhaupt nicht berechnen...

Und das ist noch nicht alles. Wo soll man sie alle unterbringen, wenn sie wiederkommen? Es gäbe nicht einmal genug Platz! Obendrein müsste man die ganze Welt auf den Kopf stellen, um die Teilchen ihrer Körper in den Bäumen, in den Felsen und Bergen und so weiter wiederzufinden... Was wird dann übrig bleiben? Sollte die ganze Erde einstürzen, damit man all diese Wüteriche wiederherstellen könnte? Entschuldigt, ich weiß sehr wohl, dass unter ihnen auch einige Heilige und Propheten waren, aber das war die Minderheit, und das geht in der Masse verloren wie ein Tropfen Wasser im Ozean. Nun, jetzt frage ich euch, ihr Ästheten, was haltet ihr von diesen Perspektiven? Reizend, nicht wahr? All diese Menschen, die auf das Jüngste Gericht warten, wiederzusehen!... Ich bedauere nur die Richter; mein Gott, die himmlischen Richter, wie leid sie mir tun! Wie sollen sie allein schon diese Gerüche ertragen? Denn alles soll wiederhergestellt werden. Aber, aber! Hört mal! Wie soll man denn jemanden richten, wenn man nicht weiß, wie er riecht? Da kann man kein Urteil abgeben; alles muss da sein, alle Beweisstücke, ja, alles. Ich frage mich also, womit solche Geister sich die Nase dann zustopfen, um diese Gerüche ertragen zu können!

Arme Christen! Sie freuen sich auf die Aussicht, dass die ganze Menschheit – ihre Onkel, Tanten, Großväter und so fort – eines Tages aufersteht... Sie warten darauf... Und seit Millionen von Jahren schlafen alle diese Menschen in ihren Gräbern. Da hat der Herr aber eine schöne Schule für Faulpelze und Nichtsnutze erfunden! Ja, eine Schule der Faulheit und des Nichtsnutz bis in alle Ewigkeit, ohne Bewegung, ohne zu denken oder irgendetwas zu tun... Man wartet bloß im Grab bis zum Tage der Auferstehung und des Jüngsten Gerichtes. Ich frage mich, ob der liebe Gott... Er möge mir verzeihen, ich bin aber hier, um die Dinge zu erklären, und da Er mich kennt, lächelt Er und sagt: »Er ist komisch, ja, wirklich komisch, aber was wollt ihr, ich selber habe ihn so geschaffen.« Dann frage ich mich, wie der Herr, der doch so aktiv ist, eine solche Faulheit dulden kann, wo Er Selbst ununterbrochen einen neuen Himmel und eine neue Erde erschafft, und sich nie ausruht...

Meiner Meinung nach hat Gott niemals geruht, denn die Ruhe, die Er am siebten Tag eingehalten hat, das war nur eine Arbeit anderer Art. Müsste sich der Herr ausruhen, dann würde ich nicht mehr an Ihn glauben und sagen: »Ach! Der Arme, in Seinem Organismus müssen sich Unreinheiten angesammelt haben, weil auch Er müde geworden ist.« Gott ist absolute Reinheit, und in dieser absoluten Reinheit existiert keine Müdigkeit.

Ich frage mich aber, wie die Christen die Dinge wohl verstehen. Alles reduzieren sie auf das menschliche Maß; und anstatt dass die Menschen wie Gott werden, ist Gott wie ein Mensch geworden. Er hat die gleichen Schwächen und wird so wütend, dass Moses Ihn sogar beschwichtigen, besänftigen und beraten musste, versteht ihr? Das ist unglaublich! An solche Dinge kann ich nicht glauben! Deshalb entschuldigt, wenn meine Worte bei euch Anstoß erregen, doch ich werde euch sagen, dass es ein Altes Testament und dann ein Neues Testament gab und es bald ein drittes geben wird. Das soll nicht heißen, dass die beiden ersten Testamente keine Wahrheiten enthalten, doch sie entsprachen den Menschen der Epoche, in denen sie geschrieben wurden. Heute brauchen wir ein drittes Testament, und ich kann euch versichern, dass es kommen wird. Es wird nicht im Widerspruch zu den beiden anderen stehen, aber es wird einiges abklären und vieles richtigstellen... Denn ihr seht, das Neue Testament widerspricht nicht dem Alten, außer an wenigen Stellen, wo ein kleiner Unterschied besteht, denn zu Moses Zeit waren die Menschen so, dass man ihnen keine andere Lehre geben konnte. Dann kam Jesus und brachte das Neue Testament. Heutzutage, wo die Zeit und auch die Menschen ein wenig anders geworden sind, bereitet Christus, der über die Entwicklung der Menschheit wacht, wieder ein neues Testament vor. Wie und von wem es geschrieben wird, brauche ich euch nicht zu sagen, aber es wird so sein. Die Kirche wird dieses dritte Testament natürlich niemals anerkennen, das weiß ich; sie selbst wird dem Herrn verbieten, irgendetwas Neues einzuführen, genau wie die Juden Jesus verboten hatten, sich in die Angelegenheiten des Herrn einzumischen.

Aber ja, niemals wird die Kirche dem Herrn die Freiheit lassen, zu tun, was Er will. Nein, nein, auch Er muss in den alten Formen gefangen bleiben, die Er in dieser oder jener Epoche für angemessen und notwendig[1] erachtet hatte, und die jetzt überholt sind. Dennoch, wenn Er diese Formen ändern möchte, um Seiner Lehre und Seinem Geist etwas Neues zu geben, was ist dann daran schlecht? Doch die Kirche wird einen Gegenangriff führen, und nicht allein die Kirche, denn sie hält an den Formen fest, auf denen sie aufgebaut ist. Sie sollte aber wissen, dass diese Formen nicht bis in alle Ewigkeit Bestand haben werden. Es wird ein Tag kommen, an dem die Menschen »Gott im Geist und in der Wahrheit«[2] anbeten, weil ihr Verständnis weiter und höher hinaus gehen wird. Sie werden sich nicht mehr in von Menschen errichteten Gebäuden einsperren, nicht mehr auf materielle, sichtbare, greifbare Gegenstände zählen. Darüber habe ich aber schon gesprochen. Eines Tages wird es ein neues Testament, ein neues Leben, eine neue Kirche geben. Diese Kirche existiert übrigens schon, es ist die Kirche des Johannes,[3] die Kirche aller Eingeweihten, die Kirche des Geistes. Es naht die Epoche, in der die Menschen mit anderen, neuen, höheren Begriffen vertraut gemacht werden und sich nicht mehr an die Materie wie an ein rettendes Brett klammern. Nein, auf diese Weise wird man nicht gerettet. Nur derjenige, der im Geist und mit dem Geist lebt, wird gerettet. Ihr könnt so viele Ikonen ansammeln, wie ihr wollt, Hunderte von Kerzen anzünden, und es wird euch doch nichts retten, wenn ihr innerlich nicht von etwas Höherem angetrieben werdet, aus einem spirituellen Antrieb heraus handelt. Auferstehen bedeutet für den Menschen, sich über die Materie, die Täuschung hinaus zu erheben, um endlich im Geist und in der Wahrheit zu leben. Das ist die wahre Auferstehung!

Doch kommen wir jetzt wieder zu diesen Toten zurück, die sich in der Natur schon zersetzt und aufgelöst haben. Wie könnte man sie wieder zusammensetzen? Aus denselben Materialien hat man nach und nach Menschen gemacht. Um nun die einen wiederherzustellen, müsste man die anderen zerstören. Ihr seht also, die Vorstellung, die sich viele Menschen von der Auferstehung machen, ist unglaubwürdig, und widerspricht der Intelligenz, der Logik und dem gesunden Menschenverstand. Und wie soll man diese Toten richten... Sie haben Tausende und Abertausende von Jahren in ihren Gräbern gelegen, und sollen nun für 30, 40, 60 oder 100 Jahre ihres Lebens gerichtet werden? Selbst wenn einige, wie Methusalem, 900 Jahre alt wurden, ist das noch immer sehr wenig. Die Menschen hätten also nur sehr kurze Zeit gelebt und gearbeitet, aber unwahrscheinlich lange geschlafen. Und wenn es darum geht, sie zu richten, dann müssten sie, meiner Meinung nach, deshalb verurteilt werden, weil sie zu lange geschlafen haben. Ja sicher, denn während sie schliefen, waren sie zu nichts nutze, und dies ist die größte Sünde. Also braucht man überhaupt niemanden mehr vorzuladen, denn das Urteil ist bereits gefällt: Sie haben zu lange geschlafen! Und noch etwas: Ich finde dieses Jüngste Gericht wirklich unsinnig, das wage ich zu behaupten. Allen diesen Menschen hätte man die Möglichkeit geben können, für ihre Fehler zu bezahlen und sie wiedergutzumachen. Aber auf diese Weise – nichts! Begraben und aus, Ende. Die Armen, wie hätten sie so alles wiedergutmachen sollen? An dieser Rechtsprechung stimmt etwas nicht. Nach Millionen von Jahren verurteilt man Menschen, ohne ihnen je die Gelegenheit gegeben zu haben, ihre Fehler wiedergutzumachen, stellt euch das vor! Meiner Meinung nach muss dieses Jüngste Gericht anders verstanden werden.

Lasst uns doch einmal sehen, wie die Dinge hier auf der Erde ablaufen, zum Beispiel bei Behörden. In jeder Behörde gibt es einen Kassierer, einen Schatzmeister oder einen Finanzverwalter... Stellt euch vor, nichts würde kontrolliert, und erst nach Tausenden von Jahren käme ein Revisor, um nachzuprüfen, was der Schatzmeister mit dem Geld in seiner Kasse gemacht hat. Nun, der Kassierer hätte seine Ruhe; es wäre ihm völlig gleichgültig, ob in mehreren Tausend Jahren eine Untersuchung stattfindet und ein Urteil gefällt wird, denn er wäre schon lange nicht mehr da. Ich weiß nicht genau, wie man es handhabt, ob eine Revision jedes Jahr oder alle drei Monate stattfindet. Auf jeden Fall gibt es eine Überprüfung, und das ist eine Art Jüngstes Gericht. Der Schatzmeister wird danach beurteilt, ob er ehrlich, ordentlich und gewissenhaft war, und dementsprechend eingestuft; dafür wartet man nicht Millionen von Jahre. Genauso wäre es viel zu umständlich, die Menschen erst nach Millionen von Jahren zu richten. Übrigens wäre es dann für die Erziehung dieser armen Kinder Gottes auch völlig nutzlos, denn sie hätten in der Zwischenzeit derart viele Schulden, Fehler und Verbrechen angehäuft, dass sie unmöglich irgendetwas wiedergutmachen oder korrigieren könnten.

In Wirklichkeit gibt es das Jüngste Gericht für jeden von uns, und es stellt sich jeweils verschieden dar. Bereits wenn ihr sterbt, ist dies ein Jüngstes Gericht. Sie haben oben entschieden, dass ihr lange genug gelebt und eure Arbeit beendet habt, dass ihr nicht mehr gebraucht werdet, und hopp, schon müsst ihr das Feld räumen. Krankheit ist ebenfalls ein Jüngstes Gericht, für eine Woche oder einen Monat... Die Richter sind gekommen, haben eure Situation überprüft und bestrafen euch ein wenig, damit ihr nicht so viele Dummheiten ansammelt, die ihr dann nicht mehr wiedergutmachen könntet. Wenn man sich eine Ewigkeit lang Schulden aufgeladen hat, würde man auch eine Ewigkeit brauchen, um diese wieder zu begleichen. Um euch zu helfen, hat also das Gesetz, die göttliche Liebe, deshalb eine kleine Krankheit für euch vorgesehen; das ist ein Jüngstes Gericht. Natürlich ist es nicht das absolut letzte; sagen wir, es wäre das vorletzte; übrigens ist es immer das vorletzte! So werden euch kleine Krankheiten auferlegt, weil das Gesetz ein Urteil gefällt hat: Ihr habt zu viel gegessen, getrunken, zu viel gearbeitet... oder sonstige Gesetze übertreten. Ihr seht also, in allen Urteilen liegt Intelligenz und Liebe. Das andere Jüngste Gericht dagegen ist dumm und unglaubwürdig, und ich kann es nicht akzeptieren, weil ich weiß, dass alles, was Gott tut, im Gegenteil von beispielloser Intelligenz und großem Nutzen ist. Meine lieben Brüder und Schwestern, warten wir also nicht auf das Jüngste Gericht, denn wir werden ständig gerichtet, ohne etwas davon zu merken.

Außerdem solltet ihr noch wissen, dass auch der Tod kein absolutes Urteil ist. Glaubt nicht, dass ihr in eurem Grab liegen bleibt, wenn ihr einmal tot seid, dort wartet und vermodert. Nein, nein, nur eure Kleider, das heißt euer Körper zerfällt, aber ihr selbst kommt wieder auf die Erde zurück und nehmt einen anderen Körper an, denn das Leben geht weiter. Und dieses Leben ist das Ergebnis eines Urteils, das aufgrund eures vorangegangenen Lebens gefällt wurde. Gut, aber was ist nun die Auferstehung? Die Auferstehung, meine lieben Brüder und Schwestern, ist etwas ganz anderes. Es gibt keine solche Auferstehung, wie die Christen sie sich vorstellen. Es wird keiner auferstehen, um gerichtet zu werden. Es gibt keine Auferstehung der Toten. Sie können nicht wieder auferstehen; für sie ist alles vorbei. Es sind die Lebenden, die auferstehen. Die Seelen, die ihre Kleider abgelegt haben und die dennoch lebendig sind, sie ja, sie können auferstehen, nicht aber die irdischen Leiber. Gott ist nicht der Gott der Toten, Gott ist der Gott der Lebenden. Der Körper ist tot und kann nicht wieder auferstehen, aber die Seele wird auferstehen. Aber wann?

Das wird in dem Abschnitt erklärt, den ich euch eben vorlas, nur muss man ihn richtig verstehen und die Zusammenhänge klar erkennen. Jesus sagt: »Wenn Sie von den Toten auferstehen werden, so werden sie weder heiraten noch sich heiraten lassen, sondern sie sind wie die Engel im Himmel.« Wo hätten sich die Menschen so wunderbar entwickeln können, dass sie Engel geworden wären? Auf jeden Fall nicht im Grab. Im Grab gibt es keine Weiterentwicklung, da bleibt man wie man ist. Also werden die Menschen nicht Tausende von Jahren in den Gräbern liegen und dann als Engel auferstehen. Wie sollen sie das machen? Und wenn sie sowieso Engel geworden sind, warum soll man sie dann noch richten? Engel werden nicht gerichtet. Man muss also begreifen, dass zwischen dem Tod und der Auferstehung eine geraume Zeitspanne liegt, in der sich die Menschen verwandeln und weiterentwickeln können, weil sie sich wieder inkarniert haben. Sie sind gegangen, sie sind wieder gekommen und wieder gegangen... und es ist ihnen gelungen, sich dabei so weit zu vervollkommnen, dass sie schließlich zu Engeln wurden. Das ist die Auferstehung. Alle Menschen werden also eines Tages auferstehen und wie die Engel werden, von vollkommener Reinheit, dazu sind sie vorherbestimmt. Aber diese Auferstehung setzt die Reinkarnation voraus. Keiner kann mich davon überzeugen, dass die Menschen im Grab Engel werden, nein, nie im Leben! Sie bleiben nicht in ihrem Grab, sondern reinkarnieren sich, sie lernen und läutern sich, bis sie die Vollkommenheit erreicht haben.

Und diese Vollkommenheit, das ist die Auferstehung. Alle Geschöpfe werden eines Tages auf diese Art auferstehen. Aber nicht die Toten, sondern nur die Lebenden.

Hört jetzt gut zu und versucht mich zu verstehen. Als Jesus antwortete: »Ihr irrt, weil ihr weder die Schrift kennt noch die Kraft Gottes«, was wollte er damit sagen? Welche Kraft war gemeint? Eben die Kraft Gottes, die die Menschen zur Auferstehung führt. Diese Kraft Gottes ist die Kraft, die verwandelt, die sublimiert. Ja, so ist es, aber sie befindet sich nicht in den Gräbern. Gott lässt nur die Lebendigen auferstehen. Übrigens sagt Jesus an einer anderen Stelle: »Lasst die Toten die Toten begraben, und ihr, die Lebendigen, folgt mir nach!«[4] Die Wiederverkörperung wird in dieser Passage, die ich euch vorlas, zwar nicht ausdrücklich erwähnt, aber sie wird vorausgesetzt. Denn wenn ich die Frage stelle: »Was geschah in der Zeit zwischen dem Begräbnis eines Menschen und seiner Verwandlung in einen Engel?... und warum ein Richten danach? Werden denn die Engel gerichtet?«, dann kann mir niemand antworten. Man muss zwangsläufig zugeben, dass sich irgendetwas ereignet hat; wie hätte sonst solch eine Verwandlung im Menschen stattgefunden? Doch man weiß nicht, was sich ereignet hat. Deshalb ist die Kirche zurzeit wirkungslos und unfähig, das Reich Gottes auf Erden zu realisieren, denn mit Irrtümern kann man es nicht herbeiführen.

Die Kirche muss anfangen, die Wiederverkörperung offenzulegen. Ihr sagt: »Aber sie wird hier nicht erwähnt.« Ich habe euch gezeigt, dass sie an anderen Stellen erwähnt wird. Im Evangelium des Matthäus, im Kapitel 11, sagt Jesus in Bezug auf Johannes den Täufer: »Und wenn ihr's annehmen wollt: Er ist Elia, der da kommen soll. Wer Ohren hat, der höre!« Und im Kapitel 17, als seine Jünger ihn fragen: »Warum sagen denn die Schriftgelehrten, zuerst müsse Elia kommen?«, antwortete

Jesus: »Ja, Elia soll kommen und alles zurechtbringen. Doch ich sage euch: Elia ist schon gekommen, aber sie haben ihn nicht erkannt, sondern haben mit ihm getan, was sie wollten. So wird auch der Menschensohn durch sie leiden müssen.« »Da verstanden die Jünger«, fügt der Evangelist hinzu, »dass er von Johannes dem Täufer geredet hatte.« Ja, man schlug Johannes dem Täufer den Kopf ab, weil er, als er Elia war, andere auch köpfen ließ, und weil geschrieben steht: »Wer sein Schwert nimmt, der soll durchs Schwert umkommen.« Ich könnte euch noch andere Stellen zeigen, an denen die Wiedergeburt erwähnt wird. Es genügt aber für heute. Wie hier auch, wenn Jesus von der Kraft Gottes spricht, ist das ein Argument, aber ein Argument, das man durch Überlegung erschließen muss; die anderen hingegen sind viel eindeutiger, sogar sehr auffallend. Nun, was braucht die Kirche noch, um die Wiedergeburt anzuerkennen und zu lehren, anstatt die Menschen weiterhin in die Irre zu führen?

»Wenn sie von den Toten auferstehen werden«, sagt Jesus, »so werden sie weder heiraten noch sich heiraten lassen«. In der einen Inkarnation habt ihr diese oder jene Frau geheiratet und in den folgenden waren es andere! Nun geht und sucht die Frau, mit welcher ihr vor Tausenden von Jahren verheiratet wart, wo ihr doch in der Zwischenzeit so viele andere hattet! Es ist nicht der Mühe wert, zu suchen und zu finden, denn kein Mensch gehört einem anderen. Denn wie oft hat man mittlerweile gewechselt und wie oft geheiratet! Das geht aus diesem Satz nicht hervor, aber es wird vorausgesetzt. Wie oft war jeder verheiratet? Darum hat keiner ein Recht auf einen anderen. Jeder Mann hat zahlreiche Frauen, und jede Frau zahlreiche Männer gehabt; und da sie eines Tages genug hatten von den vielen kostspieligen und bedauerlichen Erfahrungen, sagten sie sich: »Jetzt ist Schluss, auf diese Art und Weise wollen wir nicht mehr heiraten.« Ihre Liebe hat sich dann derart weiterentwickelt, dass sie zu Engeln wurden. Und wie sind die Engel, wie verhalten sie sich? Wenn zwei Engel einander begegnen, verschmelzen sie mit ihrem Licht und ihren Farben und es findet ein wunderbarer Liebesaustausch statt... Dann entfernen sie sich wieder voneinander und umarmen andere Engel. Ja, so und nicht anders begegnen sich die Engel immer, sie kennen keine Scham. Bei den Engeln gibt es keine Frau, die ihrem Mann auflauert und sagt: »Ach! Mein lieber Mann ist noch nicht zu Hause. Bei welcher Frau steckt er nun wieder? Der kann etwas erleben, wenn er zurückkommt!« Bei den Engeln gibt es nur Austausch von Liebe, ohne Eifersucht, ohne Groll.

Also, meine lieben Brüder und Schwestern, ihr seht, welches Glück auf euch wartet! Weil ihr in dem Wunsch brennt, alle Frauen zu umarmen, und die Frauen, alle Männer zu umarmen, ich lese es in euren Herzen. Und selbst wenn ihr sagt: »Nein, nein, das ist nicht wahr. Was für eine Anschuldigung!«, glaube ich euch nicht. Lasst den Männern und den Frauen etwas Freiheit, und ihr werdet schon sehen, ob sie sich mit einer einzigen Frau oder einem einzigen Mann zufriedengeben. Alle sehnen sich nur danach, alle Frauen und alle Männer zu umarmen. Aber im Hinblick auf den gegenwärtigen Stand ihrer Entwicklung, ist das nicht anzuraten. Es wäre sogar höchst gefährlich, denn sie würden schnell krank und aus dem Gleichgewicht geraten. Man muss abwarten. Ich rate euch lange, sehr lange zu warten! Ihr wisst nicht, welches Glück und welche Freuden Gott für euch bereitet; aber nicht für sofort, denn im Moment seid ihr noch nicht so weit! Ihr müsst die Umwandlung abwarten. Und nachher, mein Gott, wenn wir alle den Engeln gleichen, können wir uns dann ohne Furcht einander nähern, uns umarmen und verschmelzen. Deshalb müssen wir uns mit der Auferstehung beeilen.

Und wie kommt diese Auferstehung zustande? Wie wird sie vorbereitet? Jesus sagte: »Ich bin die Auferstehung und das Leben.«[5] Die Tatsache, dass Jesus auferstanden ist, beweist, dass auch wir diesen Vorgang, der sich eines Tages für die gesamte Menschheit vollziehen soll, beschleunigen können. Alle Menschen werden eines Tages auferstehen, dazu wird aber viel Zeit notwendig sein. Ihr selber solltet wissen, dass ihr diesen Vorgang der Auferstehung beschleunigen könnt, aber dafür müsst ihr auf eine andere Weise leben, denken und handeln, das bedeutet, so werden wie Jesus. Jesus ist auferstanden. Er hat nicht jahrhundertelang gewartet, um mit der ganzen Menschheit zusammen aufzuerstehen. Und viele andere sind auch schon auferstanden, Jesus ist nicht der Einzige. Die Auferstehung wurde schon immer in den Tempeln gelehrt, und zahlreiche Menschen sind auferstanden. Doch worin besteht diese Auferstehung? Ich werde es euch sagen. Der physische Körper des Menschen hat ein Doppel, einen anderen, unsichtbaren, feinstofflichen Körper – ätherischer oder Vitalkörper genannt; dieser Körper ist es, der die Keime der Auferstehung in sich birgt. Durch seine lichtvollen, spirituellen Gedanken und Gefühle gestaltet der Mensch diesen Körper, den man auch Glorienleib, Lichtkörper, Körper der Unsterblichkeit oder Christusleib nennt; diesen Körper muss er eines Tages auferstehen lassen.*

Also arbeiten alle, meine lieben Brüder und Schwestern, wenn auch unbewusst, für ihre Auferstehung. Auch die gewöhnlichsten Menschen sind dabei, ihre Auferstehung vorzubereiten; natürlich kann man nicht wissen, wann ihre Auferstehung sein wird, da ihre Arbeit viel langsamer vor sich geht, weil sie unbewusst geschieht. Für die Schüler der Universellen Weißen Bruderschaft hingegen, die aufgeklärt und unterrichtet

* Vergleiche Kapitel 13: »Der Körper der Auferstehung«.

sind, kann dieser Vorgang viel schneller ablaufen, denn sie bereiten diese Auferstehung bewusst in sich selbst vor. Und wenn ihr Lichtkörper einmal ausreichend stark, intensiv, rein und strahlend ist, dann werden sie auferstehen. Denn zum Auferstehen braucht man nicht körperlich zu sterben und begraben zu werden. Auferstehen heißt, die alten Schwächen, Laster und Krankheiten abzulegen. Das bedeutet auferstehen! Warum ist Jesus so schnell auferstanden? Weil er sehr rein war. Damit ein Wesen auferstehen kann, müssen seine Zellen vollständig rein sein und mit hoher Intensität schwingen. Wenn also manche Brüder und Schwestern ein sehr intensives, spirituelles Leben führen, heißt das, dass sie bereit sind für die Auferstehung.

Nun will ich euch ein Bild geben, das Bild eines Schmetterlings. Was ist ein Schmetterling? Ein Lebewesen, das auferstanden ist. Zuerst war er nur eine Raupe. Eines Tages hat sich diese Raupe verpuppt und ist dann eingeschlafen. Einige Zeit darauf kommt ein Schmetterling zum Vorschein. Was ist geschehen, während die Raupe als Puppe schlief? Sie konnte sich in einen Schmetterling verwandeln, weil sie in sich schon eine bestimmte Anzahl von Prozessen ausgelöst hatte, die zu dieser Metamorphose führten. Dieselben Phänomene spielen sich im Schüler ab. Im Augenblick ist er eine Puppe, also ein hässliches, kriechendes Tier, das vor allem Blätter frisst. Es richtet Schäden an, deshalb wird es bekämpft. Und dann kommt ein Tag, an dem es sich in einen Schmetterling verwandelt...[6] Die Natur arbeitet schon lange daran, uns zu unterrichten. Überall hat sie Zeichen und Merkmale hinterlassen, um uns zu zeigen, wie die Auferstehung vor sich gehen kann.

Was geschieht während eurer Meditation? Ihr gleicht einer verpuppten Raupe. Ihr schließt euch in eurem Kokon ein und sogleich geschehen in euch alle möglichen Umwandlungen. Ihr seid aber noch kein Schmetterling geworden, weil eure Arbeit nicht ausreichend ist: Ihr seid zu euren Geschäften zurückgekehrt und eine Raupe geblieben, die langsam dahinkriecht und Blätter frisst. Einige Zeit später schließt ihr euch wieder in euren Kokon ein, spinnt einige spirituelle Fäden, aber von Neuem warten eure Geschäfte auf euch und ihr brecht eure Arbeit ab. Und wieder macht ihr weiter, bis ihr endlich eines Tages als Schmetterling aus eurer Hülle schlüpft! Ab diesem Zeitpunkt zerstört ihr keine Blätter mehr, sondern sucht nach dem Nektar in den Blumen. Mit anderen Worten, ihr schöpft das Subtilste aus den Herzen und Seelen aller Frauen und aller Männer, ohne sie »aufzufressen« oder zu beschädigen. Ihr braucht keine grobe Nahrung mehr. Da jedes Wesen etwas Kostbares besitzt, taucht ihr – natürlich symbolisch gesprochen – euren kleinen Rüssel hinein und labt euch an diesem Nektar; dann fühlt ihr euch glücklich, ihr schwebt im Licht und seid so schön, dass jeder sich an euch erfreut. Manche Sammler oder Wissenschaftler, die begierig danach sind, Schmetterlinge zu fangen, werden selbstverständlich eine kleine Nadel nehmen, um euch in ihrem Schaukasten auszustellen... Abgesehen davon, sind alle sehr nett zu den Schmetterlingen.

Ihr seht also, wie die Auferstehung zu verstehen ist. Auferstehung ist möglich, sie ist eine Tatsache. Viele haben sie schon realisiert und alle anderen werden es auch tun. Man muss aber begreifen, dass diese Auferstehung nicht stattfindet, wenn ihr schon im Grab liegt. Unter der Erde ist für euch alles vorbei, dort bleibt ihr oder vielmehr euer Körper liegen und löst sich auf. Aber wenn ihr auferstehen wollt, dann müsst ihr wieder auf die Erde zurückkommen und weiterlernen; ihr müsst alle Schwächen ablegen und euch wie eine Raupe in den Kokon einschließen, das heißt, ihr müsst auf alle minderwertige Nahrung verzichten. Genau das machen wir hier seit Jahren mithilfe von Gebet und Meditation. Diejenigen, die das nicht begriffen haben und sich ausschließlich zu Vergnügungen und weltlichen Beschäftigungen hingezogen fühlen, die vernachlässigen Gebet und Meditation und sind sich nicht im Klaren darüber, dass sie damit die Arbeit an ihrer Umwandlung, an ihrer Auferstehung unterbrechen. Ich habe es beobachtet, nur beim Meditieren wandelt man sich um.[7] Ich habe es an mir selbst und an anderen beobachtet. Während einer wirklichen Meditation muss sich euer Gesicht erhellen und leuchten. Wenn keine Veränderung stattfindet, dann ist auch keine Auferstehung möglich. Nach jeder Meditation muss das Licht in euch stärker werden, denn mit diesem Licht bildet ihr euren Glorienkörper, mit dem ihr eines Tages auferstehen werdet. Wer auferstanden ist, führt ein neues Leben. Er hegt andere Gedanken, andere Wünsche, hat ein anderes Verhalten. Innerlich ist er nicht mehr derselbe, er hat seine Richtung geändert und hat ein anderes Ziel.

Jesus sagte: »Ich bin die Auferstehung und das Leben.« Weshalb sagte er nicht einfach nur: »Ich bin die Auferstehung?« Warum fügte er »und das Leben« hinzu? Ist die Auferstehung denn kein Leben? Unterscheidet sich das Leben von der Auferstehung? Nein. Wenn Jesus sagt: »Ich bin die Auferstehung und das Leben«, so bedeutet dies, dass die Auferstehung nichts anderes ist als eine Form des Lebens, eine feinere, intensivere, reinere Qualität des Lebens. Erst wenn man dieses höhere Leben lebt, wird man auferstehen. Die Auferstehung ist nichts anders als eine andere Qualität des Lebens, ein Leben als Sohn Gottes. Jesus meinte damit auch: »Wartet nicht jahrhundertelang, um dieses Leben zu führen. Ich bin die Auferstehung und das Leben, durch mich werdet auch ihr zu Auferstehung und Leben.« Genau das haben die Christen nicht begriffen, und deshalb warten sie weiter. Nein, man darf nicht länger warten. Nehmen wir Christus als Vorbild, halten wir uns an ihn, leben wir das Leben, das auch er gelebt hat, dann werden auch wir Auferstehung und Leben sein. Das ist das neue Wissen, das ich euch übermittle, aber nur dieses neue Wissen vermag euch aus den Gräbern hervorzuholen. Denn im Augenblick befindet ihr euch in den Gräbern... Und wenn ihr auf Posaunen wartet, um hervorzukommen, dann könnt ihr Jahrmillionen warten.

Wenn Jesus also sagt: »Ihr habt die Kraft Gottes nicht verstanden«, dann meint er damit die Kraft Gottes, welche tief im Glorienkörper verborgen liegt, und welche die Fähigkeit hat, die Raupe in einen Schmetterling zu verwandeln. Ihr glaubt doch wohl nicht, dass die Raupe weise genug ist, um solche schönen Farben selbst herzustellen? Nein, die Raupe ist viel zu dumm dazu. Es ist die Kraft Gottes, die sich ans Werk macht. Auch wir besitzen diese Kraft Gottes in uns. Überlassen wir uns ihr ganz, und sie wird wissen, wie sie uns schön und stark macht, und wie wir auferstehen können. Geben wir uns der göttlichen Kraft hin, denn sie allein kann all diese Umwandlungen in uns bewirken. Jesus hat alles klar und deutlich ausgedrückt: »Esst mein Fleisch und trinkt mein Blut; ich bin das Brot, das vom Himmel herabgekommen ist; ich bin der Weg und die Wahrheit und das Leben.« Er hat alles gesagt. Worauf wartet man noch, um das zu begreifen? Das wahrhaftige Brot und der wahrhaftige Wein sind in der Sonne zu finden, dort wo der Geist Christi wohnt. Deshalb wird es ein neues Evangelium geben, in welchem die Tiefe der Worte Jesu erklärt wird, als er sagte: »Wenn ihr das Fleisch des Menschensohns nicht esst, und sein Blut nicht trinkt, dann werdet ihr nicht ins Reich Gottes kommen.« Wo ist dieses Fleisch? Und wo ist dieses Blut? Im Wein? Ich habe Menschen gesehen, die ganze Fässer getrunken haben, ohne sich im Geringsten zu verwandeln. Doch, ihre Nase hat sich verändert. Sie ist ganz rot geworden;

und manche, die die anderen noch übertreffen wollten, haben die Farbe ihrer Nase noch einmal geändert, genau wie in dieser Anekdote. Einer, der reich werden wollte, hat Folgendes erfunden: Er verschickte an alle Trinker auf der ganzen Welt kleine Prospekte und schrieb: »Schicken Sie mir 25 Franken!« (das war damals sehr viel Geld)! Als Antwort bekamen sie diesen Rat: »Trinken Sie einfach weiter, und das Rot Ihrer Nase wird sich in Violett verwandeln.« Ist das nicht großartig?

Ihr seht, meine lieben Brüder und Schwestern, diese Stelle, die ich euch am Anfang vorgelesen habe, enthält für mich eine bestimmte Anzahl an Hinweisen, mit deren Hilfe ich herausfinden kann, was Jesus unter Auferstehung verstand. Ich finde noch einen anderen Hinweis in der Übersetzung des Wortes »Auferstehung« im Russischen und Bulgarischen. In Russland sagt man: »voskressenié« und in Bulgarien »vöskressenié«. Das bedeutet wörtlich: vom Kreuz steigen.[8] Was bedeutet das Kreuz? Es hat in jeder der drei Welten einen Sinn. Ich habe euch vor Jahren schon einen Vortrag darüber gehalten und will heute nicht wieder im Einzelnen darauf zurückkommen. Wenn man ein Kreuz zweidimensional zeichnet, stellt man fest, dass es sechs Flächen hat, und wenn man diese zusammenfaltet, so bilden sie einen Würfel.

Der Würfel symbolisiert das Gefängnis, die Materie; das ist die Zahl 4, die 4 Zustandsformen der Materie. Auferstehen bedeutet also, aus dieser Abhängigkeit, aus diesem Sklaventum, aus diesem Gefängnis der Materie, aus dem physischen Körper hervorzukommen, denn auch der physische Körper ist ein Kreuz.

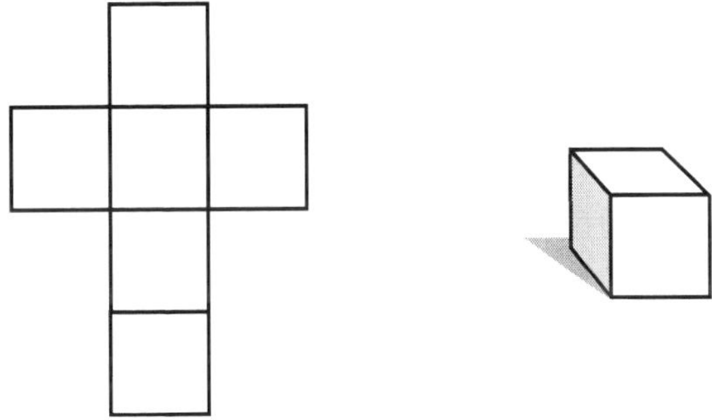

Ihr seht also, welche Erkenntnis uns allein das Wort »vöskressenié« vermittelt. Wenn man sagt »sein Kreuz tragen«, so meint man damit, sich mit den Schwierigkeiten, den physischen und moralischen Lasten dahinschleppen.[9] Das Kreuz ist schwer, und wenn der Mensch sich von ihm löst, kommt er aus seinem Gefängnis heraus, aus seinem Grab; das bedeutet, aus allen Leidenschaften, aus allen niederen Gedanken, aus allem, was in ihm gärt, und er wird frei, frei wie ein Schmetterling.

Die Auferstehung ist also tatsächlich ein realer Vorgang, meine lieben Brüder und Schwestern; es gibt aber keine Auferstehung der Toten. Es gibt nur eine Auferstehung der Lebenden, und zwar nur der Lebendigsten unter ihnen, für jene, die ein intensives, göttliches und Christus gemäßes Leben führen. Und wie kann man auferstehen? Indem man ein Schüler der Universellen Weißen Bruderschaft wird. In dieser Schule lernt jeder, die lichtvollsten Gedanken, die warmherzigsten Gefühle zu pflegen und die gerechtesten und edelsten Handlungen zu vollbringen, denn für die Auferstehung ist es notwendig, dass man seine Liebe und den Wunsch, den anderen zu helfen, vertieft, dass man Opfer bringt und auch auf vieles verzichtet. Sonst lebt man wie jedermann. Man wird selbstverständlich eines Tages auferstehen, aber wann? Gott allein weiß es...

Wer auferstanden ist, hat viele Möglichkeiten, sich zu erfreuen, mit der gesamten Natur zu kommunizieren, sie kennenzulernen, ihre Geheimnisse zu entziffern, den Menschen zu helfen, und sogar sie zu heilen. Ja, meine lieben Brüder und Schwestern, ihr werdet unglaubliche Dinge erleben. Der Zeitpunkt ist noch nicht gekommen, doch eines Tages werdet ihr die Herrlichkeit Gottes schauen. Ich denke, ihr habt nun eine klare Vorstellung von der Auferstehung. Alle werden auferstehen; bei manchen wird es aber schneller gehen, vorausgesetzt sie bereiten sich darauf vor. Diese Vorbereitung findet im Laufe der verschiedenen Inkarnationen statt; und selbst wenn man sich sehr bemüht, die vollkommene Reinheit zu erreichen, muss man sich doch immer wieder inkarnieren. Manche verkörpern sich nicht mehr; sie gehen aus dieser Welt und kehren nicht mehr in einen physischen Körper zurück. Es ist möglich, dass sie sich in manchen Menschen niederlassen, in ihnen Wohnung nehmen, um ihnen zu helfen, sie zu belehren und zu beleben; sie selber nehmen jedoch keinen physischen Körper mehr an.

Ihr seht also, wenn man diese Stelle nicht so interpretiert, wie ich es eben tat, bleiben die Auferstehung und das Jüngste Gericht absolut unverständlich und schwer zu entschlüsseln. So wie man sich das letzte Gericht vorstellt, mit all den Menschen, die aus den Gräbern steigen, um gerichtet zu werden, so kann es nicht aussehen. Denn wir werden ununterbrochen gerichtet, meine lieben Brüder und Schwestern. Jede Schwierigkeit, jeder Schmerz, jede Qual ist bereits ein Urteil und man bezahlt. Wenn ihr nichts mehr zu bezahlen habt, dann leidet ihr auch nicht mehr. Fortan habt ihr nichts anderes zu tun, als euch an dem Gedanken zu erfreuen, dass ihr wie die Engel im Himmel werdet und im Glück lebt, und ganz besonders in der

Liebe, dass ihr jedes Geschöpf lieben und mit ihm verschmelzen könnt. Ja doch, beeilt euch aber nicht zu sehr, zuerst müsst ihr euch darauf vorbereiten. Ist es jetzt klar und verständlich?

Lest diese Stelle noch einmal und ihr könnt besser begreifen, was mit dieser Antwort an die Sadduzäer im Kopf Jesu vor sich ging. Auf diese Weise erkennt ihr deutlich Gottes Plan, wie dieser abläuft und wie man auferstehen kann. Den kirchlichen Auslegungen der Auferstehung mangelt es hingegen an Logik und gesundem Menschenverstand. Sie stellen uns den Herrn als einen großen Dummkopf dar, und auch Sein Jüngstes Gericht ist völlig unsinnig. Habt also keine Angst, ihr wisst nun, dieses Jüngste Gericht wird nicht stattfinden. Doch obgleich ihr hinsichtlich dieser Frage jetzt beruhigt seid, wartet dennoch ein Jüngstes Gericht auf euch. Ja, wenn euch ein Floh oder eine Wanze beißt, ist das schon ein Richten. Wenn ihr aufschreit, weil euch ein Floh beißt, heißt das, dass ihr gerichtet werdet.

Eines Tages geschah etwas Merkwürdiges. Ich hatte eben über den Floh gesprochen, als eine Schwester zu mir kam und sagte: »Wieso wussten Sie denn, dass mich ein Floh gebissen hatte?« Ich antwortete, ich wüsste überhaupt nichts davon. »Aber ja«, sagte sie, »in dem Vortrag haben Sie von mir gesprochen. Heute Nacht hat mich ein Floh gebissen.« Ich selber war meilenweit davon entfernt zu denken, dass sie in der Nacht ein Floh gestochen und gebissen hätte. Ja, tatsächlich »gebissen«, weil Flöhe, genau wie Wanzen, Zähne und Kiefer haben, das ist enorm! Aber auch gegen die Wanzen hatte einmal jemand etwas erfunden. Er gab diese Anzeige auf: »Schicken Sie mir 20 Franken, und ich verrate Ihnen die Methode, wie sie Wanzen loswerden.« Alle, die es wissen wollten, bekamen einen kleinen Hammer aus prächtigem, gut geschnitztem Buchsbaumholz geschickt, mit einer Gravierung am Griff: »Auf den Kopf zielen und fest zuschlagen!« Ein anderer hatte eine andere Methode gefunden. Er schickte jedem ein Fläschchen mit folgender Gebrauchsanweisung: »Fangen Sie die Wanze, öffnen Sie ihr das Maul und flößen Sie ihr mit einem Teelöffel diese Flüssigkeit ein. Die Wanze wird ein wenig zucken, bevor sie stirbt; aber Sie werden befreit sein...« Wie kann man solche Geschichten in einen so wichtigen Vortrag über die Auferstehung einfließen lassen? Das tut euch aber gut und lässt euch wieder auferstehen. Ihr seid bereits dabei, in Freude und Glück aufzuerstehen.

Wie viele Menschen könnten ihre Auferstehung beschleunigen, anstatt auf sie zu warten! Warum hat man ihnen die Auferstehung nicht auf diese Weise erklärt? Zweifellos werden die Auffassungen der Universellen Weißen Bruderschaft die ganze Welt erneuern, vor allem wenn man sie gründlich studiert und richtig versteht. Wenn ihr euch oft mit der glorreichen Zukunft jedes Geschöpfes beschäftigt, gibt euch das einen unglaublichen Elan. Wenn ihr euch natürlich damit begnügt, die Lehre wie einen kleinen Orden zu tragen, und immer meint, ihr würdet mit diesen Ideen verhungern, die Öffentlichkeit würde sich lustig machen über euch, ihr würdet krank werden und alles verlieren, ohne jemals das glorreiche Ziel zu erreichen, das dort am Ende auf euch wartet, wie könnt ihr dann Elan und Inspiration dazu verspüren? Haltet ihr aber von nun an eure Aufmerksamkeit fest auf das von mir dargelegte Ideal gerichtet, dann wird vieles in euch auferstehen.

Diese Frage der Auferstehung ist noch viel umfangreicher, tiefgründiger und wissenschaftlicher, sodass ich euch natürlich nicht alles erklären konnte. Ich kann aber doch noch ein paar Worte hinzufügen. Ihr begegnet jemandem mit einem großen, blauen, fast schwarzen Fleck am Bein. »Was ist denn mit Dir passiert, mein Freund? – Ich habe mich gestoßen.« Mein ganzer Vortrag ist in dieser Antwort enthalten. An dieser blauen

Stelle sterben die Zellen ab, aber nach einiger Zeit wird die Haut wieder hell, und das Blau-schwarze verschwindet... Da habt ihr die Auferstehung. Hier handelt es sich nicht um die alten Zellen, die auferstanden sind, sondern um neue, die an deren Stelle treten. Die alten Zellen werden ersetzt und die neuen bringen die Besserung, man kann wieder gehen, der Schmerz ist vorbei. Genauso funktioniert die Auferstehung, meine lieben Brüder und Schwestern.

Und jetzt sehen wir uns den gesamten Organismus an. Zahlreiche Menschen haben in ihrem Körper abgestorbene Zellen, die nicht erneuert werden. Sie vermehren sich nach und nach so sehr, dass sie den ganzen Organismus überschwemmen und den Tod der Person verursachen. Andere hingegen sterben, während ihr Körper noch nicht ganz tot ist, sondern noch lebendige Zellen enthält, die man zu Transplantationszwecken entnehmen kann. Das ist wissenschaftlich anerkannt. Manche Lebenden sind fast tot, weil sie unzählige Leichen, viele faulende Zellen in ihrem Körper mit sich herumschleppen, die sie nicht durch neue ersetzen können. Bei anderen hingegen, zum Beispiel bei Verunglückten, sind fast alle Zellen noch lebendig. Im Bereich der Spiritualität kann das gleiche Phänomen beobachtet werden, nur handelt es sich da nicht um Zellen, sondern um Wesenheiten. Genau so wie der physische Körper des Menschen aus vielen Milliarden Zellen aufgebaut ist, so besteht auch sein geistiges Wesen aus zahlreichen Wesenheiten. Auch da kommt es häufig vor, dass Wesenheiten sterben oder dass der Mensch von finsteren und bösartigen Wesenheiten bewohnt ist. Diese muss er dann ersetzen. Das ist Auferstehung.

Ohne schon endgültig und vollständig zu sein, hat die Auferstehung bei manchen begonnen. Sie müssen weitermachen und ihre Arbeit des Ersetzens fortsetzen, die alten Wesenheiten durch andere, spirituelle und lichtvolle ersetzen; dann wird eines Tages die Auferstehung mit einem Schlag geschehen. Genau das sagt Paulus: »Im Nu, auf einmal mit dem Erschallen der letzten Posaune – denn sie wird erschallen – werden die Toten unverwest auferstehen, und wir selber verwandelt werden...« Nein, in Wirklichkeit vollzieht sich die Auferstehung nicht auf einen Schlag. Man muss diesen Vorgang richtig verstehen, und dabei wird uns die Chemie helfen. Ihr nehmt eine Säure, gebt einige Tropfen Lackmus hinein, sodass es eine rote Flüssigkeit ergibt. Daraufhin fügt ihr tropfenweise eine basische Lösung hinzu. Zuerst gibt es keine sichtbare Veränderung; ihr lasst weiterhin einen Tropfen nach dem anderen hineinfallen, und plötzlich färbt sich die rote Lösung blau. Nun, hier haben wir die Auferstehung: das Rot verwandelt sich in Blau; das Rot, der alte, selbstsüchtige Adam ersteht als Christus, das Blau des Himmels. Ihr seht, Tropfen für Tropfen, und der letzte Tropfen verwandelt auf einmal alles, man ist auferstanden! Diese Auferstehung hat also schon längst begonnen, aber bis zur letzten Sekunde war keine sichtbare Veränderung zu erkennen. Die Worte von Paulus entsprechen der Wahrheit, aber sie bedürfen der Erklärung.

Die Auferstehung kommt nicht plötzlich, es ist eine lange Vorarbeit nötig, und der letzte Tropfen ist ausschlaggebend. Warum geschieht die Veränderung nicht schon vorher? Warum muss man den letzten Tropfen abwarten? Das ist ein Geheimnis, welches selbst die Chemiker noch nicht erklären können. Viele von euch haben mit ihrer Auferstehung bereits begonnen, das heißt, sie haben bestimmte egoistische, finstere und gewalttätige Wesenheiten durch intelligente und liebevolle Wesenheiten ersetzt; trotzdem klagen sie, dass sie keine Veränderung feststellen und sich immer noch wie vorher fühlen. Sie müssen Geduld haben und den letzten Tropfen abwarten. Das sind dann Posaunen! Aber die Posaunen können die Toten nicht auferstehen lassen, wenn diese nicht vorher schon an sich gearbeitet haben. Keine Posaune kann einen Toten auferstehen lassen. Versucht es; nehmt eine Trompete, geht auf den Friedhof und posaunt dort so viel wie ihr wollt: Niemand wird aus seinem Grab steigen... außer vielleicht einem versteckten Landstreicher, der »auferstanden« vor euch erscheint! Landstreicher wohnen gerne in Friedhöfen, wenn sie keine andere Wohnstätte haben, sie vertragen sich gut mit den Toten.

Ihr seht, wie viele Beispiele aus der Natur uns die Realität der Auferstehung vor Augen führen! Ich gehe sogar so weit und behaupte, dass ich die Lösung für die größten Fragen der Einweihungslehre oft bei Raupen, Maulwürfen, Flöhen und Wanzen finde. Ja, dort habe ich die Antwort auf die schwierigsten Fragen erhalten. Ihr fragt: »Bei Wanzen und Flöhen? Was können Sie denn da entdecken? – Alle Gesetze der Medizin, alle jene, welche sie noch nicht herausgefunden hat, die haben mir die Flöhe und die Wanzen enthüllt. – Oh, Flöhe und Wanzen sind also Ihre Meister und Lehrer? – Warum nicht? – Haben Sie keine anderen Lehrer? Wollen Sie nicht bei hohen Persönlichkeiten lernen? – Nein, denn sie würden mich nur irreführen. Ich studiere lieber diese kleinen Tierchen.« Wollt ihr jetzt wissen, welche Offenbarungen die Flöhe mir gemacht haben? Ich habe erkannt, dass sie von demselben Instinkt geleitet werden wie die Radiästhesisten. Da wo viele Menschen liegen, in Schlafsälen zum Beispiel, nimmt der Floh sein Pendel heraus und sagt: »Nein, der nicht, der ist zu zäh, und der hier? Der scheint nicht sehr appetitlich... Aber hier haben wir einen, den will ich mal anknabbern!« Und nachdem er alle Entfernungen richtig berechnet hat, lässt er sich auf sein Opfer herunterfallen und beginnt sein Blut zu trinken, während alle anderen Personen in seiner Nähe ungestört weiterschlafen.

Auf diese Weise haben mir die Flöhe viele Gesetze verständlich gemacht, und mir das Prinzip der Krankheit offenbart. Sie haben mich gelehrt, dass Krankheit nichts anderes ist als eine Anhäufung bestimmter Stoffe, die für bestimmte Mikroben und Wesenheiten sehr appetitlich sind. Wenn der Mensch viele davon angesammelt hat, kommen sie zu ihm und essen sich satt. Und wie ist es mit der Heilung? Nun, er muss alle diese »Nährstoffe« beseitigen, dann verhungern die Mikroben, und er wird gesund. Ich habe auch Ameisen, Wespen und andere winzige Insekten beobachtet und festgestellt, dass sie schon von weitem riechen, wenn irgendwo Abfälle liegen geblieben sind. Sie kommen sofort und stürzen sich darauf. Aber sobald man sauber macht, sind sie wieder verschwunden, weil sie keine Nahrung mehr finden. Das ist das große Geheimnis: Ihr dürft den verschiedenen Wesenheiten keine Nahrung geben, mit anderen Worten, ihr dürft keine Unreinheiten liegen lassen, dann lassen sie euch in Ruhe! In welchem Medizinbuch könnte man so etwas nachschlagen? In keinem. Übrigens lese ich nie medizinische Bücher.

Die physische Auferstehung..., Tod und physische Auferstehung...! Nein, meine lieben Brüder und Schwestern, uns interessiert die spirituelle Auferstehung, denn eine körperliche wird es nie geben. Für die Toten ist alles vorbei, das sagte ich bereits, aber die Lebenden haben eine lebendige Seele, und für sie gibt es eine Auferstehung, denn Gott ist der Gott der Lebenden.

Mögen die wahre Wissenschaft, Licht und Frieden mit euch sein, denn sie werden das Reich Gottes und Seine Gerechtigkeit auf Erden bringen!

Sèvres, Ostern 1966

Anmerkungen

1. Siehe Band 26 der Reihe Gesamtwerke »Der Wassermann und das Goldene Zeitalter«, Kapitel 1: »Die Prinzipien und die Formen«.
2. Siehe Band 235 der Reihe Izvor »Im Geist und in der Wahrheit – Wie finde ich zu Gott?«, Kapitel 11: »Im Geist und in der Wahrheit«, Kapitel 12: »Das Bild als einfache Stütze für das Gebet« und Kapitel 13: »Überreste sind nichts als Spuren ohne Geist«.
3. Siehe Band 32 der Reihe Gesamtwerke »Die Früchte des Lebensbaums – Die kabbalistische Überlieferung«, Kapitel 12: »Die esoterische Kirche des Johannes«.
4. Siehe Band 240 der Reihe Izvor »Söhne und Töchter Gottes«, Kapitel 4: »Lass die Toten ihre Toten begraben«.
5. Siehe Band 308 der Reihe Broschüren »Das Osterfest – Die Auferstehung und das Leben«.
6. Siehe Band 28 der Reihe Gesamtwerke »Die Pädagogik in der Einweihungslehre, Teil 2 und 3«, Kapitel 7: »Die Raupe und der Schmetterling«.
7. Siehe Band 302 der Reihe Broschüren »Die Meditation«.
8. Siehe Band 241 der Reihe Izvor »Der Stein der Weisen – Von den Evangelien zur Alchimie«, Kapitel 11: »Die Regeneration der Materie: das Kreuz und der Tiegel«.
9. Siehe Band 4 der Reihe Gesamtwerke »Das Senfkorn - Symbole im Neuen Testament«, Kapitel 4: »Wer mir nachfolgen will, nehme sein Kreuz auf sich«.

*Kapitel 12*

# »Im Haus meines Vaters sind viele Wohnungen«

## Freier Vortrag

Ich habe euch mehrmals gesagt, dass es um uns herum ein großes Buch gibt: das Buch der lebendigen Natur. In diesem Buch ist alles aufgeschrieben. Wenn man es zu lesen versteht, dann kann man die schwierigsten Probleme lösen.[1]

Alle Menschen – oder sagen wir fast alle, denn es gibt noch Höhlenbewohner – wohnen in Häusern; wenn nicht als Besitzer dann wenigstens als Mieter. Jeder weiß also, was ein Haus ist; aber nur wenige haben begriffen, was ein Haus oder die Besitzer, die Mieter, die verschiedenen Stockwerke usw. bedeuten. Die Dinge, die uns umgeben, sind Teil unserer Gewohnheiten, wir sehen sie täglich und schenken ihnen weiter keine besondere Aufmerksamkeit. Wir atmen, wir essen, wir gehen ohne daran zu denken; und so verhält es sich mit vielen anderen automatisierten Handlungen. Man sollte sich ihrer bewusst werden, um bestimmte Wahrheiten verstehen zu können.

Am einfachen Beispiel eines Hauses werde ich nun versuchen, euch mit bedeutungsvollen esoterischen Wahrheiten vertraut zu machen. Ein Haus kann ein Palast sein, in dem großartige Mieter wohnen. Wie soll man das interpretieren? Ich verwende das Wort »Mieter«, man könnte aber auch Wörter wie »Besucher«, »Anwesende« oder »Bewohner« nehmen.

Ein bestimmter Mensch ist für euch ein Freund; eure gegenseitige Beziehung ist ausgezeichnet. Die Zeit vergeht und eines Tages seid ihr erstaunt darüber, dass ihr euren Freund nicht mehr wiedererkennt. Er ist nicht mehr derselbe, etwas Trennendes steht zwischen euch, er kommt euch wie ein Fremder vor. Ihr sucht nach einer Erklärung und sagt euch, eure Denkweise habe sich geändert. Es kommt jedoch oft vor, dass einer eurer Freunde seine Überzeugungen, seine allgemeine Einstellung ändert, ohne dass eure Freundschaft darunter leidet.

Greifen wir ein anderes Beispiel auf: Ihr kennt zum Beispiel eine Person, die bis jetzt nicht den geringsten Eindruck auf euch gemacht hat; sie ist für euch ein Durchschnittsmensch, so, als existierte sie überhaupt nicht. Ihr kommt oft im Geschäftsleben oder in Versammlungen mit ihr zusammen und wundert euch plötzlich, dass sie unversehens für euch von erheblicher Wichtigkeit geworden ist und Einfluss über euch gewonnen hat. Dennoch nimmt alles wie immer seinen Lauf und es gibt keine Erklärung für diesen Wandel. Was ist geschehen? Das Bild oder das Symbol des Hauses kann euch eine Erklärung geben.

Ein Fluss – sei es die Seine, die Themse, die Donau oder der Mississippi – trägt stets denselben Namen, obwohl sein Wasser immer anders ist. So kann man das Schicksal der Völker erklären. Im Laufe der Jahrhunderte bleibt der Name eines Landes immer derselbe; die Menschen jedoch, die es bewohnen, sind im Laufe der Zeit nicht mehr die gleichen; sie sind wie das fließende Wasser des Flusses. Könnt ihr wissen, wo dieses Wasser war, während es in Form von Dunst, Schnee, Eis oder Tau existierte und könnt ihr den Weg erkennen, den es zurückgelegt hat aufgrund von Luftströmungen, der Hitze der Sonne oder der Unebenheiten des

Bodenreliefs, bis es endlich in den Fluss mündete? Stellt euch vor, dass jeder Wassertropfen symbolisch eine Seele darstellt, die sich in einem bestimmten Land inkarniert; dann wird sich zu einem bestimmten Zeitpunkt – ungeachtet der lokalen Besonderheiten und der Sitten, die unverändert bleiben – keine Ähnlichkeit mehr mit den früheren Generationen zeigen. Das lässt sich mit dem Gesetz der Wiedergeburt erklären. Es gibt Zeiten, in denen bestimmte Länder in Armut, Begrenztheit und Unterdrückung leben, während andere sich des Reichtums, der Freiheit, einer großartigen Kultur, des Ruhmes und aller Möglichkeiten der Weiterentwicklung erfreuen. Weshalb? Es sind eben oft die bösen, ungerechten und grausamen Menschen, die durch die Gesetze der Wiedergeburt und der göttlichen Gerechtigkeit in unterdrückte Länder geschickt werden, um dort Liebe zu erlernen. Diejenigen, die hingegen gelernt haben, nach dem Gesetz des Lichtes und der Liebe zu leben, werden in privilegierten Ländern wiedergeboren, damit sie von ihrer Situation profitieren und sich besser entwickeln können.

Manche Länder stellen also für andere Seelen aus anderen Ländern Besserungsanstalten dar. So wird jeder Mensch vom karmischen Gesetz, welches das Schicksal jedes Menschen regelt, zu einer bestimmten Zeit und für seine ganz persönliche Entwicklung in das ihm entsprechende Land geschickt. Wie viele interessante Dinge könnte ich euch dazu erzählen! Das ist aber ein heikles Thema... Wo sind denn die Genies des alten Griechenland wie Orpheus, Homer, Pythagoras, Hesiod, Sokrates, Plato, Phidias, Praxiteles, Aischylos, Sophokles, Euripides usw.? Warum werden sie nicht in Griechenland wiedergeboren? Dieselbe Frage könnte man auch bezüglich anderer Länder stellen.

Flüsse, Häuser, Menschen gehorchen denselben Gesetzen, den Naturgesetzen. Der Mensch stellt ein Gebäude mit vielen Räumen dar: das Gehirn, das Herz, die Lunge, der Magen usw., und man hat die Zahl der Mieter, die diese Räumlichkeiten bewohnen, noch nicht ausgerechnet.

Von einem Haus werdet ihr sagen, man könne es nicht mit einem Palast vergleichen, denn es ist finster und miserabel, und wird also von armen Menschen bewohnt, die weder kostspielige Häuser instand halten noch hohe Mieten zahlen können. Und dennoch gibt es unter den Armen große Philosophen, die ein ganz bescheidenes Haus auswählen, weil sie wenig Geld haben; dort können sie in aller Ruhe nachdenken, meditieren und beten. Und schon häufig ging aus einem solchen Haus, das keinen besonders Vertrauen erweckenden Eindruck macht, eines Tages ein berühmter Mann hervor. Genauso schaut ihr euch irgendjemanden an und sagt euch: »Der sieht wirklich unbedeutend aus; aus ihm wird nichts Besonderes werden.« Nach einigen Jahren jedoch erfahrt ihr, dass ein großer Künstler oder ein berühmter Arzt aus ihm geworden ist. Im Gegensatz dazu gibt es Kinder, die in jungen Jahren als Wunder betrachtet werden, und die beim Heranwachsen ganz mittelmäßig werden und für sich selbst, ihre Familie oder die Gesellschaft von keinem Nutzen sind. Ihr werdet sagen, sie hätten keine gute Erziehung gehabt oder seien schlechten Einflüssen unterworfen gewesen. Vielleicht habt ihr recht, es erklärt jedoch nicht wirklich bestimmte Phänomene des menschlichen Lebens. Die Psychologie der Zukunft wird solche Phänomene damit erklären, dass sie den Menschen als ein Wesen beschreibt, das in mehreren Welten – oder Dimensionen – lebt, und uns noch unbekannte Energien und Kräfte ausstrahlt.

Zu diesem Thema enthüllt uns das Haus sehr bedeutsame Wahrheiten. Ein Haus wird oft von zweierlei Mietern bewohnt. Die einen, eher skrupellos, machen die Fußböden kaputt, beschmutzen die Wände und sagen nur: »Geschieht dem Besitzer recht!« Die anderen hingegen machen das Haus schöner, streichen und tapezieren alles frisch usw. Im Menschen existieren auch zwei Kategorien von Mietern. Einige richten ihn total zugrunde; sie ruinieren seinen Magen, verletzen sein Herz, erweichen sein Gehirn, und manchmal ist es unmöglich, sie loszuwerden; sie weigern sich auszuziehen.[2] Andere hingegen machen beim Einziehen alles schön sauber und rein, hell und stabil. Manchmal bleiben sie eine Zeit lang, doch es kommt vor, dass sie bald wieder wegziehen.Diese zwei Arten von Mietern kennt ihr gut, aufgrund der verschiedenen Empfindungen, Leiden oder Freuden, die ihr erlebt habt. Was ihr aber nicht kennt, das ist ihr Charakter, ihr Gesicht. Ihr könnt nicht einmal unterscheiden, in welchem Moment sie euch aufsuchen oder euch verlassen. Ihr sagt, es gebe in eurem Haus keinen Portier. Genau das ist der Nachteil. Hättet ihr – symbolisch ausgedrückt – einen Portier, dann würde er euch sofort von der Ankunft der Besucher benachrichtigen. Ist ein schlechter Mieter bei euch eingezogen, dann spürt ihr seine Anwesenheit in Form von quälenden Leidenschaften und Begierden. Jeden Tag zerstört er etwas in euch, doch ihr bemerkt seine Anwesenheit zu spät.

Ihr solltet genau beobachten, was in euch vorgeht und wissen, ob alle Mieter, die euch aufsuchen, das Gute und das wahre Glück mit sich bringen. Ihr sagt, das sei schwer herauszufinden; in unserer Lehre gibt es aber genug Kriterien dafür. Natürlich kann man nicht alles in einem einzigen Vortrag erklären, und es sind viele Jahre nötig, bis man seine Mieter durchschaut, ihr Wesen und ihre Handlungsweise erfühlt.

Für die Mieter der unsichtbaren Welt stellen wir alle ein Haus dar. Manche bleiben ein paar Minuten, andere einige Monate oder Jahre, andere sogar das ganze Leben lang. Es ist eine Wissenschaft für sich, sie erkennen zu können. Bei denen, die nur kurze Zeit bleiben, handelt es sich im Allgemeinen um die spirituellsten Wesen. Sie nähern sich mit ungeheurer Geschwindigkeit, um uns Geschenke oder Licht mitzubringen, doch ihr Besuch hinterlässt Spuren, die manchmal für das ganze Leben bleiben. Und kam euch ein Mensch, den ihr für ganz gewöhnlich hieltet, einmal sehr lichtvoll, ja, sogar erhaben vor, dann ist das der Beweis, dass großartige Besucher sein Haus aufgesucht haben, diejenigen eben, die ihr gesehen und gefühlt habt und die euch angezogen haben; das Haus selbst hat sich nicht verändert.

Beim Auszug der Mieter findet ihr das Haus natürlich nicht mehr in dem Zustand vor, wie es vorher war. Ein unbewohntes Haus sieht nicht besonders interessant aus; die Fensterläden sind geschlossen, und im Inneren ist alles voller Staub, Spinnennetze und Mäuse. Haben sich hingegen Mieter eingerichtet, dann ist überall Licht, mit anderen Worten, der Mensch wird angenehm und sympathisch. Das ist die Erklärung für das eben angeführte Beispiel. Wird ein Mensch, der zunächst völlig unbedeutend war, eines Tages zu einem großartigen Künstler oder Wissenschaftler, dann heißt das, dass sich in seinem vorher unbewohnten Haus sehr bemerkenswerte Mieter eingefunden haben.

Ihr fragt: »Aber warum hat dieser Mensch, der zunächst »unbewohnt« war, anschließend Mieter bekommen? Das ist eine sehr subtile Frage, eine Frage des Schicksals. Und wenn ein Mensch, den ihr zuerst geliebt habt, euch fremd geworden ist, dann heißt das, dass ihr in ihm Mieter geliebt habt, die aber weggezogen sind. Wundert euch also nicht darüber. Ihr habt die Mieter geliebt, die verschwunden sind. Werden sie eines Tages zurückkommen? Das kommt manchmal vor. Wenn die Mieter ausgezogen sind und ihr das neue Haus kennt, in das sie eingezogen sind, dann könnt ihr sie wieder finden. Wenn eure Freunde umziehen, sucht ihr sie unter ihrer neuen Adresse auf.

Es kann vorkommen, dass ein hervorragender euch bekannter Mensch stirbt oder verschwindet. Warum könnt ihr ihn dann nicht woanders – dort wo er sich jetzt aufhält – wieder finden? Wenn ihr sucht, dann findet ihr im Unsichtbaren seine neue Wohnstätte. Neulich hat mir eine Schwester erzählt: »Vor 20 Jahren habe ich einen Mann geliebt; er war die Quelle meiner Inspiration. Er ist aus meinem Leben verschwunden und ich habe andere geliebt; aber niemals wieder habe ich in ihnen diese Ausstrahlung, dieses Licht, diese Freude gefunden, die ich mit dem ersten empfunden habe. Dann traf ich eines Tages einen Mann; nicht den, welchen ich damals liebte; doch ich empfand dieselbe Liebe wie damals.« Sie hatte denselben Mieter wieder gefunden, aber in einem anderen Haus. In solchen Fällen sollte man überprüfen, ob es tatsächlich derselbe Mieter ist, denn in diesem Bereich gibt es merkwürdige Tatsachen, die selbst von den fortgeschrittensten Okkultisten noch niemals beschrieben oder begriffen wurden.

Manchmal repräsentierten die Mieter erhabene Geister, die nur ganz kurz in diesem Haus lebten und wieder in die göttliche Welt zurückgingen. Man sollte hinaufsteigen und dort oben nach ihnen suchen, sie besuchen, sie nicht verlassen; mit derselben Liebe, mit der lebendig gebliebenen Erinnerung sucht ihr sie auf. Die Verbindung zwischen ihnen und euch darf nicht abreißen.

Wenn euch ein geliebter Freund gleichgültig wird, sagt ihr oft, er sei nicht mehr derselbe, er habe etwas verloren; aber ihr selbst seid vielleicht derjenige, der etwas verloren hat. So etwas geschieht oft zwischen einem Meister und seinen Schülern. Wenn zum Beispiel der Schüler rein und edel ist und sich vervollkommnen will, dann nimmt er das Licht und die Weisheit seines Meisters wahr. Wenn er aber faul wird, nicht mehr betet oder seine spirituellen Übungen vernachlässigt, dann sieht er seinen Meister nicht mehr im selben Licht wie zuvor. Man muss also vieles kennen, um die Ursache der Veränderungen – die man um sich herum festzustellen glaubt – zu verstehen. Oft behauptet man, die anderen hätten sich verändert; doch man sollte zuerst sich selbst richtig analysieren; dann würde man vielleicht herausfinden, dass die Veränderungen in einem selbst stattgefunden haben.

Wenn ihr ein schönes Haus trefft (irgendeine Person) und dieses keine talentierten Mieter beherbergt, dann wartet ihr vergeblich auf großartige Werke oder ein intensives Leben. Das ist eben so, weil der Besitzer des Gebäudes in Wirklichkeit arm und einsam ist, weder Freude noch Inspiration kennt oder weil er dabei ist, das elterliche Erbe zu vergeuden. Es kommt auch vor, dass die Engel in kleinen Dörfern wohnen. Engel und Genien brauchen meist kein prunkvolles Äußeres. Vielleicht seid ihr der Meinung, alles, was ich euch jetzt sage, stehe in Widerspruch zu dem, was ich euch vor ein paar Tagen über die Entsprechung zwischen äußerer und innerer Schönheit sagte oder zwischen innerem und äußerem Reichtum.[3] Nein, da besteht kein Widerspruch, denn ein Haus selbst zu bauen, ist etwas anderes als ein Haus zu mieten. Ihr könnt ein kleines, bescheidenes Haus mieten, obwohl ihr über großen Reichtum verfügt; andererseits könnt ihr auch für einige Zeit ein Haus mieten, dessen Mietpreis eure Mittel überschreitet, und ihr ruiniert euch.

Was wisst ihr von der Art und Weise, wie das Kind im Schoß seiner Mutter sich formt? Wer errichtet das zukünftige Haus, den Körper des Kindes? Nach welchem Plan wird dieses Bauwerk errichtet? Warum gibt es oft so große Unterschiede zwischen den Kindern ein und derselben Familie, mit demselben Vater und derselben Mutter? Ist der Geist des Kindes der Besitzer des Hauses? Hat er an seiner Errichtung teilgenommen oder wurde dieser Bau für ihn errichtet und man hat ihm diesen nur vermietet? Hat das Kind selbst diesen Bau errichtet, dann entspricht dieser genau seinen Qualitäten und seinen Fehlern; wenn er jedoch nur gemietet ist, dann gibt es einen Unterschied zwischen dem Kind und seinem Körper. Habt ihr darüber nachgedacht? Wenn wir selbst unser Haus errichten, entspricht es genau unserer Güte, unserer Weisheit, unserer Intelligenz, das heißt unserem Vermögen; denn man kann nichts Schönes oder Lichtvolles bauen, wenn man innerlich weder schön noch lichtvoll ist, nichts Prunkvolles errichten, wenn man nicht innerlich reich ist. Es gibt also Häuser, die wir nicht selbst gebaut haben. Wir ziehen einfach nur ein und leben eine Weile dort. Es gibt auch Geister, die in uns wohnen, aber nur als Mieter, und ein Mieter kann wieder Untermieter haben...

Der Besitzer ist manchmal ein ganz gewöhnlicher Mensch, während der Mieter einer höheren Hierarchie angehört. In einem gewöhnlichen Menschen können oft Engel wohnen, um ihm zu helfen und den Weg zu zeigen. Das erklärt, warum manche Menschen, die ganz gewöhnlich aussehen, erhabene Geister in sich beherbergen in Form von Talenten als Maler, als Dichter, als Musiker, als Sänger oder Heiler... Diese Geister sind gekommen, um ihnen zu helfen. Manchmal wohnen in einem herrlichen Haus auch schreckliche Mieter; und so verbergen sich hinter bezaubernden Gesichtern Dämonen.

Sehen wir uns nun das Haus etwas näher an. In den verschiedenen Stockwerken eines Hauses können zahlreiche Menschen leben, ohne sich zu kennen. Die menschlichen Häuser haben drei Stockwerke: das erste ist der Magen (die Küche), das zweite die Region des Herzens und der Lungen (der Empfangsraum), und das dritte Stockwerk ist der Kopf mit Augen und Ohren, mit Nase und Mund (den Laboratorien, den Sternwarten, Studier- und Lesezimmern). Von dort aus werden die Gestirne beobachtet. Doch es kommt zum Beispiel vor, dass die

Mieter unten beim Essen und Trinken einen solchen Krach machen, dass die Mieter aus den oberen Stockwerken nachsehen, was los ist. Zwischen den Stockwerken gibt es Verbindungen; in manchen Fällen führen die Mieter untereinander ein bewundernswert brüderliches Leben. Die Mieter vom ersten Stock bereiten die Mahlzeiten für alle anderen zu; diejenigen von oben betreiben Forschungsarbeit und teilen ihre Ergebnisse denen von unten mit, die so von ihren Kenntnissen profitieren. Die Mieter vom zweiten Stock wiederum dienen als Vermittler; sie sorgen für die Harmonie zwischen dem ersten und dem dritten Stock; durch sie wird eine brüderliche Einstellung möglich. Leben aber die drei Stockwerke von einander getrennt, jeder nur für sich allein, dann geht alles schief; und leider passiert heutzutage zwischen den Menschen genau das.

Wenn ich von »Mietern« spreche, beziehe ich alle Menschen mit ein, die im Hause wohnen: Mann und Frau, Sohn und Tochter, Großvater und Großmutter usw., und sogar Diener und Arbeiter. Wer von euch kennt die zahlreichen Familienmitglieder, die in seinem Inneren wohnen? Wisst ihr, wo eure Frau oder euer Mann und eure Kinder sich befinden? Wenn Streitereien und Chaos in einer Familie herrschen, wisst ihr dann genau, wie es dazu kam und auf welche Weise die Harmonie wieder hergestellt werden kann? Wer alle Mitglieder seiner inneren Familie kennt, ob sie nun als Faktoren, Kräfte, Fähigkeiten oder Prinzipien in Erscheinung treten, ist wirklich sehr weise. Die größten Wissenschaftler sind weit davon entfernt, von diesen Dingen überhaupt zu wissen.

Der Unterschied zwischen einem genialen, einem begabten und einem gewöhnlichen Menschen, einem Heiligen und einem Meister ist noch nicht dargelegt worden. Ich werde nun ein paar Worte darüber sagen.

Das Haus eines gewöhnlichen Menschen ist baufällig, leer oder von niederen, lauten Mietern bewohnt, die miteinander – und auch mit dem Besitzer – streiten und kämpfen.

Im Hause eines talentierten Menschen herrscht eine gewisse Unordnung; doch einige Mieter fangen an, die Bewohner miteinander zu versöhnen und freundschaftliche Bande zwischen ihnen zu knüpfen. Manchmal besucht der Besitzer die Mieter; und auch wenn er ihnen etwas vorzuwerfen hat, wird er von ihrem guten Willen angerührt und legt dann Geduld an den Tag.

Ein genialer Mensch stellt ein Haus dar, in dem der Besitzer alle Hände voll zu tun hat, weil die Mieter zahlreich und untereinander verbunden sind, um etwas Großartiges zu verwirklichen. Der Besitzer sucht sie ununterbrochen auf; und ob er zufrieden oder unzufrieden ist, so kommt es doch immer allen zugute. Im Haus läuft alles gut und bringt viel ein. Die Mieter leben zwar noch nicht in vollkommener Harmonie miteinander und es läuft noch nicht alles glatt, aber sie sind intelligent, aktiv, stark und verrichten eine bemerkenswerte Arbeit.

Ein Heiliger ist ein Haus, in dem ein ganzes Volk wohnt. Man sieht dort häufig Besucher aus anderen Ländern, die Errungenschaften einer Kultur mitbringen, die im Vergleich zu der Kultur, in welcher der Heilige lebt, sehr fortgeschritten ist. Dann versammeln sich die Mieter des Hauses, um die Berichte der Besucher zu hören. Alle leben harmonisch zusammen und sind von gegenseitiger Liebe erfüllt. In diesem Haus herrschen Ordnung und Reinheit. Es gibt weder Geschrei noch Streiterei und niemand verschmutzt das Gebäude. Die Mieter des Erdgeschosses bereiten für alle die Mahlzeiten zu, während die wichtigen Mieter von oben in die Küche hinunter kommen und dort sogar Vorträge halten, denen alle zuhören. Es kommt auch vor, dass das Küchenpersonal bis zu den höchsten Stockwerken hinaufsteigt, um den Himmel zu beobachten. Sie verwirklichen wahre Brüderlichkeit.

Ein Meister ist eine sehr große Firma mit zahlreichen Mietern, einer ganzen Menschheit, und ihre Angestellten sind sehr gebildet und gelehrt, weise und vernünftig. Unter ihnen gibt es nicht die geringste Auseinandersetzung. Sie reisen gemeinsam und besuchen ferne Länder. Sie empfangen auch Freunde in ihrem Haus und teilen alle ihre Reichtümer untereinander; alles wird zum Wohle der Menschheit verwendet. Keiner der Mieter leidet, denn alle verfügen über alles in Fülle und stehen mit der ganzen Welt in Verbindung. Einen solchen inneren Zustand können wir uns noch nicht vorstellen. Ein Meister stellt eine Familie dar, in welcher Vater, Mutter, Kinder, Diener und Freunde ein gemeinsames, vorbildliches Leben führen. Jenseits der Reinheit existiert die selbstlose Liebe. Heutzutage können wir uns von solch einer erhabenen Liebe noch keine Vorstellung machen.

Alles, was ich euch gerade sagte, zeigt, warum man vieles verstehen kann, wenn man sich ein Haus anschaut. Jesus sagte: »Im Haus meines Vaters sind viele Wohnungen (Jh, 14,2). Ich gehe, um einen Platz für euch vorzubereiten.« Was ist denn eine Wohnung? Ein Baum ist eine Wohnung, der Körper eines Insektes ist eine Wohnung. Eine Wohnung ist ein Ort der Zuflucht, wo man arbeiten und meditieren kann, ein Schutz gegen Regen, Wind und Lärm, gegen Sonnenhitze, Tiere und Feinde. Das stimmt sowohl auf der physischen als auch auf der spirituellen Ebene.

Die Schnecke trägt ihr Haus auf ihrem Rücken. Wie stellt sie es an, um dieses Haus immer größer zu machen? Wie gelingt es Austern, Seeigeln und allen Muscheln, ihr Haus zu bauen? In welchem Zustand war dieses Haus, bevor es hart und fest wurde?

Ein Haus kann in einem anderen Haus enthalten sein, und dieses in einem dritten und so fort. Das Haus, in dem der Geist des Menschen wohnt, heißt göttlicher Körper oder Atmankörper. Das Haus der Seele heißt spirituelles Haus oder Buddhikörper; das Haus des Intellekts ist der Mental- oder Kausalkörper; das Haus des Herzens heißt psychischer oder Astralkörper. Das Haus der Lebensvitalität und der Sensibilität wird mit dem Wort Vital- oder Ätherkörper bezeichnet. Diese zahlreichen Häuser finden ihren Ausdruck mithilfe des irdischen Hauses, dem physischen Körper. Der physische Körper, der so viele andere feinstoffliche und unsichtbare Häuser enthält, kann selbst in einem Haus aus Holz oder Stein wohnen. Und dieses Haus ist wiederum auf einem noch größeren, umfangreicheren Gebäude, dem Planeten Erde, errichtet. Die Erde wohnt im Sonnensystem und das Sonnensystem wohnt im Kosmos.

Jesus sagte: »Im Haus meines Vaters sind viele Wohnungen.« Er hat nicht für alle Apostel dieselbe Wohnung vorbereitet, sondern für jeden von ihnen die seiner jeweiligen Natur und seinen Tugenden entsprechende Wohnung.

Außerdem sagte er zu seinen Jüngern: »Wenn ich nicht weggehe, wird der Tröster nicht zu euch kommen. Gehe ich aber, so werde ich ihn zu euch senden... Wenn aber jener kommt – der Geist der Wahrheit –, wird er euch in die ganze Wahrheit führen.«[4] Eben dieser Geist der Wahrheit ist es, der sich in den spirituellen Körpern der Jünger niederließ. Er ist es auch, der Wunder in ihnen – und durch sie selber – wirkte, indem er die Kranken heilte und die Toten auferstehen ließ. Wenn man nicht in sich selbst dieses spirituelle Haus aus Tugenden, guten Eigenschaften und Licht vorbereitet hat, dann findet der Geist keinen Ort, an dem er wohnen kann. Der Geist der Wahrheit ist ein Mieter göttlicher Herkunft, er kommt mit seinen Arbeitern, den Engeln, um das göttliche Leben unter die Menschen zu bringen. Die Apostel hatten also Mieter in sich aufgenommen, die prophezeien und Wundern wirken konnten.

Die Tatsache, dass die Apostel an Pfingsten den Geist empfingen, brachte sicher für sie keine äußerliche Veränderung mit sich. Ihr Haus war weiterhin dasselbe; das heißt, sie hatten dasselbe Gesicht, dieselben Runzeln, dieselben von der Arbeit müde gewordenen Hände, und sie trugen dieselbe mehr oder weniger grobe Bekleidung. In ihrem Inneren aber wirkte ein anderes Wesen. Darin liegt der ganze Unterschied: Die Mieter hatten gewechselt.

Für die Brüder und Schwestern, welche die esoterische Seite dieses sehr umfangreichen Themas vertiefen möchten, werde ich aus kabbalistischer Sicht noch ein paar Worte hinzufügen. Das Haus des Herrn ist das Universum. In diesem göttlichen Haus gibt es viele Wohnungen; es sind die 10 von den Kabbalisten »Sephiroth« genannten Regionen oder Emanationen. Jede Sephira ist eine Manifestation von Gott, und dient als Wohnung für eine Engelshierarchie; sie entspricht einer bestimmten Region des Weltraumes, die durch einen Planeten symbolisiert ist. Laut der Kabbala sind die 12 Sternbilder des Tierkreises in einer einzigen Region enthalten: in der Sephira Chokmah, die das WORT darstellt.

Jesus wollte seinen Jüngern sagen: »Es gibt viele Wohnungen in den 10 Wohnungen des Hauses meines Vaters. Jedem von euch werde ich einen Platz vorbereiten.« Jesus hatte 12 Jünger, und er wies ihnen, ihrem jeweiligen Charakter entsprechend, die 12 Teilbereiche zu, die der Herrschaft der zweiten Sephira, Chokmah, unterstellt sind.

Wenn ihr dieser Lehre beständig folgt und monate- und jahrelang das studiert, was man euch bis heute gegeben hat, wenn ihr betet, meditiert und die Übungen macht, so werdet ihr ohne Zweifel feststellen, dass ihr immer noch dasselbe Gesicht – oder beinahe – habt; innerlich aber werdet ihr fühlen, dass ihr nicht mehr derselbe seid. Wenn ich euch anschaue, sehe ich schon neue Mieter, die dabei sind, die Wohnung einzurichten: Eure Gesten sind nicht mehr dieselben und euer Lächeln wird lichtvoll. Diese Arbeit gibt euch die Möglichkeit, euch von allem, was euch einengt zu befreien und sogar wieder jung zu werden, wenn dies euer Hauptwunsch ist. Zuerst müsst ihr aber Verwandlungen auf der psychischen Ebene bewirken, das heißt, in eurem Willen, im Herzen, im Intellekt, in Seele und Geist. Von dort aus greifen die Verwandlungen auf den ganzen physischen Körper über.

Viele wollen sich keiner Lehre anschließen, die ihnen nicht Verjüngung, Gesundheit, makrobiotische Langlebigkeit, Kraft, das Elixier des ewigen Lebens oder Reichtum und Macht verspricht; wie es so viele Okkultisten tun, um die Menschen anzulocken. Tausende von Menschen gehen lieber ständig in einen Schönheitssalon oder ein Fitnesszentrum, als einer Lehre der Wahrheit zu folgen. Physische Körperpflege ist an sich nicht schlecht; man sollte aber daneben ebenso den Wert und die Wirksamkeit von Luft, Wasser, Sonne, von reiner und gesunder Nahrung, von erhabenen Gedanken und Gefühlen und von spirituellem Leben kennen.

Aus diesem Grunde solltet ihr, meine lieben Brüder und Schwestern, daran denken, immer höhere und mächtigere Mieter in euch herbeizurufen. Wenn sie dann kommen mit ihren Farben und ihrer Musik, dann wird sich alles verwandeln. Der spirituelle Maler, der hinuntersteigt und sich im Menschen niederlässt, hat einen Sinn für Farben, von dem man bis jetzt auf

Erden noch keine Vorstellung hat. Er weiß genau, wie die Farben aufgetragen werden müssen, um die spirituellen Realitäten hervorzuheben. Ist es ein spiritueller Musiker, der euch aufsucht, dann wird er die Entsprechungen kennen, die zwischen den Tönen und der Reinheit, der Güte, der Weisheit und der Liebe existieren, und sie zum Ausdruck bringen können. Man sagt oft zu mir: »Ach, wenn Sie nur wüssten, welch herrliche Musik ich gehört habe!« In Wirklichkeit war diese Musik eine wahre astrale Kakophonie. Doch die Menschen kennen die Bedeutung der Töne nicht und hören mit Entzücken einer Musik zu, die einen Eingeweihten in die Flucht schlagen würde.

Die Mehrzahl der Künstler, ob Maler, Musiker, Dichter oder Bildhauer – weiß nicht, auf welche Weise sie ihr Bewusstsein bis zu den höchsten Regionen erheben können, um dann Bilder, Töne, Ideen von größter Schönheit und größter Vollkommenheit zu betrachten und zu ergreifen, so wie manche Künstler der Antike, die Schüler der Eingeweihten waren, es wirklich konnten. Anstatt in die reinen und lichtvollen Regionen hinaufzusteigen und dort nach Inspiration zu suchen, führen heutzutage viele Künstler ein wirres, unordentliches Leben und wühlen in den dunklen Tiefen des Unterbewusstseins, wo es nur so wimmelt von allerlei prähistorischen Tieren, die von der Oberfläche der Erde verschwunden sind, aber in der menschlichen Seele noch weiter existieren in Form von Instinkten, Trieben, Begierden und niederen Gefühlen; und wo auch giftige Pflanzen Düfte ausströmen, die den Verstand trüben.

Manche Maler holen aus ihrem Unterbewusstsein so düstere und entstellte Bilder hervor, dass man beim Betrachten das Gefühl hat, ins Chaos zurückzukehren oder in einen Sumpf oder in einen Abgrund zu sinken. Anstatt euch emporzuheben und euch zu läutern, euch mit einer Begeisterung für Schönheit und Vollkommenheit zu erfüllen, rauben euch diese Bilder jegliche Freude. Und die Musiker, die nicht wissen, wie sie hoch hinauf in ihr Überbewusstsein steigen können, um die Harmonie des kosmischen Lebens zu hören, und sie mithilfe aller menschlichen Möglichkeiten zu übertragen, komponieren eine Musik, die Leidenschaften entfesselt und alle Raub- und Wildtiere aus ihren Käfigen hervorholt, die sich in der menschlichen Natur verbergen. Auch der Dichter kennt nur den Weg, der in die Tiefe des Unterbewusstseins führt. Er strebt nur danach, chaotische, krankhafte und ungesunde Gemütszustände zum Ausdruck zu bringen. Wie viele möchten berühmte Künstler werden, ohne an sich selbst zu arbeiten, ohne die Gesetze der drei Welten zu kennen! Sie folgen nur ihrer vermeintlichen Inspiration, ohne zu wissen, woher sie kommt. Würde man es erlauben, auf Märkten oder in Lebensmittelgeschäften vergiftete oder gesundheitsschädliche Nahrungsmittel zu verkaufen, dann würden alle protestieren, und die Geschäftsleute würden bestraft werden. Aber im intellektuellen oder künstlerischen Bereich ist jeder frei, das Publikum mit vergifteten Nahrungsmitteln oder sogar mit Exkrementen zu ernähren!

Die Fähigkeit, das Schöne vom Hässlichen, das Nützliche vom Schädlichen, das Wahre vom Falschen, das Gerechte vom Ungerechten zu unterscheiden, gehört nur denen, die sich diese grandiose und wertvolle spirituelle Wissenschaft angeeignet haben, ohne die die Menschheit weiterhin umherirren, leiden und sich zerstören würde. Ihr solltet mich richtig verstehen. Ich habe nichts gegen die Künstler; im Gegenteil, ich bewundere die wahren Künstler, denn ich weiß, dass der Himmel sich durch sie hindurch offenbart.[5]

Mieter, die uns zugrunde richten, dürfen wir nicht aufnehmen. Um sie aber zu kündigen, muss man es geschickt anstellen. Die Magier verfügen dazu über zahlreiche Vorgehensweisen, wie zum Beispiel diese eine. Ist ein Haus von unerwünschten

Kreaturen bewohnt, dann betritt der Magier dieses Haus und beginnt zu singen und bereitet dabei ein besonderes Brot mit Honig vor. Ständig weitersingend oder auf einem Instrument spielend, lädt er die Geister zum Essen und Trinken ein. Sie kommen näher und der Magier verlässt das Haus mit dem Brot in der Hand, um sie hinauszulocken. In einiger Entfernung vom Haus wirft er das Brot zu Boden und lässt es so weit wie möglich wegrollen. Die Unerwünschten stürzen sich dann darauf, und das Haus ist frei von ihnen. Man muss mit Liebe und Güte auf die Unerwünschten einwirken. Auch mit dem Vorlesen bestimmter Bibelstellen oder mit Gebeten und Liedern kann man sie verjagen. Ihr könnt sogar bestimmte Lieder von Meister Peter Danov singen, wie zum Beispiel »Douhat Boji«. Auch viele andere Lieder vom Meister können dazu dienen, schädliche Wesenheiten zu entfernen. Was ich euch da über die Unerwünschten sage, gilt natürlich auch für das innere Leben des Menschen. Er kann die Geister anziehen, sie aber auch verjagen.

An Pfingsten empfingen die Apostel den Heiligen Geist. Aber auch Jesus wurde von großen, planetarischen Geistern der höchsten Hierarchie, und oft sogar von Gott Selbst aufgesucht und bewohnt. Einige werden sagen: »Was? Sie sagen, Jesus sei oft von Gott aufgesucht worden. Suchte ihn Gott denn nicht ununterbrochen auf, schon von Kindheit an?« Erst als Jesus 30 wurde, nahm der Geist Gottes vollständig Besitz von ihm. Als er von Johannes dem Täufer im Jordan getauft wurde, stieg der Geist symbolisch in Form einer Taube auf ihn herab. Doch während dieser drei Jahre, in denen der Geist wirklich in ihm wohnte, fühlte sich Jesus manchmal von Gott verlassen. Zum Beispiel im Garten Gethsemane, als er seinen Vater bat, den bitteren Kelch von ihm zu nehmen... Wäre Jesus in diesem Moment von Gott bewohnt gewesen, dann hätte Er nicht auf diese

Weise gebetet. Diejenigen, die nicht nachdenken oder dieses Einweihungswissen nicht besitzen, stellen sich die unglaublichsten Dinge vor... Und warum hätte sich Jesus am Kreuz einen Augenblick von Gott verlassen gefühlt?

Wenn sich die erhabenen Wesenheiten, die Jesus aufsuchten, in ihm niederließen, war er so verklärt, wie es geschah, als ihm auf dem Berg Tabor Elias und Moses erschienen, und als seine Jünger ihn strahlend vor Licht stehen sahen. In diesem Augenblick hatte Jesus alles in sich mit Licht erfüllt, um die himmlischen Besucher zu empfangen; deshalb war er eine so lichtstrahlende Erscheinung. Was machen wir, wenn wir hochrangige Besucher empfangen? Das ganze Haus wird sauber gemacht, mit Blumen geschmückt und alle Räume werden hell erleuchtet. Die Eingeweihten können sich augenblicklich verwandeln, schön, jung und strahlend werden. Sie tun es aber selten, denn dazu müssen sie einen besonderen Grund haben. Wenn sie aber die herrlichen Wesen der unsichtbaren Welt empfangen sollen, erleuchten sie alles in sich. Deshalb erstrahlte Jesu Antlitz, als Moses und Elias erschienen, in purem Licht.

Ist es das Licht, das diese Verwandlung hervorruft? Ja. Stellt euch vor, ihr verbringt eine Nacht ohne Beleuchtung in einem wunderschönen Park, in der Nähe eines prachtvollen Hauses. Ihr schaut um euch und seht nur Schatten um euch herum. Wenn ihr ängstlich seid, glaubt ihr, überall Arme zu sehen, die nach euch greifen oder Wesen, die sich versteckt haben und euch Böses wollen. Kommt ihr aber am helllichten Tag bei Sonnenschein wieder, dann seht ihr überall Blumen in allen Farben, Vögel und Springbrunnen. Ihr seid von diesem Schauspiel begeistert. Fontänen sprudeln und das Wasser glitzert in den Becken… Bei Nacht hatte der Park etwas Beunruhigendes; doch jetzt liegt er feenhaft und voller Licht vor euch. Nun, der ganze Unterschied liegt in der Anwesenheit des Lichtes.

Was mit einem Park passiert, passiert auch mit allen Männern und Frauen. Eine Frau, die einem hässlich und glanzlos vorkommt, kann in einem Augenblick hübsch und anziehend werden, so als leuchtete plötzlich etwas in ihr auf. Wenn das Licht innerlich strahlt, wird eine Frau völlig verwandelt; geht aber das Licht in ihr aus, dann wird sie wieder unbedeutend. Wenn sich eine Frau ihr Leben lang bemüht hat, das Licht in sich anzuzünden, wird sie so schön, dass man sie noch im hohen Alter gerne küssen möchte. Die Frauen hingegen, die sich nur auf ihren Schminkkasten verlassen, werden immer hässlicher, und sogar grauenhaft, wenn sie älter werden. Wenn ein Mann eine dieser alten Schachteln trifft, dann sagt er sich schon von Weitem: »Hoffentlich sieht sie mich nicht, damit ich ihr keine Komplimente zu machen brauche!« Muss er sie aber doch begrüßen, dann sagt er: »Guten Tag, liebe gnädige Frau, wie geht es Ihnen? Welche Freude, Sie zu sehen! Was haben Sie nur für ein Geheimnis, dass Sie nicht alt werden?!«, und fragt sich unterdessen, wie er sie am schnellsten loswerden kann.

Ihr werdet sagen: »Aber wie kann man das Licht innerlich zum Strahlen bringen, damit alles schöner wird und das Leben einen Sinn bekommt? Wenn der Mensch zu lieben beginnt, dann gehen alle Lampen in ihm an. Deshalb werden verliebte Frauen hübscher. Doch auch diesbezüglich muss man wissen, welche Lampen man anzünden soll, das heißt, wen und wie man lieben soll. Liebt eine Frau einen Taugenichts oder ist ihre Liebe egoistisch, dann wird sie natürlich immer hässlicher. Um wirklich schöner zu werden, muss sie einen Mann lieben, der hervorragende Eigenschaften hat oder ihre Liebe muss uneigennützig sein.

Wenn im Inneren das heilige Feuer aufflammt, dann wird alles schöner. Das heilige Feuer bedeutet, Gott zu lieben, die Universelle Weiße Bruderschaft, alle Geschöpfe..., sogar die bösartigen, wenn man dazu die Zeit hat.

Nach diesen wenigen Worten zum Thema »Haus« solltet ihr nun nicht glauben, ihr könntet alles verstehen und alles beurteilen. Es gibt noch viele Dinge, die ich euch nicht gesagt habe, und die auch gewisse Aspekte der angedeuteten Phänomene erklären könnten. Ist also das Gesicht eines Freundes traurig und düster geworden, so solltet ihr nicht gleich denken, das Licht habe ihn verlassen. Es handelt sich vielleicht einfach nur um eine vorüberziehende Wolke, die sein Haus beschattet, und ihn momentan in Finsternis hüllt. Sogar bei den Eingeweihten kommt das vor. In Wirklichkeit sind sie nicht düsterer als zuvor, aber bestimmte niedere Geister projizieren Schatten auf sie, die verhindern, dass ihre Ausstrahlung sichtbar wird. Um ein Urteil zu fällen, muss man also die Frage ausführlich studieren.

Wir alle stellen Häuser dar, die eine gewisse Anzahl Angestellter, Arbeiter oder Mieter beherbergen, zwischen denen mehr oder weniger Liebe und Harmonie herrschen. Von nun an sollte man sich fragen, ob diese Mieter in uns etwas zerstören oder aufbauen, und sich mit ihnen beschäftigen. Derjenige, der uns unser Haus geschenkt hat, wird uns eines Tages sagen, dass es ein Tempel war, und uns fragen: »Was hast Du daraus gemacht? Hast Du ihn vergrößert und verschönert oder entweiht?« Unser physisches Haus, das heißt unser Körper, wird selbstverständlich der Verwesung, der Zerstörung nicht entgehen. Dieses Haus aus Fleisch wird zu Staub werden und dorthin zurückkehren, wo es hergekommen ist. Die spirituellen Häuser jedoch, in denen unsere Gedanken, unsere Gefühle und unsere Handlungen leben, die können wir verschönern, reinigen und heiligen.

Es gibt noch einen Punkt, mit dem ich mich beschäftigen möchte. Ein Bruder kam eines Tages zu mir und sagte: »Ich bin dabei, eine großartige Erbschaft anzutreten. Mein Onkel besaß viele Häuser und Grundstücke, die er mir hinterließ.« Ich fragte ihn: »Freuen Sie sich über diese Erbschaft? – Selbstverständlich, antwortete er, denn dank dieser Erbschaft werden meine Geschäfte von nun an florieren. – Wunderbar! Aber sagen Sie mir, wer war dieser Onkel? Wie hat er gelebt? – Oh, er war natürlich weder besonders ehrlich noch gewissenhaft; deshalb hat er wohl so schnell ein so großes Vermögen anhäufen können.« Ich antwortete diesem Bruder: »Da Sie der Lehre der Universellen Weißen Bruderschaft folgen und ein spirituelles Leben führen wollen, werde ich Ihnen sagen, was Sie sich mit dieser wunderbaren Erbschaft einhandeln werden. Wenn Sie nicht danach strebten, sich zu verbessern, würde ich Ihnen diese Dinge nicht enthüllen. Ich mache es, weil Sie sich weiterentwickeln wollen; doch Sie kennen noch nicht die Gesetze der Evolution, denen sich diejenigen, die sich verwandeln und befreien möchten, unterwerfen müssen... Wenn Sie diese Erbschaft annehmen, werden Sie mit dem Verwandten, der sie Ihnen hinterlassen hat, verbunden; eines Tages wird er von Ihnen etwas dafür verlangen. Wenn er auf die Erde zurückkommt, wird er sich sagen: »Damals habe ich diesem Verwandten mein Vermögen hinterlassen, diesmal werde ich also bei ihm wohnen. Irgendwo anders wäre ich ein Eindringling; hier aber habe ich eine Berechtigung.« Dieser Verwandte wird sich folglich in Ihrer Familie oder sogar in Ihrem Geist niederlassen als Kind oder als Geistwesen, das erzogen werden will. Da er unehrlich und skrupellos ist, wird aus ihm ein schreckliches Kind werden, und Sie werden für seine Dummheiten und Verbrechen bezahlen müssen. So werden Sie sich viel mehr Schwierigkeiten aufhalsen, als wenn Sie diese Erbschaft ablehnen würden. Also gebe ich Ihnen den Rat, sie nicht anzutreten.«

Ich höre schon, was ihr denkt: »Was Sie da sagen ist aber schrecklich!« Das bin nicht ich, der euch das sagt, sondern die tiefgründige Einweihungswissenschaft ist es. Zu dem jungen Mann, der ihm folgen wollte, sagte Jesus: »Geh, verkaufe alles, was Du hast, und gib das Geld den Armen; dann komm und folge mir nach.« Warum? Das war keine Laune Jesu. Er wusste, dass man auf manche Dinge im Leben verzichten können muss, um frei zu sein, für das Studium einer Wissenschaft, welche die Schätze der Welt millionenfach übertrifft.

Wollt ihr wahre Schüler sein, dann müsst ihr alle Reichtümer, die euch euer altes Leben hinterlässt, beiseite lassen. Man kann natürlich das Erben auch von einem symbolischen Standpunkt aus betrachten, denn wir alle sind Erben von Philosophien, Meinungen und Überlieferungen, die unsere Vorfahren uns hinterlassen haben. Meditiert und denkt nach über die spirituelle Erbschaft, die ihr von solchen Lehrmeistern übernehmen könnt.

Seid nicht erstaunt, wenn ich euch sage, dass es – um die Problematik der »Häuser« zu kennen – nicht ausreicht, Unternehmer, Ingenieur, Baumeister oder Maurer zu sein, sondern dass man ebenso die Physiologie, die Psychologie, die Biologie, die Physiognomik, die Astronomie usw. kennen muss. Auch eine Philosophie, eine wissenschaftliche Lehre, eine Familie kann ein Haus sein; dort kann man leben. Ist dieses Haus aber feucht oder da und dort baufällig, dann ist das für die Gesundheit sehr gefährlich.

Abschließend sage ich euch noch, dass die hoch entwickelten Seelen die Sonne als Wohnsitz ausgewählt haben. Wenn ihr euch angewöhnt, jeden Morgen dem Sonnenaufgang bewusst und mit Liebe beizuwohnen, werdet ihr, meine lieben Brüder und Schwestern, in eure Seele, in eurem Geist einige von diesen Seelen anziehen, die in der Sonne wohnen und die sich durch euch dann zum Wohle der ganzen Welt manifestieren.

Licht und Friede seien mit euch!

Sèvres, den 14. Februar 1942

Anmerkungen

1. Siehe Band 216 der Reihe Izvor »Geheimnisse aus dem Buch der Natur«, Kapitel 1: »Das Buch der Natur«.
2. Siehe Band 210 der Reihe Izvor »Die Antwort auf das Böse«, Kapitel 7: »Die Frage der Unerwünschten«.
3. Siehe Band 223 der Reihe Izvor »Geistiges und künstlerisches Schaffen«, Kapitel 9: »Die Schönheit«.
4. Siehe Band 234 der Reihe Izvor »Die Wahrheit, Frucht der Weisheit und der Liebe«, Kapitel 7: »Der blaue Strahl der Wahrheit«.
5. Siehe Band 12 der Reihe Gesamtwerke »Die Gesetze der kosmischen Moral«, Kapitel 3: »Schöpferische Tätigkeit als Mittel zur inneren Entwicklung«.

*Kapitel 13*

# Der Körper der Auferstehung

## Freier Vortrag

Ich habe es euch in anderen Vorträgen oft gesagt: Ohne die Struktur des Menschen zu kennen, wird man keine richtige Lösung für irgendwelche medizinischen, wirtschaftlichen, sozialen oder psychologischen Probleme finden; nichts wird je stimmen, nichts wird ausgereift sein. Die Struktur des Menschen hat die offizielle Wissenschaft noch nicht entdeckt; sie hat den Menschen seziert, kennt seine Anatomie, seine Physiologie und ein klein wenig von seiner Psychologie. Der Mensch lässt sich jedoch nicht darauf reduzieren, er ist mehr als das.

Heute ist Ostern, der Tag der Auferstehung. Ich werde also – wie versprochen – über den Glorienleib sprechen. Dank diesem Körper kann der Mensch auferstehen. Dazu muss ich aber noch einmal ein paar Worte über den Ätherkörper sagen.

Als ich euch die Beziehungen zwischen den verschiedenen Naturreichen und den Körpern des Menschen darlegte, erklärte ich euch, dass das Wasser und auch die Bäume und die gesamte Pflanzenwelt, eine Verbindung zum Ätherkörper besitzen.

| | |
|---|---|
| Der physische Körper: | das Reich der Mineralien |
| Der Ätherkörper: | das Reich der Pflanzen |
| Der Astralkörper: | das Reich der Tiere |
| Der Mentalkörper: | das Reich der Menschen |

Genau wie die Pflanzen einerseits im Boden wurzeln und andererseits mit dem Himmel in Verbindung stehen, so ist auch der Ätherkörper im physischen Körper verankert und steht gleichzeitig mit den feinstofflichen Körpern in Verbindung. Reißt man die Pflanzen, die ganze Vegetation aus, dann gibt es auf der Erde kein Leben mehr. Die Pflanzenwelt und das Wasser sind der Beginn jeglichen Lebens auf dem Planeten. Sie entsprechen dem ätherischen Doppel, das zwei Aufgaben zu erfüllen hat. Einerseits sichert es das Leben des Organismus und andererseits verleiht es ihm das Empfinden.

So wie das Wasser den Pflanzen, so gibt auch der Ätherkörper dem physischen Körper das Leben. Nehmt der Erde das Wasser und sie stirbt. Nehmt einem Menschen das ätherische Doppel und er stirbt. Das Leben ist mit dem ätherischen Körper verbunden; und wenn der Mensch mit ihm zu arbeiten weiß, vermag er sein Dasein zu verlängern.

Die Vegetation verrichtet an der Erde eine bedeutende Arbeit. Der Boden muss bearbeitet, bewegt, umgewandelt werden, und das ist die Aufgabe der Pflanzen, sie sind die wichtigsten Arbeiter. Wer würde sich sonst um die Erde kümmern? Jedenfalls nicht die Tiere, denn sie sind egoistisch und zufrieden, wenn sie die bereits umgewandelte Materie fressen können. Die ersten, beständigsten und uneigennützigsten Arbeiter sind die Pflanzen. Sie haben diese Form und die demütige Haltung deshalb angenommen, um sich überall an die Arbeit zu machen und die Erde umzuwandeln. Selbst dort, wo weder Menschen noch Tiere leben, wachsen dennoch Pflanzen. Ihr seht, wie die Pflanzen die Erde erobern. Sie sind tüchtige Arbeiter und gute Alchimisten. Die Pflanzen haben den Wunsch – natürlich ist das kein bewusster Wunsch, sondern eher eine geheime Tendenz, die von der kosmischen Intelligenz in sie hineingelegt wurde – nun, die Pflanzen wollen nicht ein einziges Atom der Erde unbelebt lassen. Wie können sie das erreichen? Indem sie sich mit dem Himmel verbinden. Der Baum ist einerseits durch die äußersten Spitzen seiner Äste und Blätter mit dem Himmel verbunden, während seine Wurzeln andererseits tief in den Boden reichen. Die Spitzen der Äste und der Wurzeln sind die wichtigsten Teile des Baumes. Mit Hilfe dieser beiden äußersten Enden schöpft er Energien. Könntet ihr nur spüren, mit welcher Hartnäckigkeit, mit welcher Durchsetzungskraft er das tut! Alle seine Äste sind Antennen, die sich bemühen, die Kräfte aus der Atmosphäre aufzunehmen, die sie dann nach und nach in das Innere des Baumes bringen, bis hinunter zu den Wurzeln. Und die Wurzeln beginnen mit der Bearbeitung der Erde. Der Erdboden ist passiv und unbeteiligt, aber er enthält zahlreiche Substanzen, Elemente und Kräfte, die er ohne diese großen Alchimisten als Vermittler – die Pflanzen – nicht zeigen könnte. Die Pflanzen sind überall auf der Erde verbreitet, um Rohstoffe aus dem Boden zu ziehen, die sie dann in Form von Blumen und Früchten weitergeben.

So wie die Pflanzen, durchdringt auch das ätherische Doppel den physischen Körper und ragt gleichzeitig mit seinen Verzweigungen bis in die höheren Regionen, aus denen es Energien schöpft, die es dann an den Organismus weiterleitet. Auf diese Weise belebt es die Materie und zwar, indem es die in ihr verborgenen Eigenschaften offenbar macht: Der Ätherkörper ist also der Mittler zwischen den feinstofflichen Welten und der Materie. Bis jetzt hat man seine Beschaffenheit noch nicht erforscht; man weiß auch nicht, dass viele körperliche Anomalien auf Störungen des Ätherkörpers zurückzuführen sind. Man misst ihm weniger Bedeutung bei als den anderen feinstofflichen Körpern. Es ist richtig, dass er nicht dieselbe Kraft besitzt wie diese, aber er ist absolut lebensnotwendig. Es gibt viele Methoden, um den Ätherkörper zu stärken. Da er ein Körper, aber zugleich ein Fluidum, eine Energie ist, steht er mit allen Kräften der Natur in Verbindung, und ist folglich Wärme, Licht, Elektrizität und Magnetismus gegenüber sehr empfindlich. Wenn ihr euch den Sonnenstrahlen bewusst und sinnvoll zu einer bestimmten Tageszeit aussetzt und die Atemübungen macht, stärkt, belebt und kräftigt ihr euren Ätherkörper und er hält euren Organismus bei guter Gesundheit.

Ihr müsst lernen, an eurem Ätherkörper zu arbeiten. Nehmt an, ihr empfindet einen Schmerz, dann konzentriert eure Gedanken auf den Ätherkörper und projiziert alle Farben des Lichtes auf ihn. Er weiß, wie er dem Übel abhelfen kann. Er wirkt auf die Zellen ein und verbindet Himmel und Erde – ähnlich wie es die Pflanzen tun – und die kranke Stelle wird neu belebt.

Dem Ätherkörper hat also der physische Körper Leben und Empfindsamkeit zu verdanken. Er ist mit ihm durch die sogenannte »Silberschnur« verbunden. Dieses Band hat vier Verzweigungen: die erste hat eine Verbindung zu einem Punkt im Gehirn, die zweite zum Herzen, die dritte zum Solarplexus und die vierte zur Leber.

Es gibt also 4 Punkte oder Keime:

1. Der Keim des physischen Körpers, welcher es dem zur Inkarnation hinabsteigenden Ego ermöglicht, den physischen Körper in einer vorherbestimmten Form und Dimension aufzubauen.
2. Der Keim des Ätherkörpers
3. Der Keim des Astral- oder Wunschkörpers
4. Der Keim des Mentalkörpers

Wenn der Mensch sich auf der Erde inkarniert, bringt er diese vier Keime mit sich, winzige Atome, in die sein späteres physisches Aussehen, seine Eigenschaften und Fähigkeiten eingeprägt sind. Die lichten Geister der höheren Welt, die Vierundzwanzig Ältesten, beurteilen mit ihren Dienern, den Engeln, die Taten und das Verhalten des Menschen während seiner vergangenen Leben und geben ihm als Belohnung oder Strafe genau die Keime, die er verdient.[1] In ihnen ist alles aufgezeichnet. Für die Bildung aller unsichtbaren Körper des Menschen (den Ätherkörper, den Astral- und den Mentalkörper) gelten genau dieselben Gesetze wie für den Embryo in der Gebärmutter. Sobald der Vater den Samen gegeben hat, geschieht im Leib der Mutter eine große unbewusste Arbeit. Ohne dass die Mutter etwas davon weiß, arbeiten die Kräfte in ihr und bringen die Materialien herbei, deren Menge und Güte dem Keim genau entsprechen. Diesen Keim könnte man auch mit den Kraftlinien im Mineralreich vergleichen, nach denen sich die Partikel richten, um einen Kristallkern zu bilden.

Ich habe schon einige Male über die Versuche von Chladni gesprochen. Chladni war ein deutscher Physiker und Musiker des achtzehnten Jahrhunderts, der die Schwingungen der festen Körper studierte. Er streute Pulver oder Sand auf eine Metallplatte und brachte sie mit einem Bogen zum Schwingen. Je nach der Beschaffenheit des Metalls ergaben sich unterschiedliche

– symmetrische oder asymmetrische – geometrische Figuren. Tatsächlich erzeugen die Schwingungen Kraftlinien, wobei die Sandpartikel von den vibrierenden (»aktiven«) Punkten abgestoßen werden und sich zu den (»passiven«) Stellen wenden, an denen keine Schwingung auftritt. Die toten Punkte sind es also, die den Umriss der geometrischen Figuren bestimmen.

Auf die gleiche Art und Weise entsteht alles in der Natur. Sogar jedes Samenkorn enthält bereits seine Kraftlinien, damit sofort, wenn es zu leben beginnt, das heißt, wenn es gegossen und von der Sonne erwärmt wird, alle Elemente in ihm anfangen können, den Kraftlinien gemäß Stängel, Äste, Blätter, Blüten und Früchte zu formen. Ich gebe euch auch noch das Beispiel des Radioapparates. Vor einigen Jahren wurden große und schwere Apparate gebaut, während heute winzige Apparate und Transistoren hergestellt werden, weil man entdeckt hat, dass für die Schaltkreise subtilere, feinere Materialien verwendet werden können; in bestimmten Fällen genügen sogar Leiterbahnen aus metallhaltigem Lack.

Aufbau und Funktion aller Dinge wird durch Kraftlinien bestimmt. Sogar das Schicksal wird von Kraftlinien bestimmt. Es gibt Linien und Punkte, nach denen sich die Ereignisse genau richten. Der Keim selbst ist winzig, dennoch enthält er einen umfassenden Organisationsplan. Pflanzt ihn ein, begießt ihn, und ihr werdet sehen, was geschieht! Die Mutter, das ist der Boden; und wenn der Keim gepflanzt ist, gießt und wärmt sie ihn, und diese Pflanze nennt man eines Tages Kind. Überall gelten die gleichen Gesetze.

Auf der Smaragdtafel heißt es: »Alles, was unten ist, ist wie das, was oben ist, und alles, was oben ist, ist wie das, was unten ist.« Ebenso wie der Mensch hat auch die Erde einen Äther-, einen Astral- und einen Mentalkörper, und sogar noch andere, höhere Körper, die ich später erwähnen werde. Der Mensch wird jeweils vom Äther-, Astral- und Mentalkörper der Erde, des Sonnensystems und des Universums erfüllt, sie durchdringen und nähren ihn und lassen ihn wachsen. Auch wenn er auf der Erde geboren wurde, ist er auf den anderen Ebenen noch nicht geboren; er ist dort noch mit Nabelschnüren mit anderen Gebärmüttern, die wie Mütter für ihn sorgen, verbunden. Diese Schnüre sind noch nicht durchschnitten. Um in einer Welt geboren und unabhängig zu werden, muss die Nabelschnur durchschnitten werden. Der Mensch ist hier, auf der physischen Ebene unabhängig, da die Nabelschnur ihn nicht mehr an seine Mutter bindet; aber die Schnüre zu den anderen Ebenen bestehen noch, folglich ist er dort noch nicht geboren, mit anderen Worten, er ist auf astraler, mentaler und spiritueller Ebene noch nicht selbstständig.

Wenn ein Kind zur Welt kommt, muss sich der herabkommende Mentalkeim einen Körper bilden, und als Gebärmutter dient ihm der kosmische Mentalkörper. Darin formt sich der Mentalkörper des Menschen, was aber eine gewisse Zeit beansprucht. Dann bildet sich im viel tiefer gelegenen kosmischen Astralkörper der Astralkörper des Menschen, was ebenfalls eine gewisse Zeit benötigt. Darauf folgt der Äther- und zuletzt der physische Körper: Das Kind wird geboren.

Wenn ich jetzt über all diese Körper sprechen sollte, die Materialien, aus denen sie gemacht sind, ihre Funktionen, ihre Eigenschaften und wie sie ineinander verschachtelt sind, würde das viel zu lange dauern. Deshalb möchte ich mich heute nur mit dem Ätherkörper beschäftigen, denn er gibt uns Auskunft über den Glorienkörper, den Körper der Auferstehung.

Der Ätherkörper besteht aus einer physischen, aber nicht greifbaren, unsichtbaren, feinstofflichen Materie. Ich sagte bereits, dass man die physische Welt noch nicht kennt; man stellt sich die festen, flüssigen, gasförmigen Zustandsformen der Materie vor, und das ist alles. Doch das sind in Wirklichkeit nur ihre groben, niederen Aspekte. Die Materie ist noch viel reichhaltiger und feinstofflicher, denn sie erstreckt sich bis in den Ätherbereich, wo sie sich wiederum in vier Zustandsformen aufteilt. Die erste Schicht des Ätherkörpers heißt in der Einweihungslehre »chemischer Äther«; er ermöglicht Wachstum und Ausscheidung. Diese erste Schicht entspricht der Erde. Die zweite noch feinstofflichere Schicht entspricht dem Wasser; sie ist der »Vital-Äther«, der die Fortpflanzung ermöglicht und dem physischen Körper die Empfindsamkeit bei Verletzungen, Verbrennungen und so weiter verleiht. Weit darüber befindet sich der »Licht-Äther«. Er hält die Wärme und die Lebenskraft aufrecht, aber vor allem ist er der Sitz der Wahrnehmungen. Die vierte Schicht schließlich, »der rückstrahlende Äther«, ist der Sitz des Gedächtnisses. In dieser Schicht werden alle Ereignisse im Leben, alle Gefühle und alle Gedanken aufgezeichnet. Hier befindet sich auch der Keim, der alle Fähigkeiten und Eigenschaften des Körpers, der sich gerade gebildet hat, vereint.

Die vier Elemente sind also im Ätherkörper anwesend:

| Feuer | der rückstrahlende Äther | Gedächtnis |
|---|---|---|
| Luft | der Licht-Äther | Wahrnehmung |
| Wasser | der Vital-Äther | Empfinden |
| Erde | der chemische Äther | Wachstum, Ausscheidung |

Alles geschieht genau nach dem Vorbild des Baumes. Jeder Baum entspringt einem Keim und produziert auch selbst Keime, d. h. Samen oder Kerne. Auch der Ätherkörper muss wenigstens einen Samen hervorbringen, in dem all seine Eigenschaften konzentriert sind. Und in genau diesem bildet sich dann der Glorienleib. Dieser Keim ist ein Atom und befindet sich an der unteren Spitze der linken Herzkammer, wo er alles registriert: die Ereignisse, die Gesundheit und die Krankheiten im Leben des Menschen. In Wirklichkeit sind alle Keime (der physische, der ätherische, der astrale und der mentale Keim) untereinander verbunden, weil sie aufeinanderfolgen und miteinander kommunizieren. Seht einmal, was geschieht, wenn euch irgendein Gedanke durch den Kopf geht. Er bleibt nicht isoliert auf der mentalen Ebene, er teilt sich dem Bereich der Gefühle mit, der Astralwelt, wo Gemütsregungen, Wünsche und Leidenschaften zu finden sind, dann dem Äther- und schließlich dem physischen Körper; im selben Moment setzt ihr diesen Gedanken in die Tat um. Auf diese Weise ist alles miteinander verbunden.

Natürlich haben diese vier Körper nicht die gleiche Größe und Widerstandsfähigkeit und sie nehmen nicht die gleiche Entwicklung. Der Beweis dafür ist, dass es Menschen gibt, die großartige intellektuelle Fähigkeiten besitzen, aber kein sehr weit entwickeltes Herz. Sie sind egoistisch, geizig, berechnend, eigennützig und oft sogar böse und grausam. Andere dagegen, die kein so weit entwickeltes Gehirn haben, sind von wunderbarer Güte und Großmut. Wieder andere sind stark, aktiv und dynamisch und wissen sich geschickt zu helfen, aber die beiden anderen Seiten, der Verstand und das Herz, sind nicht sehr gut entwickelt.

Es gibt also sehr wohl eine Übereinstimmung, einen Austausch zwischen dem physischen, dem Äther-, dem Astral- und dem Mentalkörper, doch oft haben diese vier Körper nicht dasselbe Entwicklungsstadium erreicht. Das ist auf die

Lebensweise der Menschen in früheren Inkarnationen zurückzuführen, und auch auf die Bedingungen, die sie vorfanden und die sie dazu zwangen, große Anstrengungen in einem Bereich zu machen und einen anderen zu vernachlässigen. Die Menschen waren nicht immer imstande, auf allen Gebieten und Ebenen gleich große Fortschritte zu machen, deshalb offenbaren sie sich heute in Bezug auf ihre Entwicklung und darin, wie sie sich manifestieren, in einer erstaunlichen Mannigfaltigkeit.

Nun möchte ich einige Worte darüber sagen, wie der Äther-, der Astral- und der Mentalkörper mit dem physischen Körper verknüpft sind. Der Ätherkörper ist mit dem Solarplexus und der Milz verknüpft. Die Milz und der Solarplexus sind die beiden wichtigen Organe für den Ätherkörper. Über sie fängt er die Sonnenenergie auf und verteilt sie an den ganzen Organismus. Ihr erinnert euch, dass ich bereits über den Solarplexus gesprochen habe und auch sagte, dass diese Region wesentlich ist für das Leben. Im Russischen heißt dieser Bereich von Bauch und Solarplexus »jivot«, und im Bulgarischen heißt jivot »Leben«. Ihr seht also, der Magen ist es, der die Energien aus der Nahrung in den ganzen Körper, sogar ins Gehirn weiterleitet, und der Solarplexus verrichtet auf der ätherischern Ebene die gleiche Arbeit. Er sorgt dafür, dass im Körper alles richtig funktioniert, er schafft Ordnung und führt dem Gehirn die Energien zu. Wenn euer Gehirn blockiert ist, dann massiert euren Solarplexus und sehr bald werdet ihr fühlen, dass euer Gehirn wieder frei ist.[2]

Gäbe es keinen Ätherkörper, dann würde der Mensch von seinem Astralkörper vernichtet werden. Der Äther- und der Astralkörper stehen in ewigem Kampf miteinander, weil der Astralkörper ständig Energien verbraucht und den physischen Körper mit seinen Gefühlen, seinen Emotionen und Aufwallungen erschöpft. Aber während der Nacht bemüht sich der

Ätherkörper alles zu heilen, alles wieder in Ordnung zu bringen, indem er die Gifte eliminiert. Der Äther- oder Vitalkörper schützt und heilt uns also. Hätten wir nur den Astralkörper, dann wären wir sehr bald vergiftet, weil der Astralkörper mit der Leber verbunden ist, wo sich alle Gifte absetzen, die anschließend ausgeschieden werden müssen. Ihr wisst, dass bei Leberkrankheiten die Ursache oft in unkontrollierten Wünschen und Gefühlen, in niederen Begierden und in pessimistischen Ängsten und Gedanken liegt. Der Sitz des Astralkörpers ist also einerseits die Leber und andererseits die Geschlechtsorgane.

Was den Mentalkörper betrifft, so hat er seinen Sitz in Gehirn und Rückenmark. Ihr seht also, der Äther-, der Astral- und der Mentalkörper sind mit dem physischen Körper an jeweils zwei Punkten verbunden: der Ätherkörper mit Solarplexus und Milz, der Astralkörper mit Leber und Geschlechtsorganen, der Mentalkörper mit Gehirn und Rückenmark.

Ich habe oft über die Struktur des Menschen gesprochen, so wie die Eingeweihten sie schon seit Jahrtausenden verstanden und definierten. Nach Ansicht der Hindus besitzt der Mensch sechs Körper: den physischen Körper, den Astral-, den Mental-, den Kausal-, den Buddhi- und den Atmankörper. Manche Esoteriker arbeiten mit sieben Körpern: dem physischen, dem Äther-, dem Astral-, dem Mental-, dem Kausal-, dem Buddhi- und dem Atmankörper, und den Umständen entsprechend wende ich die eine oder die andere Unterteilung an. Da der Ätherkörper zum physischen Körper gehört, braucht ihm nicht immer ein eigener Bereich zugeordnet zu werden. Damit haben wir also den physischen Körper (der den Ätherkörper mit einschließt), den Astral-, den Mental-, den Kausal-, den Buddhi- und den Atmankörper.

In einem früheren Vortrag habe ich euch erklärt, dass das, was ganz oben ist, die göttliche Welt, mit dem verbunden ist, was ganz unten ist, mit der physischen Welt. Der Atmankörper ist also mit dem physischen Körper verbunden, der Buddhikörper mit dem Astralkörper und der Kausalkörper mit dem Mentalkörper. Das, was unten ist, ist also so wie das, was oben ist, jedoch umgekehrt. Der Atmankörper ist auf höherer Stufe die Wiederholung des physischen Körpers, der Buddhikörper die Wiederholung des Astralkörpers und der Kausalkörper die des Mentalkörpers. Der Mensch besteht aus drei Prinzipien: Wille, Gefühl und Intellekt. In den höheren Bereichen, im Bereich der göttlichen Prinzipien, denkt, fühlt und handelt er ebenfalls, aber auf höherer Stufe.

Abbildung 1

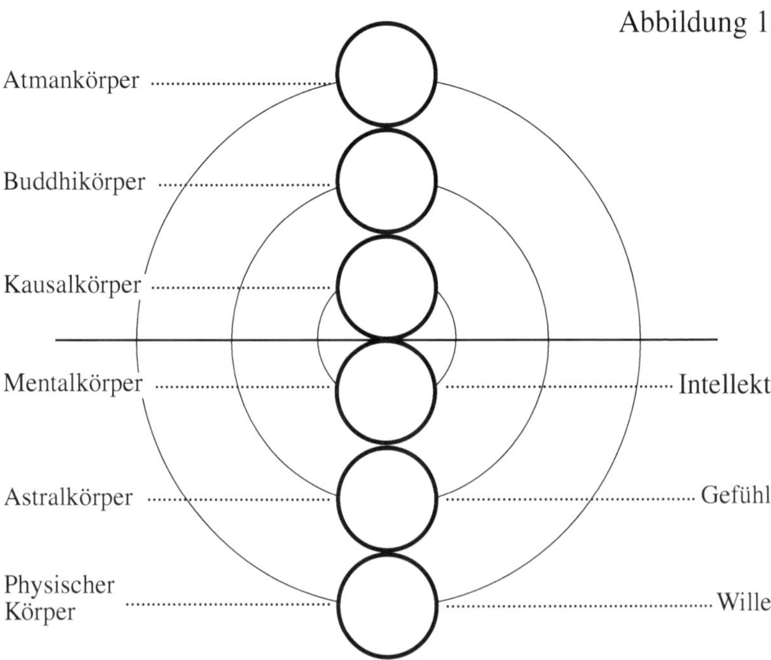

Gibt man auf der Abbildung dem Ätherkörper einen Platz, indem man dieselben Entsprechungen herstellt, dann stellt man fest, dass der ätherische Körper mit dem Buddhikörper verbunden ist. Dort im ätherischen Körper muss man den Körper der Auferstehung, den Glorienkörper suchen.

Abbildung 2

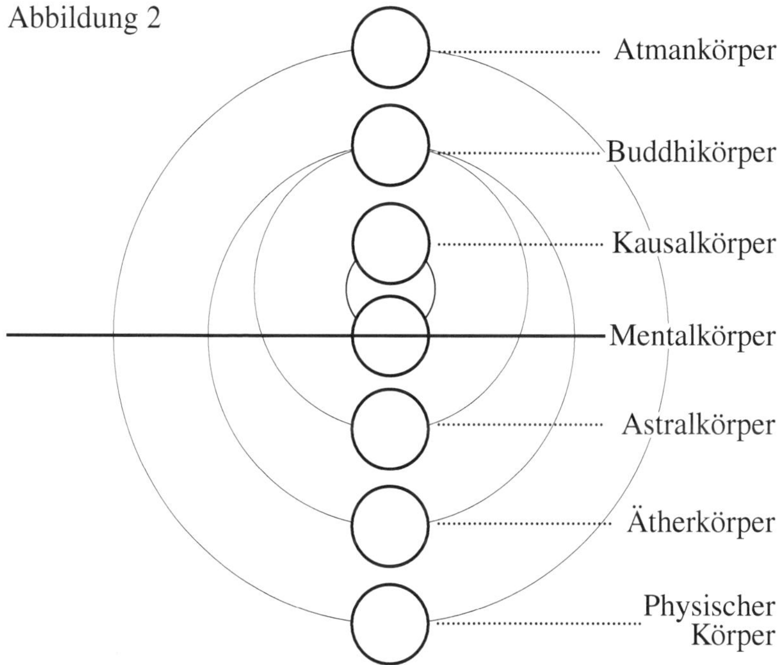


Aber auch dazu sind noch einige Erklärungen erforderlich. Die verschiedenen Körper des Menschen sind nicht voneinander getrennt, sie sind untereinander verbunden und beeinflussen sich gegenseitig. Der Mentalkörper zum Beispiel wirkt auf den Astralkörper, der Astralkörper auf den physischen Körper und so weiter. Ich habe eben von den Verbindungen gesprochen, die auch zwischen den höheren und den niederen Körpern bestehen: zwischen dem Atmankörper und dem physischen Körper, dem Buddhikörper und dem Astralkörper, zwischen dem Mentalkörper und dem Kausalkörper. Es gibt also zweierlei Verbindungen: Die ersteren setzen die verschiedenen Körper so zueinander in Beziehung, wie die vertikale Anordnung dies in der Abbildung verdeutlicht. Die anderen Verbindungen sind durch konzentrische Kreise dargestellt. Jetzt könnt ihr besser verstehen wie der Buddhikörper mit dem Ätherkörper verbunden ist. Durch erhabene Gemüts- und Gefühlszustände des Buddhikörpers wirkt der Eingeweihte reinigend auf seinen Astralkörper ein, und der gereinigte Astralkörper wirkt auf den Ätherkörper ein. Es ist also leicht zu verstehen: Der Buddhikörper wirkt auf den Ätherkörper durch die Vermittlung des Astralkörpers. Auf diese Weise wird der Glorienleib, dessen Keim im Ätherkörper verborgen liegt, stärker und größer.

Ich sagte vorhin, dass die feinstofflichste Schicht des Ätherkörpers rückstrahlender Äther genannt wird und der Sitz des Gedächtnisses ist. Aber dieses Gedächtnis bezieht sich nur auf den Menschen selbst, es sind seine persönlichen Archive. Was das Universum betrifft, so befindet sich dieses Gedächtnis im Buddhikörper, weil alle Ereignisse im Universum dort registriert werden.

Der Buddhikörper ist der Körper der selbstlosen Liebe, der absoluten Glückseligkeit und der absoluten Reinheit. Christus und Buddha waren vollkommene Vorbilder der Liebe, der Opferbereitschaft und der Reinheit. Deshalb sollte der Schüler, der in dieser Wissenschaft unterrichtet wird, danach trachten, die selbstlosesten und reinsten Gefühle und Wünsche zu haben, damit er seinen Äther- und seinen Buddhikörper nähren kann. Er nährt sie, wie die Mutter ihr Kind: mit seinem eigenen Blut.

Der Qualität ihres Blutes entsprechend, hat die Mutter ein gesundes oder ein kränkliches Kind, auf dieselbe Weise formt der Mensch seine spirituellen Körper mit der Nahrung, die er ihnen zuführt. Mit selbstloser Arbeit, Opferbereitschaft und göttlicher Liebe baut der Mensch seinen Glorienleib auf; er verstärkt ihn an Licht und Schönheit. Und mit eben diesem Körper wird er auferstehen und unsterblich werden.

Auf diese Weise muss die Auferstehung Jesu verstanden werden. Jesus, der all diese Kenntnisse besaß, konnte die beiden Keime des Ätherkörpers und des Buddhikörpers auf so göttliche Art mit seinen immer lichtvollen und reinen Gedanken und Wünschen nähren (das geht aus seinen Worten und seinem Leben hervor), dass es ihm gelang, diesen Glorienleib zu formen. Er ist nicht mit seinem irdischen Körper auferstanden, denn sein physischer Körper war schon tot. Er ist mit seinem Äther- und seinem Buddhikörper aus dem Grab gestiegen. Darum sagte er zu Maria aus Magdala: »Rühre mich nicht an!« Denn er konnte sich nicht berühren lassen, bevor er seinen Körper nicht fester und materieller gemacht hatte. Später erlaubte er Thomas, ihn zu berühren; davor aber war das nicht möglich. Übrigens, vielleicht erinnert ihr euch daran, als Jesus Maria Magdalena erschien, konnte sie ihn nicht sofort erkennen. Und warum? Weil sein Ätherkörper – wie ich eben sagte – noch nicht richtig ausgebildet war und die Gestalt und die Züge von Jesus noch nicht angenommen hatte. Deshalb hielt sie ihn für den Gärtner, denn wie hätte sie sich sonst so sehr irren sollen, wo sie Jesus doch so gut kannte? Wenn der Ätherkörper wirklich ausgebildet ist, nimmt er die gleichen Züge und die gleiche Gestalt an wie der physische Körper, denn er ist seine getreue Wiedergabe.

Ihr seht also, so wird alles klar. Jesus ist nicht mit seinem physischen Körper auferstanden. Nein, er erschien mit seinem ätherischen Körper, seinem Glorienleib. Er hat mit seinen Jüngern gegessen, dann ist er gegangen... Doch er lebt weiterhin mit seinem Glorienleib, er hat die Erde nicht verlassen.

Und auch im Moment der Verklärung, als er mit Moses und Elias vor seinen Jüngern erschien, war er so lichtvoll und strahlend, dass sie dieses Licht nicht ertragen konnten und mit dem Gesicht zur Erde auf die Knie fielen. Auch diese Verklärung geschah mit dem Glorienleib. Der Moment für die vollständige Loslösung vom physischen Körper war noch nicht gekommen, aber er konnte sich bereits manifestieren. Ganz gleich auf welche Art die Geistlichen dies zu deuten versuchen, die Verklärung ist in Wirklichkeit nur durch die Schwingungen des Glorienleibes zu erklären, der eine so hohe Intensität erreicht hatte, dass er zu Schönheit, Licht und strahlendem Glanz wurde.

Und da es nun Jesus gelungen ist, den Glorienleib zu formen und damit seine Auferstehung zu erreichen, so kann das auch seinen Jüngern gelingen, wenn sie die Kenntnisse besitzen und in die gleiche Richtung arbeiten. Alle Jünger Christi können die Verklärung und die Auferstehung erreichen, das hängt allein von der Intensität ihrer Liebe, ihrer Hingabe und ihrer Überzeugung ab. Sie müssen zuallererst wissen, dass sie Keime in sich tragen, die sie nähren müssen. Und wie? Wenn ihr sehr intensive spirituelle Momente und Ekstasen erlebt, wenn ihr Musik hört oder wenn euch ein wunderschönes Schauspiel gerührt hat, dann nährt und stärkt ihr euren Glorienkörper. Denn diese Gefühle von Liebe und höchstem Entzücken, diese Emotionen, sind Teilchen, mit deren Hilfe ihr euer Kind formt. Ihr nährt euren Glorienkörper genau so, wie eine Mutter ihr Kind nährt: mit ihrem Blut, mit ihren Gedanken und ihren Gefühlen.

Wenn ihr im Lichte der Einweihungslehre unterrichtet seid, dann habt ihr die Möglichkeit, alles Reine und Lichtvolle zur Gestaltung eures Lichtkörpers anzuziehen. Wenn ihr jedoch nicht in diesem Sinne arbeitet und euch allen möglichen Leidenschaften, Hirngespinsten und Begehrlichkeiten hingebt, wird es euch nie gelingen, denn mit solchen trüben und schweren Materialien formt man den Glorienleib nicht, das ist unmöglich. Auf diese Weise verzögert ihr eure Weiterentwicklung. In der Zukunft wird man die Menschen lehren, mit mehr Aufmerksamkeit eine Auslese zu treffen und – wenn schwierige Momente kommen, in denen sie verunsichert sind, sie Hass, Eifersucht oder Rachegefühle in sich spüren – sich sofort daran zu erinnern, dass sie damit den Aufbau ihres Glorienkörpers verlangsamen.

Wenn ihr euch auf den Lichtleib, den Glorienleib, konzentriert, ihn mit den lichtvollsten und reinsten Teilchen nährt, dann könnt ihr eines Tages dank ihm im Raum reisen, Berge durchqueren und sogar bis zum Zentrum der Erde vordringen, denn für ihn gibt es kein materielles Hindernis. Es ist sogar möglich, sich vom physischen Körper loszulösen und nur noch mit dem Glorienkörper zu leben. Mit dem physischen Körper hingegen ist da nicht viel zu machen; man kann ihn weder jünger machen noch stärken, er wird alt und verhärtet. Nur der Glorienkörper ist unsterblich, denn die Materialien, aus denen er besteht, sind von anderer Beschaffenheit und zerfallen nicht.

Manche Menschen konnten den Glorienleib einiger Eingeweihter sehen, als diese in einem Zustand der Ekstase, der Verzückung waren. Sie sahen, wie das Licht hervorstrahlte, wie sich ihr Gesicht verwandelte. Auf diese Weise manifestiert sich der Glorienleib. In der Bibel findet man Angaben über all diese Erscheinungsformen; man sollte sich ihrer als Hinweise, als Anhaltspunkte zum Weiterkommen bedienen; denn so wie es mit vielen Themen ist in der Bibel, sind diese Angaben überall verstreut zu finden. Es sind zum Beispiel vier Erzengel erwähnt: Uriel, Gabriel, Raphael und Michael. Das bedeutet, dass es noch andere außer ihnen gibt.[3] Was für eine Misere wäre das – vier Erzengel, für die viele Arbeit im unendlichen Universum?...

Das sind also ein paar Worte über den Körper der Auferstehung, den Glorienleib. Ich habe aber nicht alles gesagt. Heute wollte ich nur ein paar Grundkenntnisse vermitteln über diesen Körper, der es dem Menschen ermöglicht, das Universum zu verstehen und auf die Geschöpfe einzuwirken. Denn der Glorienkörper besitzt außerordentliche Fähigkeiten, um Menschen zu helfen, selbst über große Entfernungen hinweg. Auch wenn euer physischer Körper hinfällig ist, könnt ihr Hilfe hinausschicken, denn der physische Körper und der Glorienkörper sind zwei vollkommen verschiedene Dinge. Ihr mögt im Sterben liegen, aber euer Glorienleib, der lebendig und strahlend ist, kann die Wesen im All erreichen. Heutzutage wird alles für den physischen Körper getan, er wird verschönert, gelenkig gemacht und gestärkt. Alles recht und gut, meinetwegen, man darf den physischen Körper nicht vernachlässigen, so wie es manche Ordensleute oder Asketen der Vergangenheit taten. Doch eines Tages wird er sterben; dann beginnt sich der Glorienleib zu manifestieren.

Ich vermittle euch diese Grundkenntnisse, damit ihr lernt, alles richtig einzuordnen. Die Auferstehung findet mithilfe des Ätherkörpers statt, denn wo sollte man den physischen Körper finden können, der schon seit Jahrhunderten zerfallen ist? Und alle diese Elemente aus Erde, Wasser, Luft und Feuer, aus denen er bestand? In den Gräbern findet man niemanden mehr; und auch die Knochen verschwinden schließlich. Alle Elemente, alle Teilchen sind an ihren Platz zurückgekehrt, genau wie die Buchstaben in der Druckerei, damit andere Texte und andere Bücher aus ihnen entstehen. Dieselben Buchstaben, dieselben chemischen Elemente haben neue Körper gebildet. Die Kinder, die geboren werden, bestehen aus uralten Elementen, vielleicht aus einigen Teilchen von Dschingis-Khan oder Kleopatra, gemischt mit ein paar Teilchen aus irgendwelchen Bergen oder Dinosauriern... Glaubt ihr denn, das Fleisch der Kinder sei aus nagelneuen Elementen entstanden? Aber nein, es handelt sich um dieselben Elemente, dieselbe Materie, die immer wieder benützt wird, nichts geht verloren. Und die Früchte, die wir essen – die auf den alten Friedhöfen wachsenden Früchte sollen die saftigsten sein – bestehen vielleicht aus dem Fleisch und den Knochen unserer Urgroßeltern. Um die Menschen in ihrem physischen Körper auferstehen zu lassen, müsste man die ganze Welt zerstören, um eine bestimmte Anzahl von Teilchen zurückzuholen, die jeder als lebendiger Mensch besaß, und die übrigens inzwischen für andere benutzt wurden; nein, das ist wirklich unmöglich.

Meine lieben Brüder und Schwestern, ich sagte es bereits, nicht das Tote, sondern nur das Lebendige kann auferstehen. Manche Toten konnten wiederbelebt werden, aber nur weil sie scheintot waren und in Wirklichkeit im Koma lagen. Diejenigen, die wieder ins Leben gerufen wurden, waren nicht tot, das heißt, die Silberschnur war noch nicht durchtrennt; aber sobald diese abgetrennt ist, kann niemand mehr wiederbelebt werden. Selbst Jesus konnte es nicht. Wenn die Seele einmal gegangen ist, spielt man keine Komödie, um sie wieder zurückzuholen. Zu diesem Thema gibt es zahlreiche Lügengeschichten, die von Unwissenden erfunden wurden. Der Tote steht nicht wieder auf, sondern nur der Lebendige, der sich in einem todesähnlichen Schlaf befindet; so wie ein Baum, dessen Zweige im Winter

»sterben«, so wie die Samen. Scheinbar stirbt das Samenkorn, bevor es wächst, darum sagte Jesus: »Wenn ihr nicht sterbet, werdet ihr nicht leben.«[4] Man muss also sterben, um gleichzeitig am Leben zu bleiben. Leben setzt also eine bestimmte Form von Tod voraus. Wir müssen sterben hinsichtlich unserer eigennützigen Neigungen, um im Geist und in der Herrlichkeit zu leben. Also sterben wir in Wirklichkeit nicht. Denn wer tot, wirklich tot ist, der steht nicht wieder auf.

Auf der Abbildung habe ich euch gezeigt, dass der Äther- und der Buddhikörper miteinander verbunden sind. Wenn ich euch jetzt den Ursprung dieser beiden Keime erklären müsste, und warum sie miteinander verbunden sind, und in welcher Periode der Evolution sie dem Menschen gegeben wurden, würde das zu viel Zeit in Anspruch nehmen, denn ich müsste dann ausführlich über die verschiedenen Entwicklungsphasen der Menschheit berichten. Ich möchte aber dennoch ein paar Worte dazu sagen.

Als der Mensch aus den erhabenen Höhen herabkam, war er bloß ein Same, der sich vom Schöpfer gelöst hatte. Er besaß weder einen physischen noch einen ätherischen Körper, nichts. Er war wie ein Atom, das in einem finsteren und zugleich warmen Raum schwebte, denn Licht gab es noch keines, es gab nur Wärme. Dann fingen die Engelshierarchien an, sich um seine Entwicklung zu kümmern. Im Laufe einer Periode, die man Saturnperiode nennt, hatten die Herren der Flamme, die Throne, welche in der Sephira Binah wohnen, den Auftrag, dem Menschen den physischen Körper und den göttlichen Geist zu geben. Dieser physische Körper war aber noch nicht mehr als ein Keim; der Mensch besaß weder Magen noch Herz noch Lunge, er war wie ein im Feuer schwebender Kopf. Jetzt begreift ihr, warum der physische Körper unten mit dem Atmankörper oben verbunden ist. Denn während dieser Saturnperiode gaben die Throne dem Menschen gleichzeitig den physischen Körper und den göttlichen Geist.

Während der darauf folgenden Periode, der Sonnenperiode, gaben andere Wesenheiten, die Herren der Weisheit, die Cherubin, dem Menschen den vitalen Körper und den vitalen Geist, die auf der Abbildung, die ich euch gab, dem Äther- und dem Buddhikörper entsprechen. Zum selben Zeitpunkt erschien auch das Licht.

Dann folgte die Mondperiode, in welcher die Seraphin dem Menschen den Keim des Wunschkörpers (Astralkörpers) gaben.

| | | |
|---|---|---|
| Saturnperiode | Throne<br>(Sephira Binah) | physischer Körper<br>göttlicher Geist |
| Sonnenperiode | Cherubin<br>(Sephira Chokmah) | vitaler Körper<br>vitaler Geist |
| Mondperiode | Seraphin<br>(Sephira Kether) | Astralkörper |

Heute befinden wir uns in der vierten Periode, der Erdenperiode. Aber ich möchte es für heute dabei bewenden lassen. Ein anderes Mal, wenn ihr wollt, werde ich über die Jupiter-, die Venus- und die Vulkanperiode berichten, welche die Menschheit in der Zukunft noch durchlaufen muss, um ihre Entwicklung zu beenden. Diese Worte habe ich euch nur gesagt, um das Erscheinen des Äther- und des Buddhikörpers im Laufe der menschlichen Entwicklung klar einzuordnen. Ich muss aber trotzdem noch hinzufügen, dass es während all dieser eben erwähnten Perioden – der Saturn-, der Sonnen- und der

Mondperiode – dem Menschen nicht bewusst war, dass er auf der physischen Ebene lebte; er lebte im Schoße der Gottheit, in einem schlafähnlichen Zustand. Übrigens habe ich euch bereits erklärt, dass der Mensch durch die Zeitalter hindurch verschiedene Bewusstseinszustände durchlebte. Und heute, wo er sich der physischen und der materiellen Welt bewusst ist, erinnert er sich nicht mehr daran, einmal in den subtilen, ätherischen Regionen gelebt zu haben. Er glaubt nicht einmal mehr an die Existenz der Geschöpfe und Wesenheiten, die an ihm gearbeitet haben.

Sind die Menschen jedoch einmal nach unten gestiegen, dann werden sie wieder nach oben steigen und zu ihrem vergangenen Wissen, ihrem früheren Verständnis zurückfinden. Ich sagte euch sogar schon, dass der Kehlkopf, der noch nicht entwickelt und nur ein Teil der Sexualorgane ist, sich weiterentwickeln wird und der Mensch dann alles mit dem Kehlkopf, mit dem WORT erschaffen wird: Pflanzen, Tiere und sogar Kinder. Ja, Kinder werden nicht mehr mithilfe der Sexualorgane gezeugt; diese Organe werden sich zurückbilden und schließlich verschwinden. Selbstverständlich wird das nicht sofort geschehen!

Das waren also ein paar Worte zum Thema der verschiedenen Perioden der menschlichen Evolution. Ich werde auch nicht eingehen auf die verschiedenen menschlichen Rassen im Laufe der polaren, hyperboreischen, lemurischen, atlantischen und post-atlantischen Epoche, in welcher wir jetzt leben. Ich könnte es tun, das ist aber kein wesentliches Thema. Mich interessiert das Wesentliche, das heißt, wie man leben, lieben und sich verhalten soll und so weiter. Das ist das Wesentliche, die Wissenschaft vom Leben. Alle anderen Wissenschaften können danach folgen, aber lediglich zur Information. Leider ist die

Wissenschaft des Lebens, die wichtigste von allen, noch unbekannt; über alles andere, sogar Fliegen und Mücken, betreibt man Studien. Glaubt nur nicht, die Heiligen und Propheten wussten, wie Herz, Magen oder Lunge funktionieren. Trotzdem wirkten sie Wunder. Es ist gut, Kenntnisse über Anatomie, Physiologie, Biologie oder Psychologie zu haben, das ist aber nicht das Wesentliche. In unserer Epoche haben sich die Menschen auf Themen gestürzt, die nicht wesentlich sind; sie vertiefen und zerpflücken sie, aber sie wissen nicht, wie sie selber leben sollen.

Heute habt ihr euch eine Vorstellung über den Lichtleib machen können. Glaubt nicht, Jesus sei mit seinem physischen Körper auferstanden. Nein, denn alles, was anschließend berichtet wird, steht dazu in Widerspruch. Es ist sein Lichtleib, den man gesehen und berührt hat. Jesus lebt noch, er hat die Erde nicht verlassen. Er hat es übrigens selbst offenbart, als er sagte: »Gehet hin und lehret alle Völker... Ich bin bei euch, und werde bei euch bleiben bis ans Ende der Welt.«

Der Lichtkörper liegt in uns, in Form eines Samens, eines Keimes. Was macht man mit einem Keim? Man legt ihn in die Erde, umsorgt und begießt ihn; dann wächst er und wird zu einem Baum, das heißt, zu einem kräftigen Körper in voller Blüte. Doch dieser Körper existierte bereits mit allen Anlagen für seine künftige Entwicklung. Im Samen ist alles enthalten: seine Größe, seine Schönheit, seine Früchte. Wir müssen ihn jedoch nähren mit unseren Gedanken, unseren Gefühlen, mit unserem Tau, unserer Wärme und unserem Licht, sonst stirbt er.

Den Lichtkörper erschafft man nicht selbst; jeder besitzt ihn schon in Form eines Atoms. Und die Arbeit des Schülers besteht darin, dass er ihn mithilfe seiner Gedanken und Gefühle, seines Eifers und seiner Opferbereitschaft begießt, wärmt, schützt und nährt. Wenn der Mensch ihm sein ganzes Blut und seine ganze Kraft gibt, dann wird er zu seinem eigenen Leib; dann verlässt er seinen physischen Körper und begibt sich in den Raum mit diesem lichtvollen Körper, er besucht die Sterne und alle Geschöpfe.

Genau das ist Auferstehung: Das intensive Leben, das der Mensch seinem Lichtkörper gegeben hat, mithilfe all seiner Gefühle von selbstloser Liebe, seinem Tun, welches das Siegel der Gottheit trägt. All dies sind gleichsam Materialien, die dazu dienen, ihn zu nähren und zu stärken. Wer jedoch nie etwas für die anderen tut, wird vom Tode verschlungen, denn Tod ist nichts anderes als ein Mangel an Liebe. Deshalb haben alle großen Meister auf der Notwendigkeit des Gebens bestanden, etwas von sich selbst zum Wohle der anderen abgeben zu können, um es der Gottheit zu widmen. So wie diese Witwe im Evangelium, die alles, was sie besaß, hergab. Jesus hat aus symbolischen Gründen auf dieser Geste bestanden. Nur durch das Geben kann sich der Mensch in das strahlendste Licht und in die größte Reinheit erheben. Darum gab es in der Vergangenheit das Gesetz der Erstlingsgabe bei der Ernte: den ersten Weizen, die ersten Trauben, mit anderen Worten, das Beste und Reinste von allem. Und auch ihr, wie ich euch schon sagte, wenn ihr aufgrund eines wunderbaren Anblicks, eines schönen Gedichtes oder guter Musik eine große Freude empfindet und euer ganzes Wesen erschauert und vor Glück erbebt, dann denkt daran, diese Teilchen reiner Freude, die eurem Wesen entströmen, eurem Lichtkörper als Nahrung zuzuführen. So wird er gestärkt, durch das Beste von euch selbst. Jetzt solltet ihr diesen Vorgang beschleunigen, weil natürlich viel Zeit nötig ist, um diesen Körper aufzubauen. Seht einmal, wie viele Jahre eine Eichel braucht, um zu einer Eiche zu werden! Man muss also dem Glorienleib immer öfter und immer reichlichere Nahrung geben, das bedeutet, dass ihr euer Leben so einrichten solltet, dass ihr immer bessere Bedingungen für ein spirituelles Leben schafft. Das ist der Grund, warum ich immer die Notwendigkeit betone, niemals die Verbindung zu Gott abzubrechen und unaufhörlich zu geben, zu strahlen und das Beste von sich selbst auszuströmen.

Der Lichtleib ist nichts anderes als ein Samenkorn, das der Mensch in seinem Inneren trägt, jedoch ein Samenkorn, das die glorreiche Vorbestimmung hat, eine Gottheit aus ihm zu machen. Wenn Jesus auferstanden ist, so können auch wir auferstehen. Ich weiß wohl, was die meisten Christen einwenden: »Jesus war Gottes Sohn, er war vollkommen; aber wir sind nicht Gott, also lassen Sie uns in Ruhe!« Und damit werden alle Schwächen gerechtfertigt! Nein, meine lieben Brüder und Schwestern, die Kirche hat einen großen Irrtum begangen, indem sie immer wieder lehrte, dass nur Jesus allein Gottes Sohn war; dieser Irrtum hat bedauerliche Folgen nach sich gezogen.[5] Jesus war Gottes Sohn, aber auch wir sind Kinder Gottes, weniger erhaben natürlich, nicht so weit fortgeschritten; doch wir sind von gleicher Beschaffenheit und können werden wie er. Jesus ist auferstanden, aber auch wir können auferstehen. Denn Gott hat in jeden Menschen diesen winzigen Keim gelegt, das Atom des Lichtleibes, das fähig ist, aus ihm eine Gottheit zu machen. Deshalb sagte Jesus: »Wer an mich glaubt, wird wie ich große Werke tun, sogar noch größere wird er vollbringen.«

Licht und Friede seien mit euch!

Sèvres, Ostern den 11. April 1971

Anmerkungen

1. Siehe Band 236 der Reihe Izvor »Weisheit aus der Kabbala – Der lebendige Strom zwischen Gott und Mensch«, Kapitel 15: »Binah«.
2. Siehe Band 6 der Reihe Gesamtwerke »Die Harmonie«, Kapitel 9: »Sonnengeflecht und Gehirn«.
3. Siehe Band 236 der Reihe Izvor »Weisheit aus der Kabbala – Der lebendige Strom zwischen Gott und Mensch«, Kapitel 3: »Die Engelshierarchien«.
4. Siehe Band 240 der Reihe Izvor »Söhne und Töchter Gottes«, Kapitel 3: »Wer sein Leben retten will, wird es verlieren«.
5. Siehe Band 240 der Reihe Izvor »Söhne und Töchter Gottes«, Kapitel 5: »Gott hat die Welt so sehr geliebt, dass er seinen einzigen Sohn hingab«.

Vom selben Autor

## Taschenbuch-Reihe Izvor

200 Hommage an Meister Peter Deunov
201 Auf dem Weg zur Sonnenkultur
202 Der Mensch erobert sein Schicksal
203 Die Erziehung beginnt vor der Geburt
204 Yoga der Ernährung
205 Die Sexualkraft
206 Eine universelle Philosophie
207 Was ist ein geistiger Meister?
208 Das Egregore der Taube – Innerer Friede und Weltfrieden
209 Weihnachten und Ostern in der Einweihungslehre
210 Die Antwort auf das Böse
211 Die Freiheit, Sieg des Geistes
212 Das Licht, lebendiger Geist
213 Die menschliche und göttliche Natur in uns
214 Liebe, Zeugung und Schwangerschaft
215 Die wahre Lehre Christi
216 Geheimnisse aus dem Buch der Natur
217 Ein neues Licht auf das Evangelium
218 Die geometrischen Figuren und ihre Sprache
219 Geheimnis Mensch.
220 Der Tierkreis, Schlüssel zu Mensch und Kosmos
221 Alchimistische Arbeit und Vollkommenheit
222 Die Psyche des Menschen
223 Geistiges und künstlerisches Schaffen
224 Die Kraft der Gedanken
225 Harmonie und Gesundheit
226 Das Buch der göttlichen Magie
227 Goldene Regeln für den Alltag
228 Einblick in die unsichtbare Welt
229 Der Weg der Stille
230 Die Himmlische Stadt
231 Saaten des Glücks
232 Feuer und Wasser - Wunderkräfte der Schöpfung
233 Eine Zukunft für die Jugend
234 Die Wahrheit, Frucht der Weisheit und der Liebe
235 Im Geist und in der Wahrheit - Wie finde ich zu Gott
236 Weisheit aus der Kabbala
237 Das kosmische Gleichgewicht - Die Zahl 2
238 Der Glaube versetzt Berge
239 Die Liebe ist größer als der Glaube
240 Söhne und Töchter Gottes
241 Der Stein der Weisen
242 Unerschöpfliche Quellen der Freude
243 Das Lächeln des Weisen
244 Dem Licht entgegen

Vom selben Autor

**Reihe Gesamtwerke**

| | |
|---|---|
| 1 | Das geistige Erwachen |
| 2 | Die spirituelle Alchimie |
| 3 | Die beiden Bäume im Paradies |
| 4 | Das Senfkorn – Symbole im Neuen Testament |
| 5 | Die Kräfte des Lebens |
| 6 | Die Harmonie |
| 7 | Die Reinheit, Grundlage geistiger Kraft |
| 8 | Sprache der Symbole, Sprache der Natur |
| 9 | »Im Anfang war das Wort« |
| 10 | Sonnen-Yoga (Surya-Yoga) – Die Herrlichkeit von Tiphereth |
| 11 | Der Schlüssel zur Lösung der Lebensprobleme |
| 12 | Die Gesetze der kosmischen Moral |
| 13 | Die neue Erde |
| 14/15 | Liebe und Sexualität (Doppelband) |
| 16 | Alchimie und Magie der Ernährung – Hrani-Yoga |
| 17/18 | Erkenne Dich selbst – Jnani Yoga (Doppelband) |
| 19-22 | *Wird nicht ins Deutsche übersetzt* |
| 23/24 | Eine neue Religion (Doppelband) |
| 25/26 | Der Wassermann und das Goldene Zeitalter (Doppelband) |
| 27 | Die Pädagogik in der Einweihungslehre, Band 1 |
| 28/29 | Die Pädagogik in der Einweihungslehre, Band 2 und 3 (Doppelband) |
| 30/31 | Leben und Arbeit in einer Einweihungsschule |
| 32 | Die Früchte des Lebensbaums |

Vom selben Autor

**Reihe Broschüren**

301 Das neue Jahr
302 Die Meditation
303 Die Atmung
304 Der Tod und das Leben im Jenseits
305 Das Gebet
306 Musik und Gesang im spirituellen Leben
307 Das hohe Ideal
308 Das Osterfest – Die Auferstehung und das Leben
309 Die Aura – Unsere geistige Haut
310 In die Stille gehen
311 Wie Gedanken sich in der Materie verwirklichen
312 Die Reinkarnation
313 Das Vaterunser
314 Das Gesetz der Gerechtigkeit und das Gesetz der Liebe
315 Die Quelle des Lebens
316 Die Nahrung, ein Liebesbrief des Schöpfers
317 Die Kunst und das Leben
318 Die wesentliche Aufgabe der Mutter während der Schwangerschaft
319 Die Seele, Instrument des Geistes
320 Menschliches und göttliches Wort
321 Weihnachten und das Mysterium der Geburt Christi
322 Die spirituellen Grundlagen der Medizin
323 Meditationen beim Sonnenaufgang
324 Der Friede, ein höherer Bewusstseinszustand
325 Das Ideal des brüderlichen Lebens
326 Die ganze Schöpfung wohnt in uns
327 Der Preis der Freiheit

## VERLAGE UND AUSLIEFERUNGEN

FRANKREICH
Éditions Prosveta S.A. (Hauptverlag)
B.P. 12 – F-83601 Fréjus Cedex
Tel. 04 94 19 33 33 • Fax 04 94 19 33 34
international@prosveta.com • www.prosveta.fr

DEUTSCHLAND
Prosveta Verlag GmbH
Grabenstr. 14, 78661 Dietingen
Tel. 07427-3430
kontakt@prosveta.de • www.prosveta.de

ÖSTERREICH
Harmoniequell Versand
Ulmenweg 8, 5302 Henndorf
Tel. und Fax 06214 7413
info@prosveta.at • www.prosveta.at

SCHWEIZ
Éditions Prosveta
1808 Les Monts-de-Corsier 13
Tel. 021 921 92 18 • Fax 021 922 92 04
editions@prosveta.ch • www.prosveta.ch

Auslieferungsadressen für weitere Länder finden Sie unter
www.prosveta.de/informationen/bestelladressen

Wenn Sie sich für Veranstaltungen interessieren, in denen die Lehre von Omraam Mikhaël Aïvanhov vertieft werden kann, wenden Sie sich bitte an eine der folgenden Adressen:

DEUTSCHLAND
UWB e.V., Geschäftsstelle Heideweg 7a, 01814 Rathmannsdorf
Tel: 035022 - 519052 • www.aivanhov.de • info@aivanhov.de

SCHWEIZ
FBU, Chemin de la Céramone 13, 1808 Les-Monts-de-Corsier
Telefon 021 925 40 80 • www.videlinata.ch

ÖSTERREICH
UWB, Telefon 01 27 698 32
www.uwb.at • info@uwb.at